KB139721

시시각각 변하는 데이터를 파악하는 자동화의 세계

빅데이터를
지탱하는 기술

시시각각 변하는 데이터를 파악하는 자동화의 세계
빅데이터를 지탱하는 기술

1쇄 발행 2018년 11월 5일
5쇄 발행 2023년 8월 31일

지은이 니시다 케이스케
옮긴이 정인식
펴낸이 장성두
펴낸곳 주식회사 제이펍

출판신고 2009년 11월 10일 제406-2009-000087호
주소 경기도 파주시 회동길 159 3층 / **전화** 070-8201-9010 / **팩스** 02-6280-0405
홈페이지 www.jpub.kr / **투고** submit@jpub.kr / **독자문의** help@jpub.kr / **교재문의** textbook@jpub.kr

소통기획부 김정준, 이상복, 김은미, 송영화, 권유라, 송찬수, 박재인, 배인혜, 나준섭
소통지원부 민지환, 이승환, 김정미, 서세원 / **디자인부** 이민숙, 최병찬

진행 및 교정·교열 이종무 / **내지디자인** 북아이 / **표지디자인** 미디어픽스
용지 신승지류유통 / **인쇄** 해외정판사 / **제본** 일진제책사

ISBN 979-11-88621-43-9 (93000)
값 27,000원

제이펍은 독자 여러분의 아이디어와 원고를 기다리고 있습니다. 책으로 펴내고자 하는 아이디어나 원고가 있는
분께서는 책의 간단한 개요와 차례, 구성과 저(역)자 약력 등을 메일(submit@jpub.kr)로 보내 주세요.

시시각각 변하는 데이터를 파악하는 **자동화의 세계**

빅데이터를
지탱하는 기술

시스템은 데이터를 생성하고 데이터를 통해 서로 연결된다

**규모의 제약을
넘어서는
시스템 개발을
위해**

**데이터 처리를
시스템화하는
효율적 방법**

Jpub
제이펍

차례

CHAPTER 1 빅데이터의 기초 지식 _ 1

CHAPTER 4 빅데이터의 축적 _ 131

옮긴이
머리말

몇 년 전부터인가 빅데이터와 AI와 관련된 이야기가 매스컴을 통해서 자주 언급된다. 특히 빅데이터라는 키워드는 비단 IT 분야뿐만 아니라 여러 산업 분야 보고서에서 해당 자료의 신뢰도를 어필하고자 할 때 '빅데이터 자료'라고 소개하는 모습을 꽤 많이 접한다. 이는 그만큼 빅데이터라는 것이 우리 생활에도 밀접하게 스며들었다는 의미이기도 하다.

빅데이터 기술이 과거보다 비약적인 관심을 받는 이유는 하드웨어와 통신 속도의 발전이 뒷받침되었기 때문일 것이다. 그렇기에 이제는 관련 기술을 어느 정도 학습해두면 더 쉽게 빅데이터 기술을 활용할 수 있다.

이 책은 빅데이터의 기초 지식을 시작으로, 일반적인 빅데이터 기반 시스템의 구성, 빅데이터 검색, 빅데이터 수집, 빅데이터 파이프라인에서의 배치 처리와 스트림 처리, 그리고 자동화 등에 이르기까지 빅데이터 분야의 전체 구성을 단계별, 상황별로 해설하고 있다. 특히 현업에서 사용되는 구성을 예로 들고 있어 실제로 도입을 검토 중인 시스템 엔지니어에게는 많은 도움이 되리라 생각한다.

한 권의 책을 집필하면서 우선 번역하게 해주신 하나님께 감사드린다. 번역과 교정, 그리고 편집을 하는 과정에서 많은 도움의 손길이 있었다. 이 책의 진행을 맡아주신 이종무 팀장님께 수고하셨다는 말과 감사 인사를 전한다. 또한, 이 책을 번역하는 과정에서 조언과 도움을 주신 조현철 선배님께도 고마움을 표하고 싶다. 그리고 늘 아낌없는 지원으로 함께 해주신 제이펍 장성두 대표님에게도 감사의 말씀을 전한다. 무엇보다 사랑하는 나의 아내와 하은, 시온에게도 고마움을 전하며, 풍성한 가을의 파란 하늘 아래서 잠시 휴식을 취하고 싶다.

마지막으로 독자들이 이 책을 통해 필요한 빅데이터 기술의 지식을 얻길 바란다.

일본 도쿄에서

정인식

**이 책에
대하여**

'빅데이터'라는 단어를 널리 사용하게 된 지도 어느덧 수년이 지났다. 예전이라면 미처 손댈 수 없을 것으로 생각했던 대규모의 데이터 처리도 이제는 누구나 조금만 공부하면 어렵지 않게 다룰 수 있게 되었다. 필자가 이전에 집필한 《구글을 지탱하는 기술》 당시에 공부한 'MapReduce(맵리듀스)'도 당시만 해도 전혀 다른 분야에서나 사용할 것처럼 느껴졌지만, 지금은 흔한 기술이 되었기에 세상 참 빨리 변한다는 생각이 새삼 든다.

컴퓨터의 성능 향상에 따라 점점 더 많은 것이 시스템화되어 좀 더 효율 높게 운용하는 시대가 되었다. 가까운 예로 스마트폰으로 물건을 구입하면 바로 다음 날에 받아볼 수 있는 점을 들 수 있다. 배후에서 '결제 시스템', '재고관리 시스템', '배송 시스템' 등 여러 시스템이 서로 연결되어 움직이기에 가능한 것이다.

이 모든 시스템이 데이터를 생성하고 있으며, 그 생성된 데이터를 통해 서로가 연결되어 있다. 데이터를 살펴봄으로써 지금 어디서 무슨 일이 일어나는지 파악할 수 있으며, 다음에 무슨 일이 일어날지 예상할 수 있다. 데이터를 토대로 그다음의 지시가 담긴 사이클을 자동화하고, 이 프로세스를 다시 시스템에 통합해서 새로운 작업의 효율화를 꾀할 수 있다.

머신러닝(machine learning) 기술 등의 발전에 따라 데이터를 사용한 시스템 개발의 기대가 이전보다 더 높아지고 있다. 앞으로도 데이터를 활용해 업무를 개선하거나 '데이터 처리 그 자체를 시스템 일부로 하는 일'이 증가할 것이라고 확신한다.

이 책의 내용

이 책의 주제는 '자동화된 데이터 처리'다. 많은 사람이 빅데이터라고 하면 먼저 '데이터 분석'을 생각할지 모르겠지만, 이 책에서 데이터 분석의 기법에 대해서는 거의 다루지 않는다. 이 책에서 다루는 것은 데이터의 활용 방법이 아니라 '데이터 처리를 어떻게 시스템화하는가에 대한 문제'다.

데이터 활용이 중요하다는 점은 변함없지만, 그렇다고 해서 데이터 처리 방법을 몰라도 되는 것은 아니다. 이 책은 주로 '빅데이터의 기술을 배우고자 하는 엔지니어'를 대상으로 처음에 알아두어야 할 기본적인 데이터 처리의 개념을 폭넓게 다루는 것을 목적으로 한다.

데이터 분석에서 80%의 시간이 데이터를 준비하는 데 소요된다고 한다. 실제 현장의 목소리를 들어보면, '데이터 과학자로 입사했더니 데이터의 전처리만 주로 하고 있다'는 하소연이 많다. '데이터 준비'라는 엔지니어링 부분을 효율화하지 않으면 데이터 분석의 수고가 사라지는 일은 없다.

그래서 이 책에서는 데이터 처리 과정에 사용되는 소프트웨어와 데이터베이스, 프로그래밍 언어와 시각화 도구 등의 특징을 정리하여 데이터를 효율 높게 취급하기 위한 기초를 먼저 설명한다. 그다음에 '워크플로 관리(workflow management)'와 '스트림 처리(stream processing)' 등의 데이터 처리를 자동화하는 기술을 살펴본다.

이 책은 소프트웨어와 시스템 개발에 흥미가 있는 사람이라면 별다른 문제 없이 읽을 수 있도록 기술에 대해서는 될 수 있는 대로 알기 쉽게 설명하려고 노력하였다. 그렇기에 실제로 데이터 취급 업무에 종사하는 사람뿐만 아니라, '데이터 처리에 있어서의 시스템 개발'을 알고자 하는 사람들에게도 유익하다.

이 책은 빅데이터의 세계에서 사용되는 기술과 그 역할을 차례대로 살펴보는 구성으로 되어 있다. 개별 기술에 대해 상세한 설명은 하지 않는다. 그렇기 때문에 이미 이 분야에 경험이 있는 사람이라면 내용이 좀 부족하다고 느낄지도 모르겠으나, 데이터 분석을 처음 공부하는 사람들에게 폭넓은 지식 제공을 목표로 집필하였다.

이 책에서 다루지 않는 내용

데이터를 이용하는 목적은 다양한데, 여기서는 두 가지 분야만 언급하겠다. 하나는 '비즈니스 인텔리전스(business intelligence)'로, 기업의 업적 등을 수집해서 경영상의 의사결정에 도움을 주는 것이다. 다른 하나는 '데이터 마이닝(data mining)'으로, 통계 분석과 머신러닝 등의 알고리즘을 사용하여 데이터로부터 가치 있는 정보를 발견하는 것이다.

이 두 가지 분야는 중복되는 부분도 있지만, 기본적으로는 필요한 지식 체계가 완전히 다르다. 하지만 빅데이터의 기술은 양쪽 분야에서 모두 사용되고 있고, 양쪽에서 서로 강하게 영향을 받기 때문에 어느 쪽을 주요 목적으로 하는지에 따라 배워야 할 내용이 다르다. 일반적으로는 각 분야의 전문가에게 의뢰해서 시스템을 만들지만, 이 책에서는 각 분야의 기초 지식을 조금씩 다룰 예정이다.

비즈니스 인텔리전스 분야에서는 데이터의 시각화 개념을 소개한다. 특히, 최근에는 '데이터 검색(data discovery)'이라는 시각화 기법이 보급되어서 경영자가 아니더라도 프로젝트 단위로 데이터를 살펴보는 사람이 늘고 있다. 이 책에서는 본격적인 비즈니스 인텔리전스는 설명하고 있진 않지만, 'MPP 데이터베이스(MPP database)' 등의 데이터 검색에 필요한 지식을 다룬다.

데이터 마이닝 분야에서는 대화형 데이터 분석 환경의 개념을 소개한다. 예를 들어, '노트북(notebook)'이라는 소프트웨어와 '데이터 프레임(data frame)'이라는 데이터 구조는 데이터 마이닝의 세계에서 받아들여진 것이다. 이 책에서는 데이터 마이닝 자체에 관해서는 설명하지 않지만, 거기서 사용되는 도구들에 대해서는 알아둘 만한 가치가 있다.

이 책에서는 일반적인 데이터 처리 기술을 다루고 있으므로 특정 산업에 특화된 노하우는 되도록 설명하지 않는다. 예를 들어, 빅데이터 기술이 가장 많이 사용되는 분야 중 하나로 '웹 액세스 분석'이 있다. 특히, '디지털 마케팅(digital marketing)' 업계에서는 고객의 행동 분석부터 인터넷 광고 전달에 이르기까지 다양한 용도로 웹 액세스 로그를 활용한다. 그러나 그 자세한 내용은 이 책에서 다루는 범위를 넘는다.

또한, 최근에는 모든 것을 인터넷에 연결하는 '사물 인터넷(IoT: Internet of Things)'이 화제가 되고 있지만, 이 책에서는 다루지 않는다. IoT는 빅데이터와 관련이 깊다. 예를 들면, 데이터 마이닝의 한 분야인 '이상 감지(anomaly detection)' 기술에서 기계 고장을 조기 발견하는 등의 시도가 있는데, 이러한 응용에 관한 설명은 이 책의 주제를 넘어선다.

다만, '다수의 장치에서 데이터를 수집하기 위한 구조'는 빅데이터의 근간이 되는 요소 중 하나이므로 그 기본이 되는 개념을 설명한다. 예를 들어, 실시간 '메시지 전달(message delivery)'과 '중복 제거(deduplication)', 그리고 데이터를 저장하는 '분산 스토리지(distributed storage)' 등이다.

이 책의 대상 독자와 예비 지식에 대해서

이 책은 빅데이터를 다루는 엔지니어와 작업을 자동화하고 싶은 데이터 과학자를 주요 대상으로 한다. 엔지니어가 대상인 이유는 데이터 처리를 하기 위한 스크립트 언어와 자동화 도구를 사용하기 때문이다. 프로그래밍에 능통해야 읽을 수 있는 것은 아니지만, 시스템 개발의 일반적인 지식은 어느 정도 필요하다.

그리고 운영체제(OS)와 관계형 데이터베이스(RDB)에 대한 기본적인 지식은 독자들이 이미 갖고 있다는 것을 전제로 한다. SQL 쿼리문에 대한 이해도 가능하다는 전제도 있지만, 완전히 이해하지 못해도 지장은 없다. 하지만 적어도 테이블의 결합(join) 개념은 이해하고 있어야 한다.

프로그램의 예제 코드를 읽으려면 파이썬(python)을 알아야 한다. 하지만 제5장까지는 최소한의 예제 코드만 게재하고 있으므로 그냥 읽고 넘겨도 크게 문제는 없다. 한편, 제6장에서는 다수의 예제 프로그램을 사용해서 데이터 처리의 실제 예를 보여준다.

이 책의 동작 확인은 macOS Sierra 10.12에서 실시하였다. 그 외의 환경에서는 동작이 달라질 가능성도 있다. 또한, 제6장의 예제 프로그램을 실행하기 위해서는 macOS(Sierra 이후)의 환경이 필요하다. 물론, 그 외의 환경에서도 자바와 파이썬이 제대로 동작해준다면 주요 소프트웨어를 설치하는 것이 가능하다. 이때의 설치 방법에 대해서는 각 소프트웨어의 웹사이트를 참고하기 바란다.

빅데이터의 처리에는 다수의 컴퓨터가 사용된다. 하지만 그 기술을 배우는 데는 한 대의 노트북 컴퓨터만으로도 충분하다. 그렇기 때문에 이 책에서 소개하는 소프트웨어는 누구나 손쉽게 사용할 수 있는 오픈 소스이거나 적어도 무료 버전이다. 단, 일부의 클라우드 서비스 등은 유료 계약을 전제로 하고 있어서 무료로 계속 사용하는 데 제한이 있다는 점을 주의하기 바란다.

이 책에서는 Hadoop(하둡)과 Spark(스파크) 등의 분산 시스템의 개요를 설명하고 있는데, 이것들의 구체적인 설정 방법은 설명하지 않는다. 최근에는 클라우드 서비스를 사용해서 시스템을 구축하는 경우도 많으므로 실제 설정은 이용하는 서비스에 따라서 다르다. 각각의 환경에 따라 해당 문서를 참고하기 바란다.

이 책의 구성

이 책은 전부 3개의 파트로 구성되어 있다.

제1장 '빅데이터의 기초 지식'은 도입 부분으로 빅데이터 기술이 태어난 역사적 배경부터 시작해서 기본적인 용어들을 정리한다. 여기서는 빅데이터와 대비해서 이전부터 존재하는 '스몰 데이터 기술'에 대해 설명하고 있다. 간단한 파이썬 스크립트에 의한 데이터 처리와 데이터 디스커버리를 다뤄 이에 대한 개념을 이해하도록 한다. 이것들은 제2장 이후의 내용을 이해하는 데 도움을 줄 것이다.

제2장부터 제5장까지는 기술 설명으로, 빅데이터의 시스템 구성을 몇 개의 요소로 나누어서 순서대로 설명한다. 실제 시스템 구성은 무엇을 실현할 것인가에 따라 변하겠지만, 이 책에서는 '데이터의 시각화'를 하나의 과제로 해서 가능한 한 범용적으로 사용할 수 있는 요소 기술을 조합해 나간다.

제2장 '빅데이터의 검색'에서는 데이터의 '대화적인 집계와 시각화'가 주제다. 분류 데이터의 성질을 아직 알 수 없는 초기 단계에서는 데이터의 집계를 몇 번이고 다시 실시함

으로써 서서히 데이터에 대한 이해를 높일 수 있다. 또한 제2장에서는 데이터를 초 단위로 집계하기 위한 '데이터 마트(data mart)'의 성질에 관해서 설명한다.

제3장 '빅데이터의 분산 처리'에서는 Hadoop(하둡)과 Spark(스파크) 등의 '분산 처리 프레임워크'를 사용해서 데이터를 가공 및 집계하고, 데이터 마트를 만들어 내는 프로세스를 중심으로 설명한다. 데이터를 집계하기 위한 제품을 선택하는 것은 매우 고민되는 문제인데, 제3장에서는 몇 가지 선택안과 그것들의 특징을 비교한다.

제4장 '빅데이터의 축적'에서는 '데이터를 수집해서 보존하는' 절차를 설명한다. 이것은 단순하지만 심오한 주제다. 예를 들면, 수백만 대에 이르는 센서 기기로부터 데이터를 수집할 때 그것을 데이터베이스에 쓰는 것만으로도 많은 부하가 걸린다. 제4장에서는 몇몇 분산 스토리지의 특징을 다루면서 분산 스토리지에 데이터를 넣는 '데이터 수집(data ingestion)'의 프로세스를 설명한다.

제5장 '빅데이터의 파이프라인'에서는 '데이터 처리 자동화하기' 절차를 설명한다. 데이터 처리의 자동화에는 정기적으로 스케줄이 실행되는 '배치 처리'와 끊임없이 실행되는 '스트림 처리'가 있다. 제5장에서는 Spark를 예로 해서 배치 처리와 스트림 처리가 결합된 프레임워크를 다룸과 동시에 장애에 강한 데이터 처리를 실현하기 위한 '워크플로 관리'의 사고 방법에 관해서도 설명한다.

마지막으로 제6장 '빅데이터 분석 기반의 구축'은 응용 편으로, 제5장까지 다룬 소프트웨어를 이용해서 트위터(Twitter)의 트윗을 집계하는 예제 프로그램을 실행한다. 처음에는 데이터의 특징에 대해 아무것도 모르는 상태에서 출발하기 때문에 우선은 Spark를 사용해서 대화적 세션으로 데이터를 분석한다.

그런 다음, 데이터의 이해가 진행되고 그 데이터로 무엇을 실현하고 싶은지에 관해 결정한 후, 실제 서비스 환경을 가정하여 '데이터 처리의 자동화'에 임한다. 제6장에서는 워크플로 관리 소프트웨어로 'Airflow(에어플로)'를 도입하고, 매일 한 번씩 데이터 마트를 업데이트하는 배치 처리를 실행한다.

제6장의 마지막에서는 각종 기술이 실제 클라우드 서비스에서 어떤 형태로 제공되는 가에 대해 간단히 설명한다. 클라우드 서비스를 이용한다고 하더라도 시스템 전체의 구성을 고려하는 것은 이용자의 책임이다. 시스템 설계를 고려한 후, 비교를 통해 이 책의 지식이 조금이라도 참고가 되면 좋겠다는 생각에서 마지막 부분에 이 설명을 포함했다.

이 책에서는 빅데이터에 관한 다수의 기술을 다루고 있다. 그러나 그중에서 어느 것을 선택할 것인가에 대한 '정답'은 따로 준비하지 않았다. 빅데이터의 기술은 나날이 발전을 계속하고 있어 어느 것이 정확한 해답인지는 필자도 모르기 때문이다.

이 책에서 예로 다룬 소프트웨어는 모두 필자의 개인적인 지식과 경험에서 선택한 것으로, 여러 소프트웨어를 객관적으로 평가한 결과는 아니다. 어디까지나 깊은 이해를 하기 위한 하나의 예로 소개하는 것이며, 특정 소프트웨어와 서비스를 추천하는 것이 아님을 이해하기 바란다.

마지막으로, 이 책에서 다루어진 것은 빅데이터 기술을 익히는 데 필요한 지식 중의 일부이며, 이제부터 빅데이터를 학습하고자 하는 분들께 이 책의 설명이 조금이나마 도움이 되면 좋겠다.

니시다 케이스케

🦋 장성만(㈜incowiz)

스몰 데이터를 위한 데이터 분석 구축부터 빅데이터 시스템을 어떻게 개발할지 배울 수 있는 책입니다. 또한 회사에 소유한 데이터의 형식에 따라 어떤 형태의 데이터 분석 시스템을 어떻게 개발할지에 대한 저자의 경험을 배울 수 있습니다. 마지막으로 기술적으로 오버 스펙의 데이터 분석 시스템을 구축하지 않도록 잘 제시하고 있습니다.

🦋 차준성(서울아산병원)

요즘 다양한 업무 분야에서 기하급수적으로 발생하는 데이터를 어떻게 활용할지가 화두입니다. 이 책에서는 빅데이터를 수집하고, 구조화하고, 시각적으로 활용하기 위한 흐름을 개념적으로 잘 설명하고 있습니다. 실시간, 혹은 정확도가 우선시되는 요구사항에 따른 아키텍처 구성 방법은 이 책을 활용한다면 좋은 가이드가 될 것입니다.

🦋 이현수(무스마 기술연구소)

빅데이터 분야는 문외한이라 무엇을 어디서부터 알아봐야 좋을지 몰랐지만, 이 책을 통해 주요 키워드와 관련 기술에 대해서 배울 수 있었습니다.

🦋 온수영

이제 막 빅데이터 세계로 입문하거나 그 시스템을 도입하고자 할 때, 기본적으로 이해가 필요한 기초 지식, 배경, 도구(시스템), 클라우드까지 설명이 잘 나와 있어 활용도가 높습니다. 가장 인상 깊었던 부분은 단순 지식 전달에 그치지 않고 칼럼을 통해 시스템 노하우와 도입의 좋은 판단 기준이 서술되어 있다는 점입니다. 따라서, 이 책을 빅데이터 입문자, 데이터 엔지니어를 지향하는 개발자에게 필독서로 권합니다.

🦋 허원철

빅데이터에 대한 기술 동향에 대해 오픈 소스와 클라우드 중심으로 광범위하게 소개한 책입니다. 하둡부터 NoSQL, DWH, DM 등을 구축, 운용하는 다양한 방법을 소개해서 많은 도움이 되었습니다.

제이펍은 책에 대한 애정과 기술에 대한 열정이 뜨거운 베타리더들로 하여금
출간되는 모든 서적에 사전 검증을 시행하고 있습니다.

빅데이터의
기초 지식

CHAPTER

1

제1장 이 장에서는 빅데이터의 주변 기술이 생겨난 역사적 배경을 되돌아보고, 그 기본이되는 사고방식과 용어를 정리한다.

1.1절에서는 빅데이터의 대표적인 기술인 'Hadoop(하둡)'과 'NoSQL 데이터베이스' 등의 역할을알아보고 기존부터 사용해 오던 '데이터 웨어하우스'를 중심으로 한 기술과의 차이를 설명한다.

1.2절에서는 '데이터 파이프라인'의 시스템 구성을 설명한다. 빅데이터는 먼저 '데이터 레이크'로 저장된다. 그리고 거기서부터 일부 데이터를 '데이터 마트'로 추출한다.

1.3절에서는 파이썬에 의한 '대화형 데이터 처리'에 대해 설명한다. 표 형식의 데이터를 추상화한 '데이터 프레임'을 사용하여 간단한 텍스트 데이터의 가공과 집계를 한다.

1.4절에서는 '스프레드시트(spread sheet)'와 'BI 도구'를 사용하여 장기적인 데이터의 변화를'모니터링'하는 방식에 관해 설명한다.

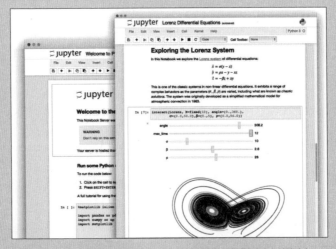

주피터를 이용하면 데이터 처리 과정을 파일로 기록해 놓고 나중에 편집하거나 재실행하기가 쉬워진다.

그림 1.A Project 주피터 | Home¹

---

1   ⓊⓇⓁ http://jupyter.org

1-1 [배경] 빅데이터의 정착

'분산 시스템의 발전'과 '클라우드 서비스의 보급'에 따라 대량의 데이터를 효율적으로 처리하는 일이 점차 어렵게 되었다. 이 절에서는 '빅데이터'라는 단어가 퍼질 때까지의 역사를 간단하게 되돌아본다.

> **NOTE** 이 절에서는 빅데이터의 주요 역사에 대해서 설명한다.
>
> - 2011년까지 ➡ Hadoop이나 NoSQL 데이터베이스 등 기반 기술의 발전
> - 2012년까지 ➡ 클라우드 방식의 데이터 웨어하우스나 BI 도구의 보급
> - 2013년부터 ➡ 스트림 처리나 애드 혹(AdHoc) 분석 환경의 확충

분산 시스템에 의한 데이터 처리의 고속화
— 빅데이터의 취급하기 어려운 점을 극복한 두 가지 대표 기술

지난 몇 년 동안 데이터를 분석하기 위한 환경은 크게 바뀌었다. 그래서 이제는 대량의 데이터를 활용하여 새로운 가치를 창출하거나 의사 결정을 위해 이용하는 일이 보편화되었다. 게다가, 클라우드 서비스의 보급으로 기술적인 제약이 적어져 누구라도 마음만 먹으면 데이터를 분석할 수 있는 시대가 되었다.

'빅데이터(big data)'라는 단어를 대중 매체를 통해 자주 접하게 된 것은 2011년 후반에서 2012년에 걸쳐 많은 기업들이 데이터 처리에 분산 시스템을 도입하기 시작했을 무렵일 것이다. 그 이전에도 컴퓨터에 의한 데이터 처리는 이뤄졌지만, 언제부턴가 '빅데이터'라고 불리는 단어가 여기저기서 사용되어 데이터를 비즈니스에 활용하자는 움직임이 활발해졌다.

그 이후에도 빅데이터라는 단어는 사라지지 않고, 지금은 하나의 기술 분야로 정착되었다. 하지만 현재로서는 '빅데이터의 기술이 큰 어려움 없이 안심하고 사용할 수 있다'고 말하기는 어려운 상황이며, 실제로 '데이터를 모아서 무엇을 할 것인가?'에 대해서도 아직은 명확하게 해답을 내리기 어려운 실정이다.

빅데이터의 취급이 어려운 이유는 크게 두 가지다. 하나는 '데이터의 분석 방법을 모른다'는 점이고, 또 하나의 이유는 '데이터 처리에 수고와 시간이 걸린다'는 점이다. 데이터가 있어도 그 가치를 창조하지 못한다면 의미가 없고, 지식이 있어도 시간을 많이 소비한다면 할 수 있는 것은 한정된다. 이 두 가지는 자전거의 두 바퀴와 같아서, 이 두 가지를 갖추고 나서야 비로소 가치 있는 정보를 얻을 수 있다.

이 중에서 전자의 문제에 대해서는 이 책에서는 전혀 논의하지 않는다. 알고 싶은 정보가 이미 있다는 전제하에서 그것을 '어떻게 효율적으로 실행할 것인가?'를 생각하는 것이 이 책의 목적이다. 가능한 한 적은 노력으로 원하는 정보를 얻을 수 있도록 지금 어떠한 기술이 사용되는지 차례대로 살펴보겠다.

빅데이터 기술의 요구 Hadoop과 NoSQL의 대두

빅데이터의 기술로 가장 먼저 예로 들 수 있는 것이 'Hadoop'과 'NoSQL'이다(그림 1.1).

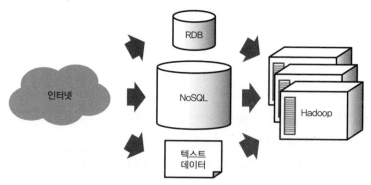

웹 서버 등에서 생성된 데이터는 처음에는 RDB와 NoSQL 등의 텍스트 데이터에 저장된다. 그 후 모든 데이터가 Hadoop으로 모이고, 거기서 대규모 데이터 처리가 실행된다.

그림 1.1 Hadoop과 NoSQL의 위치 관계

인터넷의 보급으로 세계 곳곳으로부터 액세스 되는 시스템이 증가함에 따라 전통적인 관계형 데이터베이스(RDB)로는 취급할 수 없을 만큼 대량의 데이터가 점차 쌓이게 되었다. 그렇게 축적된 데이터를 처리하려면 기존과는 다른 구조가 필요했다. Hadoop과 NoSQL은 각각 다른 요구를 충족하기 위해 태어났다.

Hadoop 다수의 컴퓨터에서 대량의 데이터 처리

Hadoop은 '다수의 컴퓨터에서 대량의 데이터를 처리하기' 위한 시스템이다. 예를 들어, 전 세계의 웹페이지를 모아서 검색 엔진을 만들려면 방대한 데이터를 저장해둘 스토리지와 데이터를 순차적으로 처리할 수 있는 구조가 필요하다. 그러기 위해서는 수백 대, 수천 대 단위의 컴퓨터가 이용되어야 하며, 그것을 관리하는 것이 Hadoop이라는 프레임워크다.

Hadoop은 원래 구글에서 개발된 분산 처리 프레임워크인 'MapReduce'를 참고하여 제작되었다(MapReduce의 구조는 제5장을 참고). 초기 Hadoop에서 MapReduce를 동작시키려면 데이터 처리의 내용을 기술하기 위해 자바 언어로 프로그래밍을 해야 했다. 그렇기 때문에 누구나 간단히 사용하지 못하였다.

그래서 SQL과 같은 쿼리 언어를 Hadoop에서 실행하기 위한 소프트웨어로 'Hive(하이브)'가 개발되어 2009년에 출시되었다. Hive의 도입에 의해 프로그래밍 없이 데이터를 집계할 수 있게 함으로써 많은 사람이 Hadoop을 이용한 분산 시스템의 혜택을 받을 수 있게 되었고, 그로 인해 점차 사용자를 확대할 수 있었다(표 1.1).

표 1.1 Hadoop의 중요 역사(2011년까지)

시기	이벤트
2004년 12월	구글에서 MapReduce 논문이 발표됨
2007년 9월	Hadoop의 최초 버전(0.14.1)이 배포되어 전 세계적으로 이용되기 시작함
2009년 5월	Hive의 최초 버전(0.3.0)이 배포됨
2011년 12월	Hadoop 1.0.0 배포

NoSQL 데이터베이스 빈번한 읽기/쓰기 및 분산 처리가 강점

한편, NoSQL은 전통적인 RDB의 제약을 제거하는 것을 목표로 한 데이터베이스의 총칭이다. NoSQL 데이터베이스에는 다양한 종류가 있다. 다수의 키와 값을 관련지어 저장하는 '키 밸류 스토어(key-value store/KVS)', JSON과 같은 복잡한 데이터 구조를 저장하는 '도큐먼트 스토어(document store)', 여러 키를 사용하여 높은 확장성을 제공하는 '와이드 칼럼 스토어(wide-column store)' 등이 대표적이다.

NoSQL 데이터베이스 제품은 각자가 추구하는 목표가 다르므로 단순 비교를 할 수는 없지만, RDB보다 고속의 읽기, 쓰기가 가능하고 분산 처리에 뛰어나다는 특징을 갖추고 있다. 모여진 데이터를 나중에 집계하는 것이 목적인 Hadoop과는 다르게 NoSQL은 애플리케이션에서 온라인으로 접속하는 데이터베이스다.

표 1.2 주요 NoSQL 데이터베이스의 역사(2011년까지)

시기	이벤트	제품의 종류
2009년 8월	MongoDB 1.0 배포	도큐먼트 스토어
2010년 7월	CouchDB 1.0 배포	도큐먼트 스토어
2011년 9월	Riak 1.0 배포	키밸류 스토어
2011년 10월	Cassandra 1.0 배포	와이드 칼럼 스토어
2011년 12월	Redis 1.0 배포	키밸류 스토어

Hadoop과 NoSQL 데이터베이스의 조합 현실적인 비용으로 대규모 데이터 처리 실현

이 둘을 조합함으로써 'NoSQL 데이터베이스에 기록하고 Hadoop으로 분산 처리하기'라는 흐름이 2011년 말까지 정착하게 되었고, 2012년부터는 일반에 널리 퍼지게 되었다.

방대한 규모로 계속 증가하는 데이터에 대해, 기존의 기술로는 불가능하거나 고가의 하드웨어가 필요한 경우에도 '현실적인 비용으로 데이터를 처리할 수 있게 된' 것이 당시의 기술적인 배경이다.

분산 시스템의 비즈니스 이용 개척 — 데이터 웨어하우스와의 공존

일부 기업에서는 이전부터 데이터 분석을 기반으로 하는 '**엔터프라이즈 데이터 웨어하우스**(enterprise data warehouse/EDW, 또는 **데이터 웨어하우스/DWH**)'를 도입했다. 전국 각지에서 보내진 점포의 매출과 고객 정보 등이 오랜 기간에 걸쳐 축적되고, 그것을 분석함으로써 업무 개선과 경영 판단의 자료로 활용되었다.

분산 시스템의 발전에 따라, 기존이라면 데이터 웨어하우스 제품이 사용되는 경우에도 Hadoop을 사용하는 경우가 증가했다. 다수의 데이터 분석 도구가 Hadoop에 대한 대응을 표명하여 대량의 데이터를 보존 및 집계하기 위해 Hadoop과 Hive를 사용하게 되었다. 그 결과 Hadoop의 도입을 기술적으로 지원하는 비즈니스가 성립하게 되었다. 그리고 그때 사용하게 된 키워드가 바로 '빅데이터'다.

전통적인 데이터 웨어하우스에서도 대량의 데이터를 처리할 수 있으며, 오히려 여러 방면에서 Hadoop보다도 우수하다. 하지만 단점도 있다. 일부 데이터 웨어하우스 제품은 안정적인 성능을 실현하기 위해 하드웨어와 소프트웨어가 통합된 통합 장비(appliance)로 제공되었다. 데이터 용량을 늘리려면 하드웨어를 교체해야 하는 등 나중에 확장하기가 쉽지 않았다. 따라서, 가속도적으로 늘어나는 데이터의 처리는 Hadoop에 맡기고, 비교적 작은 데이터, 또는 중요한 데이터만을 데이터 웨어하우스에 넣는 식으로 사용을 구분하게 되었다.

예를 들어, 야간 배치 등 심야에 대량으로 발생하는 데이터 처리에 Hadoop을 사용하고 있는데, 야간 배치에서는 매일 거래되는 데이터 등을 심야에 집계하여 다음 날 아침까지 보고서에 정리한다. 데이터양이 증가하면 배치 처리 또한 시간이 걸려 보고서의 완성이 늦어지고 이로 인해 업무에 지장이 생긴다. 그런 이유로 확장성이 뛰어난 Hadoop에 데이터 처리를 맡김으로써 데이터 웨어하우스의 부하를 줄이고 있다(그림 1.2).

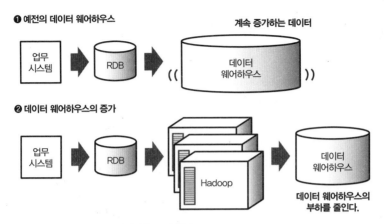

그림 1.2 Hadoop에 의한 데이터 웨어하우스의 증가

직접 할 수 있는 데이터 분석 폭 확대
— 클라우드 서비스와 데이터 디스커버리로 가속하는 빅데이터의 활용

이와 비슷한 시기부터 클라우드 서비스의 보급에 의해 빅데이터의 활용이 증가하였다 (표 1.3). '여러 컴퓨터에 분산 처리한다'라는 점이 빅데이터의 특징이다. 하지만 이를 위한 하드웨어를 준비하고 관리하는 일은 간단하지 않다. 클라우드 시대인 요즘은 시간 단위로 필요한 자원을 확보할 수 있어서 방법만 알면 언제든지 이용할 수 있는 환경이 마련되었다.

표 1.3 데이터 처리를 위한 클라우드 서비스

시기	이벤트	서비스의 특징
2009년 4월	Amazon Elastic MapReduce 발표	클라우드를 위한 Hadoop
2010년 5월	구글 BigQuery 발표	데이터 웨어하우스
2012년 10월	Azure HDInsight 발표	클라우드를 위한 Hadoop
2012년 11월	Amazon Redshift 발표	데이터 웨어하우스

2012년 말에 'Amazon Redshift(아마존 레드시프트)'가 발표된 이후로 데이터 웨어하우스

를 클라우드 상에서 작성하는 것은 그다지 드문 일이 아니였다. 이전의 데이터 웨어하우스는 대기업의 IT 부서가 상당한 노력을 들여 구축해야 하는 매우 한정된 것이었지만, 이제는 더욱 작은 프로젝트 단위에서도 데이터 웨어하우스를 구축하여 자체적으로 데이터 분석 기반을 마련하는 경우가 일반적인 상황이 되었다.

스몰 데이터와 빅데이터의 활용 스몰 데이터의 기술도 중요

빅데이터와의 비교로 기존 기술을 이용해서 취급할 수 있는 작은 데이터를 '스몰 데이터(small data)'라고 한다. 예를 들면 한 대의 노트북에서 큰 부담 없이 처리할 수 만큼의 작은 데이터라 할 수 있다. 레코드 수로는 약 수백만에서 수천만 건, 데이터양으로 따지자면 '수 GB(giga byte)'까지를 스몰 데이터라고 한다.

빅데이터와 스몰 데이터 모두 그냥 데이터이며, 이 점에 있어서 본질적인 차이는 없다. 대량의 데이터인 경우, 과거라면 버릴 수밖에 없었던 데이터였지만, 빅데이터의 시대가 되니 그것마저도 모두 처리할 수 있게 되었다. 데이터 분석 방법은 스몰 데이터 시절부터 이미 존재하고 있었으므로 결국은 '효율'의 문제다.

스몰 데이터 기술은 빅데이터 기술만큼 중요하다. 사내에서 작성된 'Excel(엑셀)' 파일, 웹에서 다운로드한 CSV 파일 등 이 세상은 대량의 스몰 데이터로 가득 차 있다. 효율적인 스몰 데이터의 처리 방법을 알지 못한 채, 빅데이터 기술만 배워서는 충분하지 않다. 이 둘을 모두 적재적소로 구사하는 것이 이상적이다(그림 C1.1).

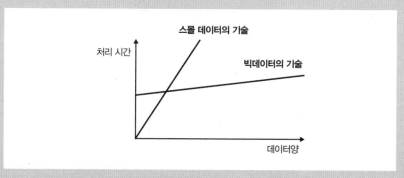

스몰 데이터의 기술에서는 데이터양이 증가하면 처리 시간이 급격히 증가한다. 빅데이터 기술의 경우, 시간의 증가는 억제되지만, 데이터양이 적은 상황에서는 스몰 데이터 기술이 더 우수하다.

그림 C1.1 빅데이터와 스몰 데이터

데이터 디스커버리의 기초지식 셀프서비스용 BI 도구

빅데이터 기술이 나오기 시작한 시기와 같은 시기에 데이터 웨어하우스에 저장된 데이터를 시각화하려는 방법으로 '**데이터 디스커버리**(data discovery)'가 인기를 끌게 되었다. 데이터 디스커버리란 '대화형으로 데이터를 시각화하여 가치 있는 정보를 찾으려고 하는 프로세스'를 가리키며, 2012년경부터 사용된 용어다.

데이터 디스커버리는 '셀프서비스용 BI 도구'로 불린다. '**BI 도구**(business intelligence tool)'는 예전부터 데이터 웨어하우스와 조합되어 사용된 경영자용 시각화 시스템으로(그림 1.3), 대기업의 IT 부서에 의해 도입되는 대규모의 도구다. 셀프서비스용 BI 도구는 이것을 개인도 도입할 수 있을 정도로 단순화한 것으로, 이로 인해 점차 많은 사람이 데이터를 살펴볼 수 있게 되었다. 앞으로 이 책에서 'BI 도구'라고 언급하는 것은 '데이터 디스커버리를 위한 셀프서비스용 BI 도구'를 의미한다.

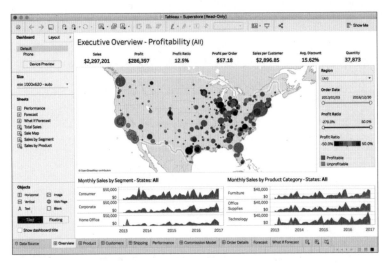

※ Tableau Desktop 10.2, 부속의 샘플 데이터

그림 1.3 BI 도구에 의한 대시보드의 예

2013년 이후에도 빅데이터 기술은 더 높은 '효율'과 '편리성'을 실현하기 위해 계속해서 개발되고 있다. 'Apache Spark(아파치 스파크, 제3장 뒷부분)'와 같은 새로운 분산 시스템

용 프레임워크가 보급됨으로써 MapReduce보다도 효율적으로 데이터 처리를 할 수 있게 되었다. 배치 처리뿐만 아니라 실시간 데이터 처리를 위한 시스템도 다수 만들어지고 있다.

대규모의 데이터 분석을 하는 업무는 예전 같으면 매우 한정된 사람들만의 몫이었지만, 지금은 기술상의 제약이 없어져 누구나 사용할 수 있는 주변 기술이 되었다. 데이터를 취급할 기회는 앞으로도 계속 증가한다. 자신에게 맞는 기술을 선택해 언제든 원하는 정보를 추출할 수 있도록 하자.

1-2 빅데이터 시대의 데이터 분석 기반

빅데이터 기술이 기존의 데이터 웨어하우스와 다른 점은 다수의 분산 시스템을 조합하여 확장성이 뛰어난 데이터 처리 구조를 만든다는 점이다. 여기서는 그 차이점에 관해 설명한다.

[재입문] 빅데이터의 기술
— 분산 시스템을 활용해서 데이터를 가공해 나가는 구조

이 책에서 다루는 '빅데이터 기술'이란 분산 시스템을 활용하면서 데이터를 순차적으로 가공해 나가는 일련의 구조다. 이것은 실제로는 그림 1.4와 같이 여러 서브 시스템을 조합함으로써 실현 가능하다.

데이터 파이프라인 데이터 수집에서 워크플로 관리까지

일반적으로 차례대로 전달해나가는 데이터로 구성된 시스템을 '**데이터 파이프라인**(data pipeline)'이라고 한다.

빅데이터의 데이터 파이프라인은 어디에서 데이터를 수집하여 무엇을 실현하고 싶은 지에 따라 변화한다. 처음에는 간단한 구성으로도 끝나지만, 하고 싶은 일이 증가함에 따라 시스템은 점차 복잡해지고 그것을 어떻게 조합시킬지가 문제가 된다.

데이터 수집 벌크 형과 스트리밍 형의 데이터 전송

데이터 파이프라인은 데이터를 모으는 부분부터 시작한다. 데이터는 여러 장소에서 발생하고 각각 다른 형태를 보인다. 데이터베이스에 쓰인 거래처 데이터, 파일 서버에 축적된 로그 파일, 스마트 폰 등의 모바일 애플리케이션에서 모여진 이벤트 데이터 및 임베디드(embedded) 장비에서 보내진 센서 데이터 등 각각 서로 다른 기술로 데이터를 전송한다.

'**데이터 전송**(data transfer)'의 방법은 크게 다음의 두 가지가 있다(그림 1.4 ❶ ❷).

- 벌크(bulk) 형
- 스트리밍(streaming) 형

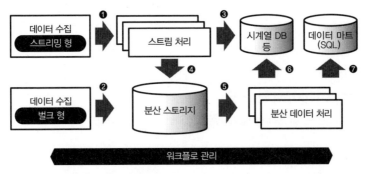

그림 1.4 빅데이터를 위한 데이터 파이프라인

벌크 형은 이미 어딘가에 존재하는 데이터를 정리해 추출하는 방법으로, 데이터베이스와 파일 서버 등에서 정기적으로 데이터를 수집하는 데에 사용한다. 한편, 스트리밍 형은 차례차례로 생성되는 데이터를 끊임없이 계속해서 보내는 방법으로 모바일 애플리케이션과 임베디드 장비 등에서 널리 데이터를 수집하는 데 사용된다.

스트림 처리와 배치 처리

기존의 경우, 데이터 웨어하우스에서 다루는 데이터는 주로 벌크 형 방법이 이용되었다. 하지만 빅데이터의 세계에서는 모바일 애플리케이션 등이 증가함에 따라 오히려 스트리밍 형 방법이 주류가 되고 있고, 스트리밍 형 방법으로 받은 데이터는 아무래도 실시간으로 처리하고 싶어진다. 이것을 '**스트림 처리**(stream processing)'라고 한다.

예를 들어, 과거 30분간 취합한 데이터를 집계하여 그래프를 만들려면, '**시계열 데이터베이스**(time-series database)'와 같은 실시간 처리를 지향한 데이터베이스가 자주 사용된다(그림 1.4 ❸). 스트림 처리의 결과를 시계열 데이터베이스에 저장함으로써, 지금 무슨 일이 일어나고 있는지 즉시 알 수 있다.

한편 스트림 처리는 장기적인 데이터 분석에는 적합하지 않은 문제가 있다. 예를 들어, 지난 1년간의 데이터를 분석하려고 하면 데이터양은 단번에 수천 배 혹은 수만 배로 증가한다. 실시간 데이터 처리와 장기적인 데이터 분석 결과를 하나의 시스템으로 실현하는 것은 불가능하지는 않지만 그렇게 쉬운 일만은 아니다.

장기적인 데이터 분석을 위해서는 보다 대량의 데이터를 저장하고 처리하는 데 적합한 분산 시스템이 좋다(그림 1.4 ❹ ❺). 거기에 필요한 것은 스트림 처리가 아닌, 어느 정도 정리된 데이터를 효율적으로 가공하기 위한 '**배치 처리**(batch processing)' 구조다.

분산 스토리지 객체 스토리지, NoSQL 데이터베이스

수집된 데이터는 '**분산 스토리지**(distribute storage)'에 저장된다(그림 1.4 ❷ ❹). 여기서 말하는 분산 스토리지란 여러 컴퓨터와 디스크로부터 구성된 스토리지 시스템을 말한다. 데이터를 저장하는 방법에는 몇 가지 선택이 있다. 대표적인 것이 '**객체 스토리지**(object storage)'로 한 덩어리로 모인 데이터에 이름을 부여해서 파일로 저장한다. 클라우드 서비스인 Amazon S3 등이 유명하다.

NoSQL 데이터베이스를 분산 스토리지로 사용할 수도 있다. 애플리케이션에서 많은 데이터를 읽고 쓰려면 NoSQL 데이터베이스가 성능 면에서 우수하다. 단, 나중에 데이터 용량을 얼마든지 늘릴 수 있는 확장성이 높은 제품을 선택해야 한다.

분산 데이터 처리 쿼리 엔진, ETL 프로세스

분산 스토리지에 저장된 데이터를 처리하는 데는 '**분산 데이터 처리**(distribute data processing)'의 프레임워크가 필요하다(그림 1.4 ❻ ❼). MapReduce가 사용되어진 것이 바로 이 부분으로 데이터양과 처리의 내용에 따라 많은 컴퓨터 자원이 필요하게 된다. 분산 데이터 처리의 주 역할은 나중에 분석하기 쉽도록 데이터를 가공해서 그 결과를 외부 데이터베이스에 저장하는 것이다.

대다수의 사람들은 데이터 집계에 있어서 SQL을 사용하는 것에 익숙하다. 빅데이터를 SQL로 집계할 때는 두 가지 방법이 있다.

하나는 분산 스토리지 상의 데이터를 SQL로 집계하기 위해 '**쿼리 엔진**(query engine)'을 도입하는 것이다. Hive는 그 한 가지 예인데, 현재는 Hive보다도 고속인 '**대화형 쿼리 엔진**(interactive query engine)'도 개발되었다.

다른 하나는 외부의 데이터 웨어하우스 제품을 이용하는 것이다. 이를 위해서는 분산 스토리지에서 추출한 데이터를 데이터 웨어하우스에 적합한 형식으로 변환한다. 이 일련의 절차를 '**ETL**(extract-transform-load) **프로세스**'라고 한다. 즉, 데이터를 '추출(extract)' 하고, 그것을 '가공(transform)'한 후, 데이터 웨어하우스에 '로드(load)' 한다(그림 1.5).

워크플로 관리

전체 데이터 파이프라인의 동작을 관리하기 위해서 '**워크플로 관리**(workflow management)' 기술을 사용한다. 매일 정해진 시간에 배치 처리를 스케줄대로 실행하고, 오류가 발생한 경우에는 관리자에게 통지하는 목적으로 사용된다.

데이터 파이프라인이 복잡해짐에 따라, 그것을 한 곳에서 제어하지 않으면 전체의 움직임을 파악하는 것이 곤란해진다. 빅데이터의 처리에는 크건 작건 간에 시스템 장애가 발생하므로 오류 발생 시의 처리와 다시 처리하기 위한 기능을 만드는 것을 빼놓아서는 안 된다.

❶ ETL(*Extract-Transform-Load*)

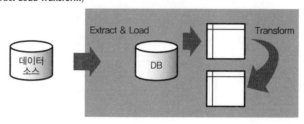

❷ ELT(*Extract-Load-Transform*)

ETL 프로세스는 ①과 같이 데이터베이스의 바깥에서 데이터를 가공하는 경우와 ②처럼 데이터를 읽어 들인 후에 가공하는 경우가 있다. 엄밀하게는 전자를 ETL, 후자를 ELT라고 구별해서 부르기도 하지만, 이 책에서는 양쪽을 특별히 나누지 않고 이 같은 일련의 흐름을 'ETL 프로세스'라고 한다.

그림 1.5 ETL 프로세스

이처럼 빅데이터의 데이터 파이프라인을 실현하려면 많은 기술과 소프트웨어가 사용된다. 이 전부가 필요하지는 않지만, 더욱 좋은 데이터 분석 환경을 구축하는 데는 각각의 특징을 이해해둘 필요가 있다.

> **NOTE** 각 기술에 대해서는 다음 장에서 보다 자세하게 알아볼 수 있다.
> - 제3장 → 분산 데이터 처리의 프레임워크, 쿼리 엔진
> - 제4장 → 벌크 형, 스트리밍 형의 데이터 수집, 분산 스토리지
> - 제5장 → 워크플로 관리, 배치 처리, 스트림 처리

데이터 웨어하우스와 데이터 마트 — 데이터 파이프라인 기본형

우선 '데이터 파이프라인의 기본형'으로 기존 방식대로의 데이터 웨어하우스를 구축하는 프로세스부터 살펴보겠다(그림 1.6).

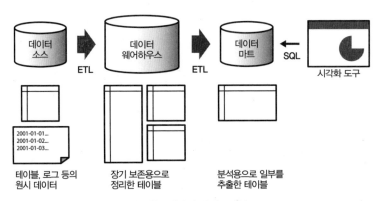

그림 1.6 데이터 웨어하우스를 중심으로 하는 데이터 파이프라인

데이터 웨어하우스는 웹 서버나 업무 시스템에서 이용되는 일반적인 RDB와는 달리 '대량의 데이터를 장기 보존하는' 것에 최적화되어 있다. 정리된 데이터를 한 번에 전송하는 것은 뛰어나지만, 소량의 데이터를 자주 쓰고 읽는 데는 적합하지 않다. 전형적인 사용 방법으로는 업무 시스템에서 꺼낸 데이터를 하루가 끝날 때 정리하여 쓰고, 이것을 야간 시간대에 집계해서 보고서를 작성한다.

데이터 웨어하우스의 측면에서 봤을 때, 업무 시스템을 위한 RDB나 로그 등을 저장하는 파일 서버는 '**데이터 소스**(data source)'라고 부른다. 거기에 보존된 '**로우 데이터**(raw data, 원시 데이터)'를 추출하고 필요에 따라 가공한 후 데이터 웨어하우스에 저장하기까지의 흐름이 '**ETL 프로세스**(ETL Process)'다. 데이터 웨어하우스 구축에는 'ETL 도구'라는 전용 소프트웨어가 자주 이용된다.

데이터 웨어하우스는 업무에 있어서 중요한 데이터 처리에 사용되기 때문에 아무때나 함부로 사용해 시스템에 과부하를 초래하는 것은 곤란하다. 따라서, 데이터 분석과 같은 목적에 사용하는 경우에는 데이터 웨어하우스에서 필요한 데이터만을 추출하여 '**데**

이터 마트(data mart)'를 구축한다. 데이터 마트는 BI 도구와 조합시키는 형태로 데이터를 시각화하는 데에도 사용된다.

데이터 웨어하우스와 데이터 마트 모두 SQL로 데이터를 집계한다. 따라서, 먼저 테이블 설계를 제대로 정한 후에 데이터를 투입한다. 특히 BI 도구로 데이터를 볼 경우에는 미리 시각화에 적합한 형태로 테이블을 준비해야 한다. 그렇기에 데이터 웨어하우스를 중심으로 하는 파이프라인에서는 테이블 설계와 ETL 프로세스가 중요하다.

▌ 데이터 레이크 — 데이터를 그대로 축적

빅데이터의 시대가 되면 ETL 프로세스 자체가 복잡해진다. 모든 데이터가 데이터 웨어하우스를 가정해서 만들어지지는 않는다. 다른 업체에서 받은 텍스트 파일과 바이너리 데이터(binary data) 등은 있는 그대로 데이터 웨어하우스에 넣을 수 없는 것도 있다. 우선 데이터가 있고, 나중에 테이블을 설계하는 것이 빅데이터다.

모든 데이터를 원래의 형태로 축적해두고 나중에 그것을 필요에 따라 가공하는 구조가 필요하다. 빅데이터의 세계에서는 여러 곳에서 데이터가 흘러들어 오는 '데이터를 축적하는 호수'에 비유해 데이터의 축적 장소를 **'데이터 레이크**(data lake)'라고 한다(그림 1.7).

구체적으로는 임의의 데이터를 저장할 수 있는 분산 스토리지가 데이터 레이크로 이용된다. 데이터 형식은 자유지만, 대부분의 경우는 CSV나 JSON 등의 범용적인 텍스트 형식이 사용된다.

데이터 웨어하우스를 데이터 레이크로 치환하면, 그림 1.8과 같이 데이터 파이프라인을 구축할 수 있다. 앞서 나온 그림 1.6과 비교하면 미가공의 원시 데이터를 그대로 저장소에 저장한다는 점이 다르다.

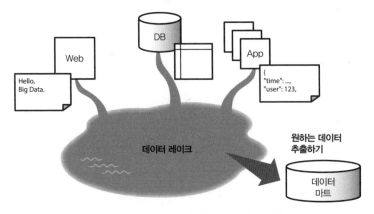

데이터 레이크에서는 모든 데이터를 그대로 저장하고, 나중에 필요한 것만을 꺼내서 사용한다.

※ 참고 'Big Data Requires a Big, New Architecture'

URL https://www.forbes.com/sites/ciocentral/2011/07/21/big-data-requires-a-big-new-architecture/

그림 1.7 데이터 레이크의 이미지

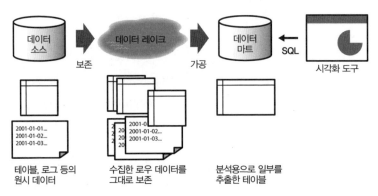

그림 1.8 데이터 레이크를 중심으로 하는 데이터 파이프라인

데이터 레이크와 데이터 마트 필요한 데이터는 데이터 마트에 정리

데이터 레이크는 단순한 스토리지이며, 그것만으로는 데이터를 가공할 수 없다. 그래서 사용되는 것이 MapReduce 등의 분산 데이터 처리 기술이다. 데이터 분석에 필요한 데이터를 가공, 집계하고, 이것을 데이터 마트로 추출한 후에는 데이터 웨어하우스의 경우처럼 데이터 분석을 진행할 수 있다.

데이터 분석 기반을 단계적으로 발전시키기
— 팀과 역할 분담, 스몰 스타트와 확장

앞서 기술한 바와 같이, 데이터 분석에 필요한 기술은 다방면에 걸쳐 있기 때문에 주로 팀을 이루어 작업한다. 특히, 시스템의 구축 및 운용, 자동화 등을 담당하는 '**데이터 엔지니어**(data engineer)'와 데이터에서 가치 있는 정보를 추출하는 '**데이터 분석가**(data analyst)'는 요구되는 지식뿐만 아니라 사용 도구도 다르다(그림 1.9).

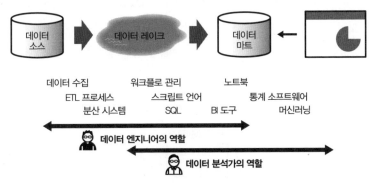

그림 1.9 데이터 엔지니어와 데이터 분석가의 역할 분담

하지만 현실적으로는 항상 팀을 구성해 역할을 분담할 수 있는 것은 아니다. 특히, 이제부터 데이터 분석을 시작하려는 경우라면 처음에는 혼자 아니면 둘이 시작하는 경우가 대부분이다. 주 업무를 하면서 틈틈이 데이터를 살펴보고 있는 사람도 많을 것이다. 그런 상황에서 처음부터 완벽한 결과물을 만들어내는 것은 어려우므로, 가능한 한 작은 시스템에서 시작하여 나중에 단계적으로 확장해 나가는 것이 좋다.

애드 혹 분석 및 대시보드 도구

이 책에서는 최종적으로 데이터 파이프라인의 자동화에 관해 설명할 것이다. 하지만 아직은 시작 단계이므로 자동화 등을 생각하지 않고 수작업으로 데이터를 집계할 수 있으면 충분하다. 이것을 '일회성 데이터 분석'이라는 의미로 '**애드 혹 분석**(ad hoc analysis)'이라고 한다. SQL 쿼리를 직접 작성해서 실행하거나 스프레드시트(표 계산 소프트웨어)에서 그래프를 만드는 것까지 포함해 모든 수작업이 애드 혹 분석에 포함된다.

애드 혹 분석에서는 데이터 마트를 만들지 않은 채 데이터 레이크와 데이터 웨어하우스에 직접 연결하는 경우가 많다(그림 1.10 ❶). 이 부분에 있어 사용자는 작업하기 쉬운 환경을 선호한다. 쿼리를 실행해 결과를 즉시 확인할 수 있도록 대화형 분석 도구를 사용한다.

수작업으로 데이터 분석뿐만 아니라 정기적으로 그래프와 보고서를 만들고 싶을 때도 있다. 그럴 때 많이 도입하는 것이 **'대시보드 도구**(dashboard tool)'다(제2장에서 설명). 일부 대시보드 도구는 데이터 마트가 없어도 동작하도록 설계되어 있어 설정한 스케줄에 따라 데이터 레이크와 데이터 웨어하우스에 접속해 쿼리를 실행하고 그 결과로부터 그래프를 생성한다.

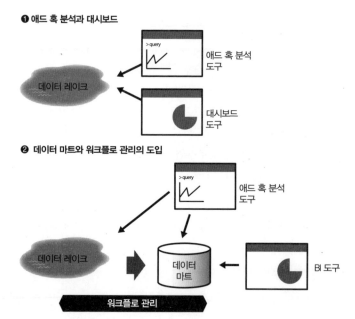

❶ 애드 혹 분석과 대시보드

❷ 데이터 마트와 워크플로 관리의 도입

그림 1.10 데이터 분석 기반의 발전

데이터 파이프라인의 큰 흐름은 변하지 않는다

도구 선택의 두 가지 힌트

빅데이터를 다루는 데는 다수의 선택이 있다. 특히, 도구의 경우는 어떤 것을 선택하면 좋은지 주저하게 된다. 하지만 어떤 것을 선택해도 실제로 하는 일은 그다지 크게 다르지 않다. 달성하고자 하는 목표가 같으면 그다음은 절차상의 문제뿐이다. 기본적으로는 다음의 두 가지만 파악해두면 크게 문제 될 일은 없다.

- 저장할 수 있는 데이터 용량에 제한이 없을 것
- 데이터를 효율적으로 추출할 수단이 있을 것

새로운 도구와 서비스가 계속해서 개발되고 있지만, 데이터 파이프라인 전체의 기본적인 흐름은 변하지 않는다. 이 책에서는 데이터를 모아서 축적하고 이를 통합하여 데이터 마트로 만들고 시각화 도구에서 접속하는 것이 큰 흐름이다. 중요한 것은 이러한 데이터의 흐름을 만드는 것이며, 그 과정에서 사용되는 기술은 교환할 수 있다(그림 C1.2).

기술은 시대에 따라 달라진다. 데이터 분석 환경은 계속 발전하고 있으므로, 우선 가능한 것부터 시작해 점차 부족한 부분을 보충해 나가면 좋을 것이다. 결국, 전체의 흐름을 총괄하는 워크플로 관리가 중요해지고 있다. 이에 대해서는 제5장에서 자세히 설명한다.

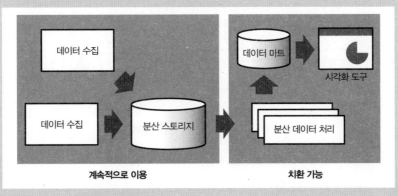

그림 C1.2 데이터 파이프라인의 큰 흐름은 변하지 않는다

데이터 마트와 워크플로 관리

복잡한 데이터 분석에서는 먼저 데이터 마트를 구축한 후에 분석하거나 시각화하도록 한다(그림 1.10 ❷). 특히 시각화에 BI 도구를 사용할 경우는 집계 속도를 높이기 위해

데이터 마트가 거의 필수적이다. 데이터 마트 구축은 배치 처리로 자동화되는 경우가 많기 때문에 그 실행 관리를 위해 워크플로 관리 도구를 사용한다.

워크플로 관리를 도입하는 단계가 되면, 데이터 분석보다는 엔지니어링 작업이 많아진다. 그렇기 때문에 일손이 부족하지 않은 상황에서라면 워크플로 관리는 그다지 필요 없다. 그러나 데이터 처리를 자동화해서 장기적으로 운용해 나가기 위해서는 안정된 워크플로 관리가 필수적이다.

데이터를 수집하는 목적 — '검색', '가공', '시각화'의 세 가지 예

데이터를 모은 후에 무엇을 실시할지는 달성하고자 하는 목적에 따라 달라진다.

여기서는 예로써 그림 1.11과 같은 3가지 패턴을 생각해본다.

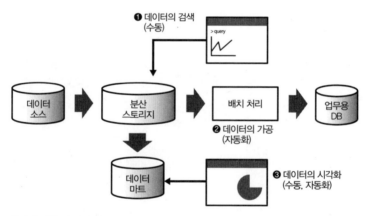

그림 1.11 데이터 이용 목적의 예

데이터 검색

우선 '데이터 검색'(그림 1.11 ❶)으로 대량의 데이터 중에서 조건에 맞는 것을 찾고 싶은 경우가 있다. 예를 들어, 어떤 시스템에 장애가 발생했을 때 그 원인을 특정하거나 고객으로부터 문의가 있으면 로그를 확인하는 것과 마찬가지다. 언제 무엇이 필요할지조

차도 모르기 때문에, 시스템 로그 및 고객의 행동 이력 등 발생하는 모든 데이터를 취득해 놓도록 한다.

데이터 검색에 너무 많은 시간이 걸리는 것은 의미가 없고, 필요할 때 신속하게 검색할 수 있도록 해야 한다. 따라서, 시스템에는 실시간 데이터 처리나 검색 엔진을 사용하여 키워드를 찾는 기능이 필요하다.

데이터의 가공

다음으로 '데이터의 가공'(그림 1.11 ❷)에 있어서는 업무 시스템의 일부로서 데이터 처리 결과를 이용하고 싶은 경우가 있다. 웹사이트에서 추천 상품을 제안하거나, 센서 데이터의 비정상적인 상태를 감지하여 통보하는 경우다. 이 경우는 목적이 명확하기 때문에 필요한 데이터를 계획적으로 모아 데이터 파이프라인을 설계한다.

데이터의 가공에는 자동화가 필수적이다. 따라서, 워크플로 관리를 도입하여 꼼꼼하게 테스트를 반복적으로 실행해서 시스템을 구축한다. SQL이 아닌 프로그래밍 언어를 사용하는 경우도 있다. 이것은 데이터 분석이라기보다는 시스템 개발 영역에 해당한다.

데이터 시각화

그다음은 '데이터 시각화(그림 1.11 ❸)로 데이터를 시각적으로 봄으로써 알고 싶은 정보를 얻는 경우가 있다. 통계 분석 소프트웨어나 BI 도구 등으로 그래프를 만들고 거기서 앞으로의 상황을 예측해 의사 결정에 도움이 되도록 하는 경우다.

데이터 시각화는 시행착오의 연속이며, 확실한 해답은 없다. 임의의 분석 환경을 갖추고 여러 번 데이터 집계를 반복한다. 시각화를 고속화하려면 데이터 마트도 필요하다. 또한, 집계 결과를 대시보드에 정리해서 계속 변화를 감시하고 싶을 때도 데이터 시각화는 필요하다.

이것 중에서 어느 것을 우선하는지에 따라 시스템 구성이 달라진다. 이 책에서는 주로 '데이터의 시각화'를 우선 과제로 하고, 특정한 데이터 분석 환경의 정비 및 데이터 마트를 구축하는 파이프라인의 자동화를 다룬다. 시각화만이 데이터를 활용할 수 있는 수단은 아니지만, 시각화를 위해 필요한 기초 지식의 대다수는 다른 용도를 위해서도 응용할 수 있을 것이다.

COLUMN 기간계 시스템과 정보계 시스템을 분리하자

컴퓨터 시스템은 종종 '**기간계 시스템**(mission-critical system)'과 '**정보계 시스템**(information system)'으로 구분한다.

전자는 비즈니스 근간에 관련된 중요한 시스템으로 이것이 정지되면 업무가 멈추기 때문에 완벽하게 테스트를 반복하고 신중하게 운용해야 한다. 한편, 후자는 사내 커뮤니케이션과 의사 결정 등을 위해 이용하는 시스템으로, 이것은 정지되어도 그 영향 범위가 제한되어 있기 때문에 기간계 시스템만큼 엄격한 운영 정책을 갖고 있지는 않다.

데이터를 취급하는 시스템에서는 그것이 기간계 시스템인지 아니면 정보계 시스템인지를 구분해서 양자가 혼합되지 않도록 한다. 사내에서만 필요로 하는 기능을 기간계 시스템에 통합하면 그 운영 정책에 구속되어 나중에 업데이트하는 것이 어렵다. 데이터를 효율적으로 분석하려면 그것을 정보계 시스템으로 분리해야 한다.

'데이터'란 기간계 시스템과 정보계 시스템을 연결하는 것이다. 기간계 시스템은 그 실행 과정을 로그 파일이나 데이터베이스 등에 기록한다. 정보계 시스템은 데이터를 복사하는 데서부터 시작한다. 데이터 복사 없이는 정보계 시스템이 기간계 시스템에 연결되지 못한다. 기간계 시스템에 예상치 못한 부하가 걸리면 업무에 악영향을 미칠 가능성이 있다.

기간계 시스템 일부로 빅데이터를 통합하는 것이 아니라면, 데이터 분석 시스템은 원칙적으로 '정보계 시스템'으로 취급한다. 따라서, 모든 데이터는 처음에 복사하는 것부터 시작한다. 동일한 데이터를 여러 번 꺼낼 수 있다고 단정할 수는 없으므로, 한 번 복사한 데이터는 지우지 않도록 주의해야 한다. 그 후에 분석에 필요한 데이터만을 가공하여 사용한다.

확증적 데이터 분석과 탐색적 데이터 분석

일반적으로 데이터 분석이란 가설을 세우고 그것을 검증하는 '**확증적 데이터 분석**(confirmatory data analysis)'과 데이터를 보면서 그 의미를 읽어내려고 하는 '**탐색적 데이터 분석**(exploratory data analysis)'으로 나눌 수 있다.

전자가 주로 통계학적 모델링에 의한 데이터 분석이라면, 후자는 데이터를 시각화하여 사람의 힘으로 그 의미를 읽는다. 사람의 감각은 뛰어나다. 따라서, 과거의 추이를 그래프로 하는 것만으로도 지금 무슨 일이 일어나고 있고 앞으로 어떻게 될지 어느 정도 예측할 수 있다.

이 책에서는 탐색적 데이터 분석의 프로세스를 모두 '데이터 탐색'이라고 하고, 대화식으로 데이터를 집계하여 시각화하기 위한 환경을 만든다. 구체적으로는 스크립트 언어를 사용한 데이터 처리와 BI 도구를 사용한 데이터 디스커버리 등을 들 수 있다.

한편, 이 책에서는 확증적인 데이터 분석에 관해서는 설명하지 않는다. 통계 분석과 머신러닝 등은 안타깝게도 다룰 범위를 초과한다. 이 책의 목표는 데이터 파이프라인을 자동화하는 부분까지이며, 그다음의 데이터 분석은 또 다른 새로운 과제다.

제2장에서는 빅데이터를 탐색하는 과정에 관해 설명한다. 하지만 그 전에 우선 준비 단계로 다음의 '스몰 데이터 탐색'에 대해 설명한다. 즉, 분산 시스템을 전혀 사용하지 않는 한 대의 컴퓨터로 데이터를 탐색한다.

스몰 데이터 기술은 원래대로라면 그것만으로도 한 권의 책에서 배울 만한 내용이지만, 이 장에서는 그 기본이 되는 개념만을 설명한다. 실제로 스몰 데이터를 취급할지 말 지와는 별도로 '무엇을 할 수 있는가?'를 아는 것이 무엇보다 중요하다. 만약 자신이 해결하고자 하는 문제가 스몰 데이터 기술로 충분하다면, 그것을 기억해두는 것이 훨씬 시간을 절약할 수 있다.

1-3 [속성 학습] 스크립트 언어에 의한 특별 분석과 데이터 프레임

'데이터'는 다양한 장소에 존재하고 있으며, 그것을 수집하는 과정에서 스크립트 언어가 자주 사용된다. 이 절에서는 파이썬에 의한 데이터 처리 개념에 관해 설명한다.

데이터 처리와 스크립트 언어 — 인기 언어인 파이썬과 데이터 프레임

데이터 분석을 하려면 우선 데이터를 수집해야 한다. 특히, 임의의 데이터 분석에서는 처음 보는 데이터를 취급하는 경우는 드문 일이 아니다. 파일 서버에서 다운로드하는 경우도 있지만, 인터넷 경유의 API로부터 얻을 수도 있다. 그리고 원시 데이터 그대로는 BI 도구로 읽을 수 없어 '**전처리**(preprocessing)'가 필요한 데이터도 있다.

이때 많이 사용하는 것이 스크립트 언어다. 데이터 분석 분야에서 자주 사용되는 스크립트 언어에는 여러 가지가 있지만, 그중에서도 인기 있는 것은 'R'(R 언어)과 '파이썬' 두 가지다. R은 원래 통계 분석을 위해 개발된 언어로 데이터 분석 전문가들 사이에서 인기 있다. 한편, 데이터 엔지니어 사이에서는 파이썬의 인기가 높은데 그 배경에는 다음과 같은 이유가 있다.

· 통계 분석에 특화된 R과 비교했을 때, 파이썬은 범용의 스크립트 언어로 발전한 역사가 있고, 다양한 분야의 라이브러리를 손에 넣을 수 있다. 특히, 외부 시스템의 API를 호출하거나, 복잡한 문자열 처리가 필요한 데이터 전처리에 적합하다.

· 파이썬은 과학 기술 계산 분야에서 오랜 기간 사용되었고 NumPy(넘피)와 SciPy(스키피)라는 수치 계산용 라이브러리와 머신러닝의 프레임워크가 충실하다. 데이터 처리 분야에서는 R에서 사용하는 '데이터 프레임'(추후 설명)의 모델을 파이썬으로 만든 라이브러리인 pandas(판다스)를 많이 사용하고 있다.

특히 '데이터 프레임'의 프로그래밍 모델은 효과적이며, 데이터 처리의 스크립트화를 생각하는 데 있어서 빠뜨릴 수 없는 존재가 되었다. 이것은 데이터 엔지니어라면 먼저 기억해두어야 할 도구이므로 그 기본 개념을 쉽게 설명하겠다. 이후에 몇 가지 예제 코드를 예로 들겠지만, 우선은 무엇을 할 수 있는지만 파악하면 충분하다.

> **NOTE** 파이썬 환경의 구축에 대해서는 다음 장에서 자세히 설명한다.
>
> • 제6장 ➡ 스키마리스 데이터의 애드 혹

데이터 프레임, 기초 중의 기초 — '배열 안의 배열'로부터 작성

'데이터 프레임(data frame)**'**은 표 형식의 데이터를 추상화한 객체다. 스프레드시트에 있어 하나의 시트 또는 데이터베이스에 있어 하나의 테이블을 통째로 하나의 객체로 취급한다고 생각하면 좋을 것이다.

표 형식의 데이터는 가로와 세로의 2차원 배열로 나누어져 있고, '배열 안의 배열'을 준비하면 데이터 프레임을 만들 수 있다.

```
'배열 안의 배열'에서 데이터 프레임을 작성한다.
In [1]: import pandas as pd
    : pd.DataFrame([['2017-01-01', 'x', 1], ['2017-01-02', 'y', 2]])
Out[1]:
            0  1  2
0  2017-01-01  x  1
1  2017-01-02  y  2
```

데이터 프레임을 사용하면 스크립트 언어 안에서 데이터 가공과 집계를 할 수 있다. 그 대로는 분석하기 어려운 JSON 데이터나 텍스트 데이터 등도 한 번 데이터 프레임으로 변환해 버리면, 다음은 스프레드시트와 다르지 않다.

웹 서버의 액세스 로그의 예 — pandas의 데이터 프레임으로 간단히 처리

여기에서는 예로 리스트 1.1과 같은 웹 서버의 액세스 로그를 생각해보자. 이러한 데이터는 데이터 웨어하우스와 BI 도구에서 그대로 읽어 들일 수가 없다.

리스트 1.1 웹사이트의 액세스 로그

```
x.x.x.x - - [01/Jul/1995:00:00:01 -0400] "GET /history/apollo..." 200 6245
x.x.x.x - - [01/Jul/1995:00:00:06 -0400] "GET /shuttle/countd..." 200 3985
```

※ 예제 데이터 'NASA-HTTP- The internet Traffic Archive'
URL http://ita.ee.lbl.gov/html/contrib/NASA-HTTP.html

따라서, 이 데이터를 파이썬 정규식을 사용해 파싱해보도록 한다. 다음과 같이 파일의 각 행을 분해하여 칼럼 명을 지정한다.

```
In [2]: import re
      : import pandas as pd
      :
      : 로그의 각 행에 매치하는 정규 표현
      : pattern = re.compile('^\S+ \S+ \S+ \[(.*)\] "(.*)" (\S+) (\S+)$')
      :
      : 정규 표현으로 파싱하는 함수(일치하지 않는 행은 그냥 버린다)
      : def parse_access_log(path):
      :     for line in open(path):
      :         for m in pattern.finditer(line):
      :             yield m.groups()
      :
      : 로그 파일을 읽어서 데이터 프레임으로 변환
      : columns = ['time', 'request', 'status', 'bytes']
      : pd.DataFrame(parse_access_log('access.log'), columns=columns)
Out[2]:
                          time                request status bytes
0  01/Jul/1995:00:00:01 -0400  GET /history/apollo...    200  6245
1  01/Jul/1995:00:00:06 -0400  GET /shuttle/countd...    200  3985
...
[1891714 rows x 4 columns]
```

이것으로 189만 레코드나 되는 데이터 프레임이 완성되었다. pandas의 데이터 프레임은 메모리상에서 전개되기 때문에 수백만 행 정도의 스몰 데이터라면 매우 빠른 데이터 처리가 가능하다.

약간 데이터를 가공해보자. Out[2]의 출력을 보면, 'time' 칼럼의 값이 다루기 어려운 서식이므로, 표준적인 시간 포맷으로 변환한다. 여기에는 to_datetime() 함수를 사용할 수 있다.

```
데이터 프레임을 변수에 보관하기
In [3]: df = pd.DataFrame(parse_access_log('access.log'), columns=columns)
'time' 칼럼을 덮어쓴다(타임 존 버리기)
In [4]: df.time = pd.to_datetime(df.time, format='%d/%b/%Y:%X', exact=False)
결과 확인하기
In [5]: df.head(2)
Out[5]:
                     time                    request status bytes
0  1995-07-01 00:00:01  GET /history/apollo...    200   6245
1  1995-07-01 00:00:06  GET /shuttle/countd...    200   3985
```

기대하는 결과를 얻었기 때문에, CSV 파일로 보존한다. 이제 BI 도구로 읽어 들이면 시각화하는 것도 간단하다.

```
CSV 파일로 보관
In [6]: df.to_csv('access_log.csv', index=False)
결과 확인하기
In [7]: !head -3 access_log.csv
time,request,status,bytes
1995-07-01 00:00:01,GET /history/apollo/ HTTP/1.0,200,6245
1995-07-01 00:00:06,GET /shuttle/countdown/ HTTP/1.0,200,3985
```

데이터의 전처리에서 사용할 수 있는 pandas의 함수

표 1.4에서는 데이터의 가공에 편리한 pandas 함수를 몇 개 정리하였다. 이 같은 일련의 데이터 처리는 데이터 분석의 전처리로서 자주 실행된다. 특히, 시간 서식에 맞추는 등 표준화를 처음부터 잘 해두면 나중에 데이터 분석이 편해진다.

표 1.4 데이터의 전처리에 사용할 수 있는 pandas의 함수

이름	설명
ix	조건에 일치하는 데이터만을 검색한다.
drop	지정한 행(혹은 칼럼)을 삭제한다.
rename	인덱스 값(혹은 칼럼명)을 변경한다.
dropna	값이 없는 행(혹은 칼럼명)을 제외한다.
fillna	값이 없는 셀을 지정한 값으로 치환한다.
apply	각 칼럼(혹은 각 행)에 함수를 적용한다.

시계열 데이터를 대화식으로 집계하기
— 데이터 프레임을 그대로 사용한 데이터 집계

데이터 프레임을 사용해서 데이터를 있는 그대로 집계하는 것도 가능하다. pandas에는 '시계열 데이터(time-series data)'를 취급하기 위한 다양한 기능이 있다. 시간을 인덱스로 지정함으로써 시계열 데이터를 분석할 수 있다. 앞서 나온 CSV 파일을 읽어서 1일 차의 액세스 수를 세어보자.

> **COLUMN** 스몰 데이터의 기술을 잘 사용하기
>
> pandas는 분산 시스템이 아니기 때문에 그 자체로는 스몰 데이터는 취급할 수 있어도 빅데이터에는 대응할 수 없다. 너무 많은 양의 데이터를 읽어 들이면 메모리 부족으로 오류가 발생하거나, 그렇지 않더라도 장시간 기다려야 한다.
>
> pandas는 빅데이터 기술과 구분하는 형태로 이용된다. 빅데이터를 집계하려면 분산 스토리지에서 대량의 데이터를 읽을 수 있어야 한다. 따라서, 네트워크 통신이 발생해서 아무래도 일정한 대기 시간이 필요하다. 애드 혹 데이터 분석의 효율성을 높이기 위해서는 어느 정도 데이터양을 감소시킨 후, 그다음부터 스몰 데이터로 처리하는 것도 하나의 방법이다.
>
> pandas를 사용하면 여러 데이터 소스로부터 데이터를 읽어 들여 결합하거나, SQL과 스크립트 언어를 구분해서 사용하는 처리를 이용하는 것도 쉽게 가능하다. 스몰 데이터에는 스몰 데이터 기술을 사용하는 것이 효율적이므로 무리하게 빅데이터 기술을 사용할 필요가 없다.

```
CSV 파일의 로드(시간으로 파싱)
In [1]: import pandas as pd
      : df1 = pd.read_csv('access_log.csv', parse_dates=['time'])
시간을 인덱스 지정
In [2]: df2 = df1.set_index('time')
인덱스에 의한 시간 필터링
In [3]: df3 = df2['1995-07-01' : '1995-07-03']
1일분의 액세스 수 카운트
In [4]: df3.resample('1d').size()
Out[4]:
time
1995-07-01    64714
1995-07-02    60265
1995-07-03    89584
Freq: D, dtype: int64
```

데이터 프레임 분석에서는 위와 같이 새로운 변수에 차례대로 값을 대입하면서 데이터를 가공한다. 그러면 이전 상태로 돌아와 다시 처리를 시도하거나 여러 값을 비교하기 때문이다.

애드 혹 분석에서는 시행착오를 거치며 몇 번이고 데이터 처리를 반복하기 때문에, 이러한 변수를 잘 사용하면 조금씩 데이터 분석을 진행할 수 있다.

▌SQL의 결과를 데이터 프레임으로 활용하기

데이터 프레임의 단점은 익숙해질 때까지는 아무래도 학습 시간이 걸릴 수 있다는 점이다. SQL에 익숙한 사람이라면 데이터 집계 시에 SQL을 사용하고 싶을지도 모르겠다.

데이터 프레임은 쿼리를 실행한 결과로도 만들 수 있다. 이를 통해 복잡한 데이터의 집계에는 SQL을 사용하면서 데이터 프레임에 의한 대화형 데이터 처리의 혜택을 받을 수 있다.

조금 전과 같은 집계를 SQL로 실행해보자. 여기에서는 SQLite를 이용하여 그림 1.12와 같이 테이블을 작성해둔다. SQL의 실행 결과를 읽어 들이려면 다음과 같이 read_sql() 함수를 사용한다. 조금 전의 Out[4]의 결과와 일치하고 있음을 알 수 있다.

```
데이터베이스에 접속
In [1]: import pandas as pd
   ...: import sqlalchemy
   ...: engine = sqlalchemy.create_engine('sqlite:///sample.db')
쿼리를 실행해서 데이터 프레임으로 변환
In [2]: query = '''
   ...: SELECT substr(time, 1, 10) time, count(*) count
   ...: FROM   access_log
   ...: WHERE  time BETWEEN '1995-07-01' AND '1995-07-04'
   ...: GROUP BY 1 ORDER BY 1
   ...: '''
   ...: pd.read_sql(query, engine)
Out[2]:
        time   count
0  1995-07-01  64714
1  1995-07-02  60265
2  1995-07-03  89584
```

실행 결과를 확인하는 부분에서는 데이터 프레임을 사용한다

위와 같이 데이터 프레임은 표 형식의 모든 데이터를 손쉽게 다룰 수 있으므로, 애드 혹 데이터 분석에서 스크립트에 의한 데이터 처리에 이르기까지 폭넓게 이용되고 있다.

```
$ sqlite3 sample.db  # 데이터베이스에 접속
SQLite version 3.16.0 2016-11-04 19:09:39
Enter ".help" for usage hints.
테이블 작성
sqlite> CREATE TABLE access_log (
   ...>    time timestamp,
   ...>    request text,
   ...>    status bigint,
   ...>    bytes bigint
   ...> );
구분 문자 지정
sqlite> .separator ,
CSV 파일로부터 로드
sqlite> .import access_log.csv access_log
```

그림 1.12 SQLite에 의한 테이블 작성

빅데이터의 애드 혹 분석도 기본이 되는 개념은 pandas에서 SQL을 실행하는 것과 동일하다. 데이터를 집계하는 부분에서는 데이터 웨어하우스나 데이터 레이크을 이용하고 그 결과를 데이터 프레임으로 변환해두면, 그다음은 스몰 데이터와 마찬가지로 대화형 데이터를 확인하고 가공할 수 있다.

1-4 BI 도구와 모니터링

'데이터의 탐색'에 있어서 중요한 것은 우선 큰 그림을 파악한 후에 점차 세부 사항으로 깊이 들어가는 것이다. 여기서는 전체를 알기 위한 보고서 작성과 세부 사항을 알기 위한 BI 도구의 사용법에 관해 설명한다.

스프레드시트에 의한 모니터링 — 프로젝트의 현재 상황 파악하기

데이터를 살펴보고 싶을 때 이용하는 것이 애드 혹 분석이라면, 보다 계획적으로 데이터의 변화를 추적해 나가는 것이 '모니터링(monitoring)'이다. 예를 들어 1개월 또는 1주일마다 정기적인 일정으로 동일한 집계를 반복하여 그 추이를 점점 관측하다 보면 무슨 일이 일어나고 있는지 알 수 있다.

데이터라는 것은 현재 상황을 파악하기 위한 하나의 도구로 사용할 수 있다. 만약 거기에 비정상적인 상태를 나타내는 징후가 있으면, 무언가 조처를 할 필요가 있다. 즉, 자신의 다음 행동을 결정하기 위한 재료로서 데이터를 살펴본다는 의미다.

여기서는 한 예로 어떤 프로젝트의 수입과 지출을 모니터링하는 것을 고려한다. 점포에서 몇몇 상품을 판매하고 있으며, 그 결과 얼마나 이익이 나오는지 알고 싶어 한다고 가정해보자. 지난 3개월 동안의 수입과 지출, 그리고 이익을 집계한 결과가 그림 1.13처럼 되었다고 하자.

	2017년 1월	2017년 2월	2017년 3월
수입	59,900	63,300	72,400
지출	44,300	47,500	56,500
이익	15,600	15,800	15,900
이익률	26%	25%	22%

(단위: 엔)

그림 1.13 월간 수입 지출 보고서

이것을 보면 수입은 순조롭게 증가하고 있음에도 불구하고, 이익은 거의 늘지 않고 오히려 이익률이 점차 감소하고 있다는 것을 알 수 있다. 왜 이익이 증가하지 않는지 알기 위해 지출 내역을 조사한 것이 그림 1.14다. 주로 상품의 구매가 증가하고 있기 때문에 이익 없이 매출만 증가하고 있음을 알 수 있다.

	2017년 1월	2017년 2월	2017년 3월
구매	17,000	20,000	29,000
인건비	12,300	12,300	12,300
그외	15,000	15,200	15,200
지출 합계	44,300	47,500	56,500

(단위: 엔)

그림 1.14 지출의 내역

데이터의 집계 결과로부터 알아낸 이 값에 대해 그렇다면 어떤 조처를 해야 하는지는 분명하지 않다. 숫자의 의미를 제대로 이해하려면 '그 배경에 무슨 일이 일어나고 있는가?'라는 숫자로는 나타낼 수 없는 사전 지식이 필요하다. 예를 들어, 이익률 하락은 상품 가격 인하에 따른 결과이며, 이것은 예정된 것일지도 모른다.

데이터의 변화를 모니터링하고 만약 예상과 다른 움직임이 있다면, 그때는 행동을 해야 한다. 여기에는 사람의 판단이 필요하다. 우선 전체 숫자로부터 현재 상황을 파악하고 거기서 얻어진 통찰에 따라 세부 사항을 확인해서 데이터에 대해 깊이 있게 이해한다. 그것을 여러 번 반복하면 지금 무슨 일이 일어나고 있는지를 알아낼 수 있게 된다.

데이터에 근거한 의사 결정 — KPI 모니터링

프로젝트의 현황을 파악하기 위한 숫자로 업계마다 중요한 지표인 'KPI(key performance indicator)'가 자주 이용된다. 그림 1.15는 여러 산업에서 사용되고 있는 KPI의 예다. 빅데이터를 집계함으로써 이러한 KPI를 정기적으로 모니터링하고 있는 사람도 많다.

❶ 웹 서비스의 KPI

약칭	정식 명칭	의미
DAU	Daily Active User	서비스를 이용한 1일 유저 수
계속률	Customer Retention	서비스를 계속해서 이용하고 있는 유저의 비율
ARPPU	Average Revenue Per Paid User	유료 고객 1인당 평균 매출

❷ 온라인 광고의 KPI

약칭	정식 명칭	의미
CTR	Click Through Rate	광고의 표시 횟수에 대한 클릭 비율
CPC	Cost Per Click	1회 클릭에 대해서 지불한 광고비
CPA	Cost Per Acquisition	1건의 고객 취득을 위해 지불된 광고비

그림 1.15 업계별 KPI의 예

KPI 모니터링에서 의식하고 싶은 것은 그것이 '행동 가능(actionable)'한 것인가이다. 즉, 그 결과에 따라 자신의 다음 행동이 결정될지의 여부다. 행동 가능한 숫자를 만들기 위해 그것이 좋은지 아니면 나쁜지 판단 기준이 필요하다. 목표를 정하는 것은 간단하다. 중요한 것은 좋든 나쁘든 목표와 결과가 다르다면 행동을 해야 한다.

자신의 행동을 결정할 때 직감에 의지하는 것이 아니라 객관적인 데이터를 근거하여 판단하는 것을 '데이터 기반(data-driven) 의사 결정'이라고 한다. 다음은 의사 결정의 재료로 데이터를 이용하는 한 가지 방법이다.

월간 보고서 스프레드시트에 의한 보고서 작성과 그 한계

목표와 실적을 모니터링하기 위해 한 달에 한 번 '월간 보고서'를 만든다고 하자. 여기에는 보고서의 중요한 지표를 정리해야 한다. 웹사이트의 액세스 수든 오류율이든 뭐든 상관없다. 만일 수입과 지출을 파악하고자 한다면, 그림 1.16과 같은 보고서를 생각할 수 있다. 이렇게 보면 원가율이 목표를 웃돌고 있는 것을 명확히 알 수 있다.

	2017년 1월	2017년 2월	2017년 3월
목표			
매출	60,000	70,000	80,000
원가율	30%	30%	30%
...			
실적			
매출	59,900	63,300	72,400
원가	17,000	20,000	29,000
원가율	28%	32%	40%
...			

그림 1.16 매출 목표/실적 보고서

예나 지금이나 이러한 보고서 작성에 이용되는 것이 스프레드시트다. 원시적이긴 하지만, 수작업으로 숫자를 입력하는 정도는 유연성이 있다. 섣불리 이를 시스템화하면 나중에 손 보는 것이 오히려 어려워진다.

스프레드시트에는 어려운 것이 두 가지 있다. 하나는 보고서에 입력하는 숫자를 어디선가 계산해야 한다. 이를 위해 준비된 것이 데이터 웨어하우스이며, 거기서 실행되는 배치 처리다. 이것은 워크플로로 자동화할 수 있다(제5장에서 후술). 다른 하나는 상세한 내역을 조사할 수 있게 하는 것이다. 지금의 예라면 상품별 매출과 원가를 바로 확인할 수 있어야 변화의 원인에 겨우 도달할 수 있다. 이를 위해 사용되는 것이 바로 'BI 도구'다.

변화를 파악하고 세부 사항을 이해하기 — BI 도구의 활용

BI 도구가 어떤 것인지를 알고 싶다면, 실제로 사용해보는 것이 가장 좋다. 만약 사용한 적이 없으면, 무료 사용판도 얼마든지 있기 때문에 시도해보면 좋다(표 1.5).

표 1.5 무료로 사용할 수 있는 BI 도구의 예

명칭	종류
Tableau Public	데스크톱+웹 서비스
Quick Sencse	데스크톱+웹 서비스
Microsoft Power BI	데스크톱+웹 서비스
구글 Data Studio	웹 서비스

여기에서는 예로 'Tableau Public'[2]를 사용한다. Tableau Public은 주로 블로그 등에서 공개하는 데이터를 위해 만들어져 있으므로 회사 내의 데이터를 분석하는 데는 적합하지 않지만, BI 도구의 기능을 이해하는 데는 충분하다.

그림 1.17은 방금 pandas로 만든 CSV 파일을 Tableau Public의 데스크톱 버전에서 실행해본 것이다. 분석하고자 하는 항목을 화면상에서 선택하면 그 내용에 따라 그래프가 자동으로 생성된다. 여기에서는 로그의 시간(time)과 바이트 수(bytes)를 선택하고 있으므로 하루하루의 데이터 전송량에 대한 추이가 집계되고 있다.

BI 도구는 고속의 집계 엔진을 내장하고 있어 수백만 레코드 정도의 스몰 데이터라면 순식간에 그래프를 그려준다. 애드 혹 분석 등에서 대화형으로 데이터를 시각화하고 싶을 때 특히 편리하다.

BI 도구로 읽어 들일 정보를 늘림으로써 시각화할 수 있는 범위가 넓어진다. 예를 들어, 어떤 웹페이지의 액세스가 증가하고 있는지 알고 싶다고 하자. 그림 1.18은 매일의 데이터 전송량을 요청(request)할 때마다 재집계하여 색깔로 분류한 부분이다. 이에 따

---

2 URL https://public.tableau.com/

라 액세스가 급증한 웹페이지를 한눈에 알 수 있다.

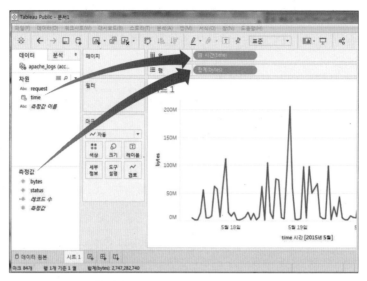

그림 1.17 Tableau Public에 의한 시각화

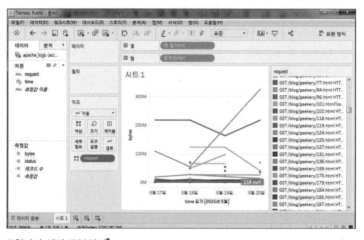

그림 1.18 요청마다 색깔 구분하기[3]

---

3   실제 화면은 컬러다.

모니터링의 기본 전략 및 BI 도구 정기적인 보고서에 의한 변화 파악과 재집계

데이터의 움직임을 모니터링하기 위한 기본적인 전략은 우선 정기적인 보고를 통해 중요한 변화를 파악하는 것이다. 그리고 그 원인을 알고 싶은 경우에는 원인이 되는 데이터로 돌아와 재집계를 반복하면서 자세히 살펴보는 것이다.

BI 도구는 그것을 위한 소프트웨어이며, 데이터를 자세히 탐색할 때 그 힘을 발휘한다. 특히 '데이터 디스커버리를 위한 BI 도구'인 경우, 적절한 데이터만 준비되면 그것을 시각화하는 것은 어려운 일이 아니다.

문제는 항상 이상적인 데이터가 존재한다고는 할 수 없다는 점이다. 원하는 대로 집계 결과를 얻으려면 '시각화하기 쉬운 데이터'를 만들어야 한다.

> **TIP** **BI 도구는 자신이 직접 데이터를 살펴보기 위해서 필요하다**
>
> 자신의 알고 싶은 정보는 결국 스스로 조사하는 방법 이외에는 없다. 데이터의 시각화라는 것은 자의적인 것이므로, 다른 사람이 만든 보고서에서 알 수 있는 것은 단편적인 정보에 지나지 않는다. BI 도구는 '자신이 직접 데이터를 보기' 위한 소프트웨어이며, 집계의 단면을 다양하게 전환하면서 원하는 정보를 찾아낼 수 있다.

수작업과 자동화해야 할 것의 경계를 판별하기

한 가지 구체적인 예로 앞의 그림 1.13에서 다룬 '월간 수입 지출 보고서'를 BI 도구로 작성하는 것을 고려해보자. '수입'과 '지출'을 하나의 표에서 보고 싶기 때문에 그 숫자를 정리한 데이터만 있으면 그림 1.19과 같은 화면을 만들 수 있다. 지출 내역까지 표시되고 있기 때문에 세부 사항을 볼 수 있다.

BI 도구로 이런 화면을 만들기 위해서는 베이스가 되는 데이터가 그림 1.20과 같은 형식으로 되어 있어야 한다. 그러나 처음부터 이렇게 입맛에 맞게 정리된 데이터가 있는 경우는 거의 없다. 제대로 설계된 데이터가 없다면, 자신의 생각과 딱 맞는 화면을 만들 수 없다는 점이 BI 도구의 한계다.

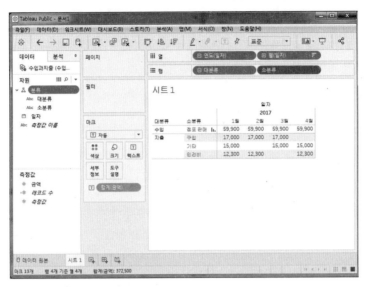

그림 1.19 BI 도구로 지출 내역 표시하기

일자	대분류	소분류	금액
2017/1/1	수입	점포 판매	59,900
2017/1/1	지출	구입	17,000
2017/1/1	지출	인건비	12,300
2017/1/1	지출	기타	15,000
...			

(단위: 엔)

그림 1.20 수입과 지출 데이터

수작업으로 할 수 있는 것은 수작업으로 해두기

대기업이라면 그 방면의 전문가 데이터 웨어하우스의 테이블을 설계하고, 보고서 작성에 필요한 데이터를 배치 처리로 집계하며, 그다음에 BI 도구의 화면을 만든다. 그러나 전문가도 아닌 사람이 그와 같은 일을 하는 것은 매우 힘들다.

자신이 알고 싶은 정보를 자신만 보고자 한다면, 외형을 전혀 고려하지 않고 이미 있는 데이터를 그대로 사용해 화면을 만드는 것만으로도 충분하다. 예를 들어, 만약 '수입'과 '지출'이 각각 별도의 데이터베이스에 기록되어 있다면, 각각 서로 다른 화면을 만들어서 확인하면 된다.

'월간 보고서'처럼 일관성이 높은 것이 필요한 때는 각 화면에서 숫자를 가져와 스프레드시트에 수동으로 입력하면 끝난다. BI 도구를 위한 새로운 테이블을 설계부터 시작하기보다는 한 달에 한 번씩 수동으로 하는 것이 더 쉬울 것이다.

자동화하려는 경우에는 데이터 마트를 만든다

자주 업데이트되는 데이터와 다수의 사람에게 공유되는 데이터 등 중요성이 높은 것은 차례로 자동화해 나간다. 시각화의 바탕이 되는 데이터를 SQL 또는 스크립트를 사용해서 생성하고 그것을 BI 도구로부터 읽어 들인다. 구체적으로는 다음과 같은 방법을 생각할 수 있다.

❶ BI 도구에서 직접 데이터 소스에 접속하기

- 장점 → 시스템 구성이 간단하다.

- 단점 → BI 도구 측에서 지원하지 않는 데이터 소스에는 접속할 수 없다.

❷ 데이터 마트를 준비하고, 그것을 BI 도구로부터 열기

- 장점 → 어떤 테이블이라도 자유롭게 만들 수 있다.

- 단점 → 데이터 마트의 설치 및 운영에 시간이 걸린다.

❸ 웹 방식의 BI 도구를 도입하여 CSV 파일을 업로드하기

- 장점 → 스크립트로 자유롭게 데이터를 가공할 수 있다.

- 단점 → 데이터의 생성 및 업로드에 프로그래밍이 필요하다.

이 책에서는 이것 중 가장 범용성이 높은 ❷의 방법, 즉 데이터 마트를 거치는 시각화 방법을 중심으로 설명하겠다. 데이터 마트를 만드는 데는 시간이 걸리지만, 한 번 만들어 두면 그로 인해 결국에는 이 방법이 가장 새로 업무를 익히지 않고도 일을 쉽게 끝마칠 방법임을 알게 된다.

이 장에서는 빅데이터의 역사와 그 주변 기술을 간단히 소개하였다. 2011년까지 Hadoop과 NoSQL '데이터베이스 분산 시스템 기술'이 확립되어 기존의 '데이터 웨어하우스'를 보완, 대체하기 시작했다. 그리고 이것이 '빅데이터'라는 이름으로 비즈니스화되어 현재에 이르게 되었다.

'클라우드 서비스' 및 'BI 도구'의 보급 또한 진행되어, 지난 몇 년 동안 빅데이터 기술은 대단히 친밀한 것이 되었다. 이것은 실제로 '여러 기술의 집합체'이며, '데이터 수집'에서 '쿼리 엔진', '워크플로 관리'에 이르기까지 다양한 옵션이 제공되고 있다. 사용자는 그중에서 자신에게 필요한 기술을 선택하여야 하며, 그 하나하나를 조금씩이라도 설명하고자 하는 것이 이 책의 주된 목적이다.

빅데이터에서는 다양한 데이터가 취급되기 때문에 그것을 축적하는 스토리지를 '데이터가 흘러 들어가는 호수'로 비유하여 '데이터 레이크'라고 부른다. 축적된 데이터는 분산 시스템에서 가공, 집계되고 '데이터 마트'에 기록된다. 그리고 그것을 BI 도구 등을 이용해 액세스하고, 원하는 때에 원하는 정보를 얻을 수 있도록 한다.

'파이썬' 등의 스크립트 언어를 사용하면, '데이터 프레임'을 사용해서 테이블 형식의 데이터를 처리할 수 있다. 이것은 특히 '로우 데이터'를 취급할 기회가 많은 데이터 엔지니어에게 유용하다. 또한, SQL로 집계한 결과를 스크립트로 처리하고자 할 때도 유용하다. 빅데이터 분석도 결국 '이와 같은 것을 어떻게 대규모로 실행할 것인가?' 하는 문제다.

궁극적으로는 빅데이터와 스몰 데이터 모두 동일하게 분석할 수 있는 것이 이상적이다. 그러나 현실적으로는 빅데이터를 다루는 것이 아직은 스몰 데이터만큼은 쉽지 않다. 이 장에서는 먼저 예비지식으로 스몰 데이터 기술을 쉽게 설명하였다. 다음 장에서는 이것을 빅데이터로 전개해 나갈 예정이다.

빅데이터의
탐색

CHAPTER

2

이 장에서는 데이터를 시각화하는 환경을 정비함으로써 대량의 데이터를 효율적으로 탐색할 수 있도록 준비한다.

2.1절에서는 '크로스 집계'의 개념을 설명한다. 먼저 스프레드시트의 '피벗 테이블'의 기능을 예로 들어 그것과 동일한 것을 BI 도구와 SQL, 그리고 파이썬에서 집계하는 방법에 관해 설명한다. 2.2절에서는 '열 지향 스토리지'의 개념을 설명한다. 대량의 데이터를 '압축'하여 '분산'하고 그것을 다수의 CPU 코어로 집계하는 'MPP 데이터베이스'의 구조도 설명한다. 2.3절에서는 몇 가지 '시각화 도구'의 특징을 설명한다. 대화형 데이터를 분석에 이용하는 '노트북'과 정기적으로 그래프를 업데이트 해주는 '대시보드 도구', 그리고 대화형 대시보드를 위한 'BI 도구'에 대해서 설명한다. 2.4절에서는 데이터 마트의 설계에 관해 설명한다. BI 도구에는 'OLAP(올라프)'라는 데이터 분석 개념이 도입되고 있으며, 그에 적합한 '비정규화 테이블'을 만듦으로써 데이터를 쉽게 시각화할 수 있다.

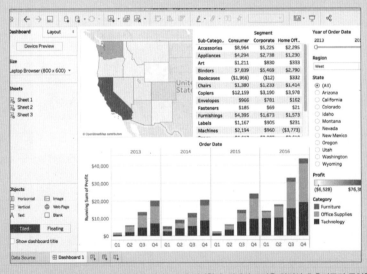

하나의 데이터 소스를 여러 가지 관점에서 분석하여 대시보드에 정리한다. 집계의 조건을 화면상에 추려두면 동일한 그래프를 여러 개 만들 필요가 없어진다.
※ Tableau Desktop 10.2와 함께 제공되는 예제 데이터

그림 2.A Tableau에 의한 대시보드

크로스 집계의 기본

데이터 시각화에서 먼저 기본이 되는 것이 '크로스 집계'다. 여기서는 스프레드시트를 이용한 크로스 집계의 개념을 이해하고 BI 도구와 SQL로 동일한 일을 할 수 있도록 한다.

트랜잭션 테이블, 크로스 테이블, 피벗 테이블 — '크로스 집계'의 개념

그림 2.1 ❶은 어떤 상품의 매출을 정리한 보고서다. 행 방향(세로)으로는 '상품명'이 나열되고, 열 방향(가로)으로는 '매출 월'이 나열된다. 행과 열이 교차하는 부분에 숫자 데이터가 들어가기 때문에 이를 '크로스 테이블(cross table)'이라고 부른다. 엑셀 등의 스프레드시트에서 이러한 보고서를 직접 작성하는 사람들이 많다.

크로스 테이블은 사람들이 보기 편한 보고서이지만, 데이터베이스에서는 다루기 어려운 데이터 형식이다. 데이터베이스에 새로운 행을 추가하는 것은 간단하지만, 열을 늘리는 것은 간단하지 않다. 따라서, 보고서의 바탕이 되는 데이터는 그림 2.1 ❷와 같이 행 방향으로만 증가하게 하고, 열 방향으로는 데이터를 증가시키지 않도록 해야 한다. 이것을 '트랜잭션 테이블(transaction table)'이라고 한다.

❶ 크로스 테이블

	2017년 1월	2017년 2월	2017년 3월
상품 A	57,500	57,500	60,000
상품 B	2,400	5,800	12,400

❷ 트랜잭션 테이블

매출 월	상품명	금액
2017년 1월	상품 A	57,500
2017년 1월	상품 B	2,400
2017년 2월	상품 A	57,500
2017년 2월	상품 B	5,800
2017년 3월	상품 A	60,000
2017년 3월	상품 B	12,400

(단위 : 엔)

그림 2.1 크로스 테이블과 트랜잭션 테이블

트랜잭션 테이블에서 크로스 테이블로 변환하는 과정을 '**크로스 집계**(cross tabulation)'라고 한다. 소량의 데이터를 크로스 집계하는데 편리한 것이 스프레드시트의 '**피벗 테이블**(pivot table)' 기능이다. 만약 사용한 적이 없으면 지금 바로 배워보자. 엑셀을 사용하는 것이 일반적이지만, 구글 스프레드시트도 사용할 수 있다. 여기에서는 예로 Microsoft Excel을 이용한다.

피벗 테이블 기능에 의한 크로스 집계

예제 데이터로 그림 2.2 ❶의 판매 데이터를 사용한다. 데이터를 다각적으로 집계할 수 있도록 '점포 ID'와 '상품 ID', '고객 ID'를 추가하고 있다. 크로스 집계하고 싶은 데이터의 범위를 선택하고 메뉴에 있는 [삽입]에서 [테이블]-[피벗 테이블]을 선택하여 새로운 시트를 만든다. 이때 피벗 테이블의 [열]에 '매출일'을, [행]에는 '점포 ID'와 '상품 ID', [값]으로 '금액'을 넣으면 그림 2.2 ❷와 같은 크로스 테이블이 표시된다.

 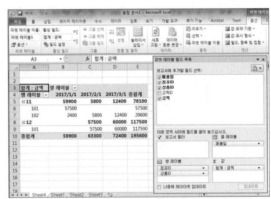

❶ 범위를 선택해서 [삽입]에서 [테이블]-
  [피벗 테이블]을 선택

❷ 매출일, 점포 ID, 상품 ID, 금액을 사용해서 집계

그림 2.2 피벗 테이블에 의한 크로스 집계

피벗 테이블에서는 행과 열이 교차하는 부분의 값은 자동으로 집계된다. 아무것도 지정하지 않으면 숫자 값의 합계가 계산되지만, 그 밖에도 '평균'과 '최댓값', 이전 값과의 '차' 등을 계산할 수 있다. 피벗 테이블의 행과 열을 설정하는 항목을 바꿈으로써 자신이 관

심 있는 항목에 대한 집계 결과를 즉시 얻을 수 있는 것이 피벗 테이블의 매력이다.

결과를 크로스 테이블에 정리할 뿐만 아니라 그것을 그래프로 시각화한 '**피벗 그래프**(pivot graph)' 기능도 있다. 많은 시각화 도구의 내부적인 원리는 이와 같으며, 크로스 집계는 데이터를 시각화하는 기초가 된다.

▌ 룩업 테이블 — 테이블을 결합하여 속성 늘리기

트랜잭션 테이블에 새로운 항목을 추가하는 것이 아니라, 다른 테이블과 결합하고 싶은 경우도 있다. 예를 들면, '상품 ID'를 사용하여 '상품명'과 '상품 카테고리'를 참고하는 형태다.

이때 사용되는 것이 '**룩업 테이블**(lookup table)'이다. 예를 들어 그림 2.3과 같이 상품 정보를 하나의 테이블에 정리해두면 나중에 속성을 추가하거나 변경하는 것도 간단해진다.

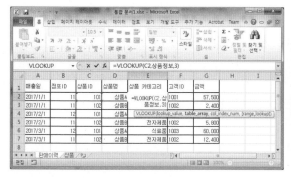

❶ 시트 1: VLOOKUP() 함수로 테이블을 참고한다.　　　　❷ 시트 2: 범위 선택을 해서 이름을 붙여 둔다.

그림 2.3 룩업 테이블로 상품 정보 참고하기

트랜잭션 테이블과 룩업 테이블은 서로 독립적으로 관리할 수 있다. 트랜잭션 테이블은 업무 데이터베이스 등에서 가져오는 데 비해 룩업 테이블은 데이터 분석 용도에 따라 변경해도 상관 없다. 예를 들어, 상품 카테고리 등은 자유롭게 바꿀 수 있는 편이 분석하는데 보다 편리하다.

BI 도구에 의한 크로스 집계

자주 데이터를 살펴볼 때는 엑셀보다 BI 도구를 사용하는 것이 좋다. 그림 2.4 ❶은 앞서 살펴본 엑셀 파일을 Tableau Public에서 열어본 것이다. 첫 번째 테이블에 [판매 이력]을 선택하고 룩업 테이블로 [상품]을 결합한다. 이제 데이터베이스 상에서 테이블을 결합하는 것과 동일하게 두 개의 엑셀 시트를 결합할 수 있다. 이후로는 룩업 테이블만 변경하면 자기 생각대로 새로운 속성을 추가할 수 있다.

테이블을 결합할 수만 있다면, 이후에는 추가된 속성을 사용하여 크로스 집계를 할 수 있다. 화면상에서 알고 싶은 항목을 선택하고, 메뉴에서 [워크 시트]-[크로스 탭으로 복제]를 선택하면 그림 2.4 ❷처럼 크로스 테이블이 표시된다.

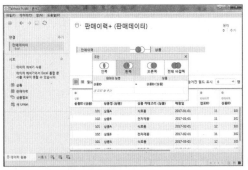

❶ 트랜잭션 테이블과 룩업 테이블을 결합한다.

❷ [크로스 탭으로 복제]를 선택하면 테이블 형태로 표시된다.

그림 2.4 Tableau Public으로 테이블 결합하기

Pandas에 의한 크로스 집계

스크립트로 크로스 집계를 실행하고 싶다면 pandas를 이용하는 것이 편리하다. 2개의 테이블을 결합하려면 merge()를 실행한다.

```
In [1]: import pandas as pd
[트랜잭션 테이블 로드]
In [2]:df1 = pd.read_excel(u'판매 데이터.xlsx', u'판매 이력')
[룩업 테이블 로드]
In [3]:df2 = pd.read_excel(u'판매 데이터.xlsx', u'상품')
[테이블 결합하기]
In [4]:df3 = pd.merge(df1, df2, on=u'상품 ID')

In [5]: df3
Out[5]:

        매출일  점포 ID  상품 ID  고객 ID      금액  상품명  상품 카테고리
0 2017-01-01     11    101   1001   57500  상품 A    식료품
1 2017-02-01     12    101   1003   57500  상품 A    식료품
2 2017-03-01     12    101   1003   60000  상품 A    식료품
3 2017-01-01     11    102   1002    2400  상품 B    전자제품
4 2017-02-01     11    102   1002    5800  상품 B    전자제품
5 2017-03-01     11    102   1002   12400  상품 B    전자제품
```

예상대로 칼럼이 추가되었기 때문에 이것을 pivot_table()로 크로스 집계한다.

```
In [6]: df3.pivot_table(u'금액',[u'점포 ID', u'상품명'], u'매출일', aggfunc='sum')

Out[6]:
매출일          2017-01-01  2017-02-01  2017-03-01
점포 ID  상품명
11     상품 A      57500.0         NaN         NaN
       상품 B       2400.0      5800.0     12400.0
12     상품 A          NaN     57500.0     60000.0
```

pandas에서는 데이터 프레임만 만들 수 있다면 어떤 데이터라도 결합할 수 있다. read_csv()에서 CSV 파일을 로드하거나 read_clipboard()로 클립보드로부터 복사할 수도 있다. 아니면 스크립트에서 동적으로 칼럼을 만들 수도 있다. 다음 코드는 독자적으로 정의한 파이썬 함수로 상품 카테고리를 생성한다.

```
상품 카테고리를 함수로 설정

In [7]:def category(row):
          return {101:u'식료품'}.get(row[u'상품 ID'], u'그 외')
       df1[u'상품 카테고리']=df1.apply(category, axis=1)

In [8]:df1.head(2)
Out[8]:
        매출일 점포 ID  상품 ID  고객 ID    금액 상품 카테고리
0 2017-01-01   11    101   1001  57500 식료품
1 2017-01-01   11    102   1002   2400 그 외
```

SQL에 의한 테이블의 집계 — 대량 데이터의 크로스 집계 사전 준비

피벗 테이블에 의한 크로스 집계는 간편하지만, 데이터의 양이 너무 많으면 처리할 수 없다. BI 도구와 pandas라면 수백만 레코드는 집계할 수 있지만, 그 이상이 되면 너무 느려져서 쓸 수가 없다. 대량의 데이터를 크로스 집계하려면 SQL을 사용하여 데이터 **집계**(aggregation)', 즉 sum()과 같은 '**집계 함수**(aggregate functions)'를 이용해 데이터양 감소를 고려할 필요가 있다.

예를 들어, 업무 데이터베이스에 판매 이력이 저장되어 있다면, 그 모든 것을 꺼내 크로스 집계하는 것이 아니라 먼저 SQL로 집계한다. 만일 월간 판매 이력을 알고 싶다면, 그림 2.5처럼 작성해서 다달이 데이터를 집계한다. 바탕이 되는 데이터가 많아도 이렇게 집계하면 데이터양이 크게 줄어든다.

```
postgres-# SELECT date_trunc('month', "매출일")::DATE AS "매출일",
postgres-#         "점포 ID",
postgres-#         "상품 ID",
postgres-#         "고객 ID",
postgres-#         sum("금액") AS "금액"
postgres-# FROM   "판매 이력"
postgres-# GROUP BY 1, 2, 3, 4
postgres-#
    매출일   | 점포 ID | 상품 ID | 고객 ID | 금액
-----------+--------+--------+--------+-------
2017-03-01 |   12   |  101   |  1003  | 60000
2017-01-01 |   11   |  101   |  1001  | 57500
```

```
2017-01-01 |     11 |    102 |   1002 |  2400
2017-02-01 |     11 |    102 |   1002 |  5800
2017-02-01 |     12 |    101 |   1003 | 57500
2017-03-01 |     11 |    102 |   1002 | 12400
(6 rows)
```

그림 2.5 SQL에 의한 데이터 집계

SQL의 실행 결과를 보면 크로스 테이블이 아닌 트랜잭션 테이블의 형태로 되어 있는 것을 알 수 있다. 따라서, 이를 크로스 집계함으로써 임의의 크로스 테이블을 얻을 수 있다.

데이터를 집계하는 데 뛰어난 SQL과 크로스 집계에 뛰어난 시각화 도구를 결합함으로써 이론상으로는 무한히 많은 데이터가 있더라도 크로스 집계가 가능하다. 따라서, 이 책에서는 그림 2.6과 같이 데이터를 먼저 'SQL로 집계'하고 '시각화 도구로 크로스 집계'하는 두 단계의 절차로 생각한다. 여기서 전자를 '**데이터 집계의 프로세스**', 후자를 '**시각화 프로세스**'라고 부르기로 한다.

❶ SQL 등을 사용해서 대량의 데이터를 집계한다.

❷ ❶의 데이터를 시각화 도구로 크로스 집계한다.

그림 2.6 데이터를 집계해서 시각화하기

테이블의 종횡 변환 ❶ [SQL편]

엑셀 또는 BI 도구 등에 의존하지 않고, 어떻게든 SQL로 크로스 집계하고 싶을 때도 있다. 예를 들어, 크로스 테이블을 중간 테이블에 기록하고 싶다든지, 혹은 SQL의 실행 결과를 이 메일에 첨부해서 보내고 싶은 경우다. 이것은 조금 시간이 걸리지만, 가능한 일이다.

그림 C2.1 ❶과 같이 다수의 행으로 구성된 테이블을 '**종방향**(vertical)' 테이블, 그림 C2.1 ❷ 와 같이 다수의 칼럼으로 구성된 테이블을 '**횡방향**(horizonial)' 테이블이라고 한다. 종방향 테이블이 '트랜잭션 테이블', 횡방향 테이블이 '크로스 테이블'라면, 이 두 테이블은 '크로스 집 계'에 의해 변환할 수 있음을 알 수 있다.

❶ 종방향 테이블(vertical): vtable

Uid	Key	value
101	c1	11
101	c2	12
101	c3	13
102	c1	21
102	c2	22
102	c3	23

❷ 횡방향 테이블(horizonial): htable

Uid	c1	c2	c3
101	11	12	13
102	21	22	23

그림 C2.1 종방향 테이블과 횡방향 테이블

피벗

일반적으로 종방향 테이블과 횡방향 테이블의 상호 변환을 테이블의 '**종횡 변환**' 또는 '**피벗** (pivot)'이라고 부른다. 자세한 설명은 생략하지만, 표준 SQL로 피벗 하려면 다음과 같은 쿼리 를 실행해야 한다.

```
postgres=# SELECT uid,
postgres-#        sum(CASE WHEN key = 'c1' THEN value END) AS c1,
postgres-#        sum(CASE WHEN key = 'c2' THEN value END) AS c2,
postgres-#        sum(CASE WHEN key = 'c3' THEN value END) AS c3
postgres-# FROM vtable
postgres-# GROUP BY uid
postgres-# ;
 uid | c1 | c2 | c3
-----+----+----+----
 101 | 11 | 12 | 13
 102 | 21 | 22 | 23
(2 rows)
```

칼럼의 수만큼 기술을 반복해야 하므로, 아무래도 중복된 느낌이 든다. 데이터베이스 중에는 피벗을 위한 특별한 구문을 제공하는 데이터베이스도 있지만, 기본적으로 SQL은 피벗에는 적합하지 않으므로, 특별한 사유가 없는 한 외부의 애플리케이션을 사용하는 것이 편리하다.

언피벗

앞의 쿼리는 종방향 테이블을 횡방향 테이블로 변환할 수 있지만, 그 반대는 실행할 수 없다. 횡방향에서 종방향로 변환하는 작업을 '**언피벗**(unpivot)'이라고 한다. 다음 쿼리는 SQL로 언피벗을 실행한 결과다. 이것도 역시 칼럼의 수만큼 기술을 반복하게 되므로, 가급적 피하고 싶은 기술법이다.

```
postgres=# SELECT uid, 'c1' AS key, c1 AS value FROM htable
postgres-# UNION ALL
postgres-# SELECT uid, 'c2' AS key, c2 AS value FROM htable
postgres-# UNION ALL
postgres-# SELECT uid, 'c3' AS key, c3 AS value FROM htable
postgres-# ;
 uid | key | value
-----+-----+-------
 101 | c1  |    11
 102 | c1  |    21
 101 | c2  |    12
 102 | c2  |    22
 101 | c3  |    13
 102 | c3  |    23
(6 rows)
```

다음과 같이 unnest()를 이용하는 방법도 있다. 이 경우도 칼럼명을 열거할 필요는 있지만, UNION ALL을 여러 번 반복할 필요가 없어서 문장이 깔끔해진다. unnest()를 사용한 기술법은 칼럼 안에 처음부터 배열로 데이터가 저장된 경우에도 사용할 수 있다.

```
postgres=# SELECT t1.uid, t2.key, t2.value FROM htable t1
postgres-# CROSS JOIN unnest(
postgres-#   array['c1', 'c2', 'c3'],
postgres-#   array[c1, c2, c3]
postgres-# ) t2 (key, value)
postgres-# ;
 uid | key | value
-----+-----+-------
 101 | c1  |    11
 101 | c2  |    12
 101 | c3  |    13
 102 | c1  |    21
```

```
 102 | c2 |     22
 102 | c3 |     23
(6 rows)
```

COLUMN **테이블의 종횡 변환 ❷ [pandas편]**

pandas를 사용할 수 있다면, 거기서 피벗/언피벗하는 것이 더 간단하다. SQL로 데이터를 집계하면 다음과 같이 종방향 테이블이 반환되므로 이를 '데이터 프레임'으로 조작한다.

```
 SQL로 집계한 결과는 종방향 테이블이 된다.
In [1]: query = '''
      : SELECT uid, key, sum(value) value FROM vtable GROUP BY 1, 2
      : '''
      : vtable = pd.read_sql(query, engine)
      : vtable
Out[1]:
    uid  key value
1   101   c1    11
2   101   c2    12
3   101   c3    13
4   102   c1    21
5   102   c2    22
6   102   c3    23
```

피벗

피벗에는 pivot()을 이용한다. 칼럼명은 자동으로 생성되며, SQL과 비교하면 아주 간단하다. 단, 칼럼의 값이 너무 많으면 거대한 크로스 테이블을 만들려고 해서 결과적으로 대량의 메모리와 CPU를 소비해 프로세스가 정지될 수도 있으므로 주의해야 한다.

```
 pivot으로 종방향 테이블로 변환
In [2]: vtable.pivot('uid', 'key', 'value')
Out[2]:
key  c1 c2 c3
uid
101  11 12 13
102  21 22 23
```
```
 pivot_table로 복잡한 크로스 집계도 가능
In [3]: vtable.pivot_table('value', ['uid'], ['key'], aggfunc='sum')
```

```
Out[3]:
key  c1 c2 c3
uid
101  11 12 13
102  21 22 23
```

언피벗

언피벗에는 melt()를 이용한다.

```
In [1]: htable
Out[1]:
   uid  c1 c2 c3
0 101   11 12 13
1 102   21 22 23

In [2]: htable.melt('uid', var_name='key', value_name='value')
Out[2]:
   uid key value
0 101   c1    11
1 102   c1    21
2 101   c2    12
3 102   c2    22
4 101   c3    13
5 102 c3 23
```

데이터 집계 → 데이터 마트 → 시각화
— 시스템 구성은 데이터 마트의 크기에 따라 결정된다

데이터의 집계와 시각화 사이에 있는 것이 데이터 마트다. 일반적으로 데이터 마트가 작을수록 시각화하는 것이 간단하지만, 동시에 원래 데이터에 포함된 정보를 잃어버리 게 되어 시각화의 프로세스에서 할 수 있는 것이 적어진다. 이런 경우, 피벗 테이블과 BI 도구를 사용해 대화적인 데이터를 검색한다면 정보 부족으로 곤란한 상황에 처하 게 된다.

반대로 데이터 집계의 프로세스에서 가능한 한 많은 정보를 남기게 되면, 데이터 마트가 거대화되어 결국에는 좋은 시각화를 할 수 없게 될 우려가 있다. 이것은 트레이드 오프(trade off)의 관계에 있으며, 필요에 따라 어느 정도의 정보를 남길 것인가를 결정해야 한다. 최종적으로는 '데이터 마트의 크기'에 따라 시스템 구성이 결정된다.

데이터의 양을 수백만 건 정도까지 줄일 수 있다면 모든 데이터를 시각화 도구에 넣을 수 있기 때문에 특별한 시스템이 필요 없다. 그러나 그렇게까지 줄일 수 없다면, 나중에 언급하는 바와 같이 지연이 적은 데이터베이스를 사용하여 데이터 마트를 만들 수 있어야 한다.

2-2 열 지향 스토리지에 의한 고속화

메모리에 다 올라가지 않을 정도의 대량의 데이터를 신속하게 집계하려면, 미리 데이터를 집계에 적합한 형태로 변환하는 것이 필요하다. 이 절에서는 집계 효율이 높은 데이터베이스의 구조를 살펴본다.

데이터베이스의 지연을 줄이기

데이터양이 증가함에 따라 집계에 걸리는 시간은 길어진다. 몇 초 안에 끝나는 상황이라면 그다지 신경 쓰이지 않겠지만, 데이터 집계에 몇 분이나 기다리게 된다면 작업 효율은 그 이상으로 악화된다. 대기 시간이 늘어나면 작업을 멈추거나 대기 후에 여러 작업을 병행하게 되어 다른 생각을 못 하게 되므로 모든 작업이 느려진다.

초 단위로 데이터를 집계하려면 처음부터 그것을 예상해서 시스템을 마련해야 한다. 데이터 수집 단계에서는 거기까지는 생각하지 않기 때문에 주로 그림 2.7과 같이 3계층의 시스템을 만든다.

원 데이터는 용량적인 제약이 적어서 대량의 데이터를 처리할 수 있는 데이터 레이크와 데이터 웨어하우스에 저장한다. 거기에서 원하는 데이터를 추출하여 데이터 마트를 구축하고 여기에서는 항상 초 단위의 응답을 얻을 수 있도록 한다.

그림 2.7 3계층의 데이터 집계 시스템

데이터 처리의 지연 지연이 적은 데이터 마트 작성을 위한 기초 지식

일반적으로 데이터 처리의 응답이 빠르다는 표현을 '대기 시간(latency)이 적다' 또는 '지연이 적다'고 한다. 데이터 마트를 만들 때는 가급적 지연이 적은 데이터베이스가 있어야 하는데, 거기에는 크게 두 가지 선택이 있다.

가장 간단한 방법은 모든 데이터를 메모리에 올리는 것이다. 최근에는 수 GB에서 수십 GB의 메모리를 제공하는 것도 어렵지 않다. 그에 들어맞는 정도의 데이터양이면 그다지 지연도 발생하지 않는다.

만일 한 레코드 크기가 500바이트라고 하면 천만 레코드의 경우 5GB가 된다. 그 정도의 데이터양이라면 MySQL이나 PostgreSQL 등의 일반적인 RDB가 데이터 마트에 적합하다. RDB는 원래 지연이 적고, 많은 수의 클라이언트가 동시 접속해도 성능이 나빠지지 않으므로 많은 사용자가 사용하는 실제 운영 환경의 데이터 마트로 특히 우수하다.

한편, RDB는 메모리가 부족하면 급격히 성능이 저하된다. 수억 레코드를 초과하는 데이터 집계에서는 항상 디바이스 I/O가 발생한다고 가정하고 그것을 어떻게 효율화할 것인지가 중요한 열쇠가 된다.

'압축'과 '분산'에 의해 지연 줄이기 MPP 기술

고속화를 위해 사용되는 기법이 '압축'과 '분산'이다. 데이터를 가능한 한 작게 압축하고

그것을 여러 디스크에 분산함으로써 데이터의 로드에 따른 지연을 줄인다.

분산된 데이터를 읽어 들이려면 멀티 코어를 활용하면서 디스크 I/O를 병렬 처리하는 것이 효과적이다. 이러한 아키텍처를 'MPP(massive parallel processing: 대규모 병렬 처리)'라고 부르며, 대량의 데이터를 분석하기 위해 데이터베이스에서 널리 사용되고 있다. 예를 들어, Amazon Redshift 및 Google BigQuery(구글 빅쿼리) 등이 있다.

MPP는 데이터의 집계에 최적화되어 있으며, 데이터 웨어하우스와 데이터 분석용의 데이터베이스에서 특히 많이 사용된다. 얼마 전까지만 해도 MPP 데이터베이스는 전문 컨설턴트에 의뢰해 도입하는 등 대규모 프로젝트였지만, 지금은 클라우드 서비스의 보급 등으로 도입 문턱이 낮아져 널리 이용되고 있다.

이제는 MPP의 기술을 데이터 마트에도 활용하는 것을 가정하여 그 기본적인 구조를 간단하게 설명하겠다.

▌ 열 지향 데이터베이스 접근 — 칼럼을 압축하여 디스크 I/O를 줄이기

데이터의 압축을 고려한 후에 알아두어야 할 것이 '열 지향(column-oriented)' 개념이다. 빅데이터로 취급되는 데이터 대부분은 디스크 상에 있기 때문에 쿼리에 필요한 최소한의 데이터만을 가져옴으로써 지연이 줄어들게 된다.

이를 위해 사용되는 방법이 '칼럼 단위로의 데이터 압축'이다. 일반적으로 업무 시스템 등에서 사용되는 데이터베이스는 레코드 단위의 읽고 쓰기에 최적화되어 있으며, 이를 '행 지향 데이터베이스(row-orinted database)'라고 부른다.

예를 들어, Oracle Database와 MySQL과 같은 일반적인 RDB는 모두 행 지향 데이터베이스다.

이에 반해 데이터 분석에 사용되는 데이터베이스는 칼럼 단위의 집계에 최적화되어 있으며, '열 지향 데이터베이스(column-oriented database)' 또는 '칼럼 지향 데이터베이스

(columnar database)'라고 한다. Teradata(테라데이터)와 Amazon Redshint 등이 열 지향 데이터베이스의 예다.

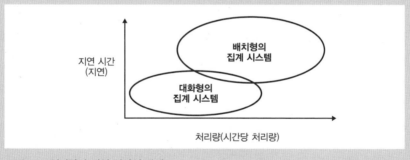
행 지향 데이터베이스 각 행이 디스크 상에 일련의 데이터로 기록된다

행 지향 데이터베이스에서는 테이블의 각 행을 하나의 덩어리로 디스크에 저장한다(그림 2.8). 그러면 새 레코드를 추가할 때 파일의 끝에 데이터를 쓸 뿐이므로 빠르게 추가

할 수 있다. 매일 발생하는 대량의 트랜잭션을 지연 없이 처리하기 위해 데이터 추가를 효율적으로 할 수 있도록 하는 것이 행 지향 데이터베이스의 특징이다.

테이블의 각 행이 디스크 상에서 일련의 데이터로 쓰여진다. 새로운 레코드를 추가할 경우에는 끝부분에 추가되므로 고속으로 쓰기가 가능하다.

그림 2.8 행 지향 데이터베이스에 있어서의 데이터 이미지

행 지향 데이터베이스에서는 데이터 검색을 고속화하기 위해 '인덱스(index)'를 만든다. 만약 인덱스가 없다면, 저장되는 모든 데이터를 로드해야 원하는 레코드를 찾을 수 있으므로 많은 디스크 I/O가 발생해서 성능이 저하된다. 따라서, 적절한 인덱스가 사용되도록 튜닝하는 것이 중요하다.

한편, 데이터 분석에서는 어떤 칼럼이 사용되는지 미리 알 수 없기 때문에 인덱스를 작성했다고 해도 거의 도움이 되지 않는다. 필연적으로 대량의 데이터 분석은 항상 디스크 I/O를 동반한다. 따라서, 인덱스에 의지하지 않는 고속화 기술이 필요하다.

열 지향 데이터베이스 칼럼마다 데이터를 모아 두기

데이터 분석에서는 종종 일부 칼럼만이 집계 대상이 된다. 예를 들어, 점포의 총매출액을 알고 싶을 때는 고객 정보는 필요 없다. 행 지향 데이터베이스에서는 레코드 단위로 데이터가 저장되어 있으므로 필요 없는 열까지 디스크로부터 로드된다.

한편, 열 지향 데이터베이스에서 데이터를 미리 칼럼 단위로 정리해 둠으로써 필요한 칼럼만을 로드하여 디스크 I/O를 줄인다(그림 2.9).

디스크

디스크 상의 데이터 이미지

2017-01-01	상품 A	57500
2017-01-02	상품 B	2400
2017-01-03	상품 A	57500
칼럼 1	칼럼 2	칼럼 3

칼럼별로 데이터를 보관해두고, 집계 시에 관련된 칼럼만 읽어 들인다. 열 지향 데이터베이스는 그 데이터 구조상 집계하는 데는 고속이지만, 저장하는 데는 시간이 걸린다.

그림 2.9 열 지향 데이터베이스에 있어서의 데이터 이미지

열 지향 데이터베이스는 데이터의 압축 효율도 우수하다. 같은 칼럼에는 종종 유사한 데이터가 나열된다. 특히, 같은 문자열의 반복은 매우 작게 압축할 수 있다. 데이터의 종류에 따라 다르지만, 열 지향 데이터베이스는 압축되지 않은 행 지향 데이터베이스와 비교하면 1/10 이하로 압축할 수 있다.

▌MPP 데이터베이스의 접근 방식 — 병렬화에 의해 멀티 코어 활용하기

쿼리 지연을 줄일 또 다른 방법은 MPP 아키텍처에 의한 데이터 처리의 병렬화다(그림 2.10).

행 지향 데이터베이스에서는 보통 하나의 쿼리는 하나의 스레드에서 실행된다. 많은 쿼리를 동시에 실행함으로써 여러 개의 CPU 코어를 활용할 수 있지만, 그래도 개별 쿼리가 분산 처리되는 것은 아니다. 행 지향 데이터베이스의 경우, 각 쿼리는 충분히 짧은 시간에 끝나는 것으로 생각하므로, 하나의 쿼리를 분산 처리하는 상황은 가정하지 않는다.

한편, 열 지향 데이터베이스에서는 이야기가 달라진다. 디스크에서 대량의 데이터를 읽기 때문에 아무래도 1번의 쿼리 실행 시간이 길어진다. 또한, 압축된 데이터의 전개 등으로 CPU 리소스를 필요로 하므로 멀티 코어를 활용하여 고속화하는 것이 좋다.

MPP에서는 하나의 쿼리를 다수의 작은 태스크로 분해하고 이를 가능한 한 병렬로 실행한다. 예를 들어, 1억 레코드로 이루어진 테이블의 합계(sum())를 계산하기 위해 그것을 10만 레코드로 구분하여 1,000개의 태스크로 나누는 것이다. 각 태스크는 각각 독립적으로 10만 레코드의 합계를 집계해 마지막 모든 결과를 모아 총합계를 계산한다.

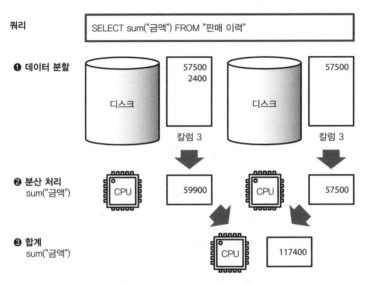

MPP 데이터베이스에서는 여러 디스크에 분산된 데이터가 서로 다른 CPU 코어에 의해 읽혀 부분적인 쿼리 실행이 이루어진다. 그 결과들은 한 곳에 모이고 최종적인 결과가 출력된다. 이러한 일련의 처리는 가능한 한 동시에 병렬로 실행된다.

그림 2.10 MPP에 의한 분산 처리

MPP 데이터베이스와 대화형 쿼리 엔진

쿼리가 잘 병렬화할 수 있다면, MPP를 사용한 데이터의 집계는 CPU 코어 수에 비례하여 고속화된다. 단, 디스크로부터의 로드가 병목 현상이 발생하지 않도록 데이터가 고르게 분산되어 있어야 한다.

MPP는 그 구조상, 고속화를 위해 CPU와 디스크 모두를 균형 있게 늘려야 한다. 따라서, 일부 제품은 하드웨어와 소프트웨어가 통합된 제품으로 제공된다. 이처럼 하드웨어 수준에서 데이터 집계에 최적화된 데이터베이스를 'MPP 데이터베이스'라고 한다.

MPP의 아키텍처는 Hadoop과 함께 사용되는 대화형 쿼리 엔진으로도 채택되고 있다. 이 경우 데이터를 저장하는 것은 분산 스토리지의 역할이다. 그러나 데이터를 열 지향으로 압축하지 않는 한 MPP 데이터베이스와 동등한 성능은 되지 못한다. 따라서, Hadoop 상에서 열 지향 스토리지를 만들기 위해 여러 라이브러리가 개발되고 있다(제3장에서 언급하겠다).

'MPP 데이터베이스'와 '대화형 쿼리 엔진' 중 어느 쪽을 선택할지는 때에 따라 다르다. 시스템의 안정성과 서포트 체제 등의 측면에서는 상용 MPP 데이터베이스가 오랜 실적이 있지만, Hadoop과의 궁합을 고려하면 편리성은 대화형 쿼리 엔진 쪽이 탁월하다.

COLUMN **리소스 소비를 제한하기** 열 지향 스토리지×MPP에 의한 고속화와 주의점

열 지향 스토리지와 MPP의 개념을 결합함으로써 데이터의 집계가 크게 고속화된다. 그러나 이에 따라 쿼리의 리소스 사용량도 많이 증가한다. 하나의 쿼리가 다수의 코어를 활용하는 것은 시스템의 모든 컴퓨터 리소스를 쉽게 소진해 버린다는 뜻도 된다. 누군가 한 명이 실수로 거대한 쿼리를 실행하면 다른 모든 사용자가 그 영향을 받는다.

일부 상용 MPP 데이터베이스에서는 이러한 과부하가 발생할 수 없도록 사용자마다 시스템 리소스를 제한할 수도 있다. 만약 그런 기능이 없다면 시스템에 예상치 못한 부하가 발생하고 있지 않은지 주의 깊게 감시해야 한다. 예를 들어, 장시간 계속 동작하는 쿼리가 있으면 관리자에게 통지하거나 강제 종료하는 등의 규칙이 필요하다. 예상치 못한 과도한 부하는 종종 쿼리 작성의 실수 같은 사소한 부분에서 발생한다. 그런 문제는 빨리 해결하지 않으면 나중에 더 큰 문제로 이어질 수 있다.

어쨌든, 수억 레코드를 초과하는 데이터 마트의 지연을 작게 유지하기 위해서는 데이터를 열 지향의 스토리지 형식으로 저장해야 한다(표 2.1). 따라서, 특히 구별이 필요하지 않은 한, MPP 데이터베이스 및 대화형 쿼리 엔진의 어느 쪽을 사용하더라도 '열 지향 스토리지로 변환한다'는 표현을 이 책에서 사용한다.

표 2.1 데이터 마트에 사용되는 주요 기술

집계 시스템 종류	스토리지의 종류	최적의 레코드 수
RDB	행 지향	~수천만 정도
MPP 데이터베이스	열 지향(하드웨어 일체형)	수억~
대화형 쿼리 엔진	열 지향(분산 스토리지에 보관)	수억~

2-3 애드 혹 분석과 시각화 도구

데이터를 시각화하기 위한 소프트웨어는 여러 종류가 있다. 그리고 각각 다른 특징을 가지고 있다. 이 절에서는 시각화 프로세스에서 많이 이용되고 있는 몇 가지 시각화 도구의 특징을 설명한다.

Jupyter Notebook에 의한 애드 혹 분석 — 노트북에 분석 과정 기록하기

어떤 데이터 분석이라도 처음에는 애드 혹 분석부터 시작한다. 원하는 데이터가 어디에 있는지도 모르고, 집계 시간이 얼마나 걸리는지도 알지도 못하는 상황에서는 여러 번의 시행착오를 반복하면서 데이터를 살펴보는 것이다. 그런 과정에서는 대화형 실행 환경이 자주 사용된다.

여기에서는 오픈 소스의 대화형 도구로 인기가 있는 'Jupyter Notebook(주피터 노트북)[4]에 대해 설명한다. 과학 분야에서는 실험 노트의 중요성이 꽤 알려져 있는데, 애드 혹 분석의 과정에서도 나중에 재현할 수 있도록 노트에 잘 기재해두면 도움이 된다. Jupyter Notebook은 이를 위해 사용되는 도구 중 하나로 파이썬과 루비, R 언어 등의

---

4 URL http://jupyter.org/

스크립트 언어를 실행하는 데 사용된다.

Jupyter Notebook을 시작하면 웹 브라우저가 실행되므로 사용할 언어를 선택해서 새 **'노트북(notebook)'**을 만든다. 노트북 안에서는 파이썬 스크립트와 외부 명령어를 실행할 수 있다(그림 2.11). 실행 내용은 모두 기록되고 과거로 되돌아가서 편집하거나 재실행할 수도 있다. 마크다운(markdown) 형식으로 주석을 넣어 모양을 좋게 하거나, 사진이나 수식을 포함할 수도 있다.

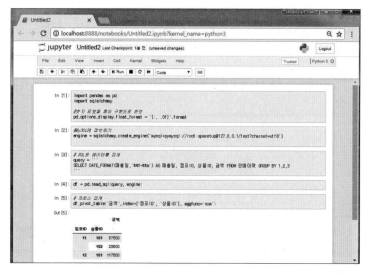

그림 2.11 Jupyter Notebook 안에서 크로스 집계 실행하기

애드 혹 분석으로 크로스 집계의 결과를 보고 싶은 경우에는 스프레드시트와 BI 도구를 시작할 필요도 없이 노트북 안에서 실행할 수 있다. 특히, SQL의 결과를 크로스 테이블로 변환만 하고자 한다면 이런 방법으로 몇 번이고 쿼리 실행과 크로스 집계를 반복할 수 있다.

Jupyter Notebook은 웹 애플리케이션이지만, 일반적으로는 로컬 호스트에서 기동한다. 애드 혹 분석에서는 CSV나 엑셀 등의 파일을 읽고 쓰는 경우가 많기 때문에 원격으로 기동하면 파일의 업로드와 다운로드에 불필요한 시간이 소요된다. 노트북 자체도 단순한 JSON 파일이므로 로컬 파일로 손쉽게 처리할 수 있다.

NOTE 주피터의 설치 방법 등에 대해서는 다음 장에서 자세히 설명한다.

• 제6장 → 스키마리스 데이터의 애드 혹 분석

노트북 내에서의 시각화

Jupyter Notebook에서는 작업 중인 데이터 프레임에서 그래프를 작성해 노트북에 삽입할 수 있다. 여기에는 여러 라이브러리가 있지만, 그중에서도 유명한 것이 'matplotlib'다(그림 2.12).

URL http://matplotlib.org/

그림 2.12 matplotlib를 사용한 그래프의 예

matplotlib는 과학 기술 계산 분야에서 사용되는 시각화 라이브러리 중의 하나로, 학술 논문 등에서 흔히 보이는 복잡한 그래프를 파이썬을 사용하여 생성한다. 시각화를 위해서는 프로그래밍이 필요하기 때문에 처음에는 아무래도 시간이 오래 걸리지만, 데이터 분석 과정에서 유사한 그래프를 몇 번이고 다시 만드는 경우에 매우 유용하다.

한편, 마우스 조작만으로 대화형 차트를 만들고 싶을 때는 무리하게 노트북을 사용하는 것보다 스프레드시트 및 BI 도구 등의 시각화 도구로 전환하는 편이 좋다. 데이터 프레임을 시각화 도구에 전달할 때는 CSV 파일로 저장해서 로드한다. 제6장에서는 노트북과 BI 도구를 결합하는 구체적인 예를 다룬다.

노트북에 의한 워크플로 일련의 태스크를 한꺼번에 실행하기

노트북은 '간이적인 워크플로의 실행'에도 사용할 수 있다. 데이터 처리를 위한 일련의
태스크를 노트북에 정리해 놓고 메뉴의 [Kernel]에서 [Restart & Run All]을 선택하면,
모든 셀이 처음부터 순서대로 실행된다. 가끔 수작업으로 실행하기만 하는 워크플로라
면 이것으로도 충분하다.

노트북 안에서는 다음과 같이 느낌표(!)로 명령어를 시작해서 모든 외부 명령어를 실행
할 수 있다. 따라서, 특별한 프로그래밍 지식이 없어도 모든 데이터 처리를 하나의 노
트북 형태로 정리할 수 있다.

```
외부 커맨드를 실행하기
In [1]: !cp source.csv target.csv
```

수작업에 의한 애드 혹 분석과 정기적인 데이터 처리 자동화에는 필요한 지식도 도구
도 전혀 다르다. 어떻게 해서든 자동화를 해야겠다는 강한 이유가 없는 한, 노트북을
중심으로 하는 애드 혹 분석의 환경을 갖추는 것이 우선 과제다. 수작업으로는 번거롭
다고 생각되면, 그때 자동화를 해도 늦지 않다.

▍대시보드 도구 — 정기적으로 집계 결과를 시각화하기

애드 혹 분석과는 대조적으로, 정기적으로 쿼리를 실행해 보고서를 작성하거나 주요
그래프를 모아서 대시보드를 작성하는 것을 고려해보자. 여기에는 BI 도구를 사용할
수 있다. 그러나 대시보드를 만드는 것만이 목적이라면 그것에 특화된 전용 도구가 자
주 사용된다.

대시보드 도구와 BI 도구의 차이는 그다지 엄밀하지는 않다. 전자는 새로운 그래프를
쉽게 추가할 수 있는 것이 중시된다면, 후자는 보다 대화형 데이터 탐색이 중요시된다.
예를 들어, 그래프를 클릭하여 상세한 표시로 전환하거나 집계에 기반이 되는 로우 데
이터(원시 데이터)를 표시하는 등 시간을 들여 차분히 데이터를 보고 싶은 경우에는 BI
도구가 적합하다.

한편, 대시보드 도구에서는 최신의 집계 결과를 즉시 확인할 수 있길 기대한다. 적어도
하루에 한 번 자동 갱신하거나, 때에 따라서는 실시간으로 데이터를 업데이트할 수 있
도록 해야 한다. 정해진 지표의 일상적인 변화를 모니터링하고 싶은 경우에는 대시보
드가 적합하다.

여기에서는 오픈 소스의 대시보드 도구인 'Redash'과 'Superset', 그리고 실시간 시각화
도구인 'Kibana'에 대해 설명한다.

Redash SQL에 의한 쿼리의 실행 결과를 그대로 시각화

'Redash'[5]는 다수의 데이터 소스에 대응하는 파이썬으로 만든 대시보드 도구로 SQL에 의한 쿼리의 실행 결과를 그대로 시각화하는 데에 적합하다. Redash 에 의한 대시보드의 작성은 직관적이며 다음의 3단계로 완성한다.

❶ 데이터 소스를 등록한다.

❷ 쿼리를 실행해서 표와 그래프를 만든다(그림 2.13).

❸ 그래프를 대시보드에 추가한다.

※ 'Make Your Company Data Driven | Redash' (URL) https://redash.io/

그림 2.13 Redash에 의한 쿼리의 실행과 시각화

Redash에서는 하나의 쿼리가 하나 또는 여러 그래프에 대응한다. 등록한 쿼리는 정기적으로 실행되어 그 결과가 Redash 자신의 데이터베이스에 저장된다. 예를 들어, Hive에서 1시간 걸리는 쿼리가 있다고 해도, Redash는 마지막으로 실행된 집계 결과를 표시할 뿐이기에 대시보드의 표시가 즉시 이루어진다. 따라서, 별도 데이터 마트를 만들

---

5 (URL) https://redash.io/

필요가 없다.

Redash의 구조는 알기 쉽고, SQL로 쿼리를 작성해서 그래프로 만들거나 또는 그 결과를 팀 내에서 공유하기 위한 콘솔로 우수하다. 반면에, BI 도구만큼 대량의 데이터를 처리할 수는 없다는 점에서 주의가 필요하다. 예를 들어, 쿼리의 결과가 수백만 행이나 되면 오류가 발생하거나 아무리 시간이 지나도 결과가 표시되지 않을 것이다.

Redash에서의 각 쿼리는 그래프를 만드는데 필요한 수십 행 혹은 수백 행 정도의 레코드만 반환한다. 결과적으로 Redash에서는 그래프의 수만큼 쿼리를 실행하게 되고, 대시보드가 증가함에 따라 백엔드 데이터베이스의 부하가 높아진다.

이 책의 집필 시점에서는 Redash의 경우 대화형 대시보드를 만들 수 없었다. 집계의 조건을 변경하려면 새로운 쿼리로 등록해야 할 필요가 있다. 등록된 쿼리를 그대로 실행하고 시각화하는 것이 Redash의 주사용 방법이다.

COLUMN **데이터 마트는 필요 없어질까?**

컴퓨터의 성능 향상에 따라 데이터의 집계 속도는 해마다 빨라지고 있다. 그러한 이유로 데이터 마트를 만들지 않아도 되는 경우가 늘어나고 있다. 극단적으로 말해 무한한 대량의 계산 리소스를 사용할 수 있다면, 데이터 웨어하우스만 있으면 충분하므로 데이터 마트는 필요하지 않게 된다. 매번 모든 데이터를 새롭게 집계하면 되기 때문이다.

이대로 성능 향상이 계속되면, 데이터 마트는 불필요하게 될지도 모른다. 그렇지만, 현실적으로는 크고 작은 성능상의 이유로 시스템의 부하를 낮출 필요가 있다. 그렇다면 처음부터 가급적 수고를 들이지 않고 데이터 마트를 만드는 방법을 생각하는 것이 좋다. 예를 들어, 데이터 웨어하우스와 데이터 레이크의 내부에 중간 테이블을 만들고, 그것을 데이터 마트로 사용한다면 그리 시간과 노력이 필요하지는 않다.

그다음에는 성능과의 균형을 고려하여 시스템 구성을 결정한다. 데이터 마트는 안정적인 성능이 요구된다. 데이터 웨어하우스에서 커다란 배치 처리가 동작할 때마다 BI 도구의 움직임이 멈추는 현상은 피하고 싶을 것이다. 대시보드처럼 여러 사람이 이용하는 시스템에서 사용되는 데이터 마트라면 그것을 전용으로 하는 데이터베이스를 설치하는 것이 안정적이다.

Superset 화면상에서 마우스 조작만으로 그래프를 만들기

'Superset(수퍼셋)'[6]은 '**대화형 대시보드**(interactive dashboard)'를 작성하기 위한 파이썬으로 만든 웹 애플리케이션으로 기본적인 아이디어는 BI 도구와 비슷하다. Redash처럼 쿼리를 수동으로 입력하는 것이 아니라, 화면상에서 마우스 조작으로 그래프를 만드는 것이 기본이다.

Superset도 여러 데이터 소스에 대응하고 있는데, Redash와는 달리 데이터 소스에 의한 집계를 몇 초 내에 완료할 것으로 판단된다. 이것은 Superset이 대화형 시각화를 가정하고 있기 때문이다(그림 2.14).

※ Superset: Airbnb's data exploration platform
URL https://medium.com/airbnb-engineering/Caravel-airbnb-s-data-exploration-platiorm/

그림 2.14 Superset에 의한 대화형 대시보드

---

6   URL http://airbnb.io/projects/superset

Superset은 내장 스토리지 시스템을 갖고 있지 않으므로 데이터의 집계는 외부 데이터 저장소에 의존하고 있다. 시계열 데이터에 대응한 열 지향 스토리지인 'Druid[7]'를 표준으로 지원하며 스트리밍 형의 데이터 전송과 조합시킴으로써 실시간 정보를 취급할 수 있다. Druid를 이용하지 않는 경우에는 지연이 적은 RDB나 MPP 데이터베이스 등을 조합시켜 고속화해야 한다.

Superset에서는 BI 도구와 마찬가지로 시각화를 위한 데이터 마트를 먼저 만드는 것이 기본이다. 특히 Druid는 집계 시에 테이블을 결합할 수 없기 때문에 시각화에 필요한 데이터는 미리 모두 결합해두어야 한다. 본격적으로 도입하는 경우에는 워크플로 관리 도구도 함께 검토할 필요가 있다.

COLUMN **CSV 파일에 의한 간이적인 데이터 마트**

애드 혹 분석 과정에서는 작업 중의 데이터를 저장하는 간이 데이터 마트로 CSV 파일을 사용하면 편리하다. CSV 파일의 읽고 쓰기는 거의 모든 분석 도구 및 시각화 도구가 대응하고 있다는 점에서 매우 우수하다. 작업이 끝나면 파일을 삭제하기만 하면 된다는 점도 매력적이다. 사람에게 전달하는 것도 간단해서 누군가에게 데이터 분석을 요구하고자 할 때도 사용할 수 있다.

CSV 파일의 읽기 쓰기는 pandas라면 read_csv()와 to_csv()를 사용한다. 수백만 레코드 정도의 스몰 데이터라면 부담 없이 처리할 수 있다. 그 이상 데이터가 되면 MPP 데이터베이스 등에서 집약한 결과를 데이터 프레임으로 읽어 들여 그것을 CSV 파일로 출력한다.

빅데이터 기술 또한 해마다 고속화하고 있다고 말할 수 있지만, 대체로 스몰 데이터만을 처리하는 데는 로컬 호스트 메모리상에서의 처리가 가장 좋다. 결국, 네트워크 I/O와 디바이스 I/O를 모두 없앤 상태에서 데이터 집계가 가장 빠르기 때문에, 인 메모리의 데이터 프레임과 BI 도구로 데이터를 검색할 수 있다면 그것만큼 좋은 것이 없다.

메모리에 알맞은 정도의 데이터양이라면, CSV 파일로 읽고 쓰기에 큰 부하가 걸리지 않는다. 서버에서 집계한 데이터를 CSV 파일로 저장하고, 그다음 처리에서는 메모리에서 데이터를 찾는다는 것은 전형적인 데이터 탐색의 프로세스다.

---

7 URL http://druid.io/

Kibana Elasticsearch의 프런트 엔드에서 실시간으로 작성

'Kibana(키바나)[8]'는 자바스크립트로 만들어진 대화식 시각화 도구로, 특히 실시간 대시보드를 만들 목적으로 자주 이용된다(그림 2.15). 검색 엔진인 'Elasticsearch(엘라스틱서치)[9]'의 프런트 엔드로 개발되었기 때문에 도입에는 Elasticsearch가 필수다.

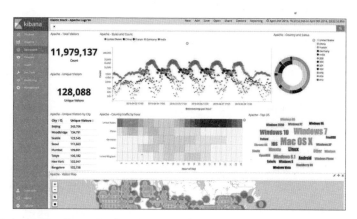

※ Kibana: Explore,Visualize, Discover Data | Elastic
URL https://www.elastic.co/pmducts/kibana/

그림 2.15 Kibana에 의한 실시간 대시보드

COLUMN **시각화 도구의 선택 지침** 어느 것을 사용할까?

시각화를 위한 소프트웨어와 서비스에는 유상, 무상을 불문하고 많은 것들이 있으므로 무엇을 선택해야 할지 매우 고민된다. 여기에는 정답이 없지만, 앞으로 새로운 시스템을 도입하려는 경우에는 우선 다음의 세 가지를 시도해보는 것이 좋다.

❶ **스프레드시트**(구글 스프레드시트 등)
온라인 스프레드시트로 예를 들어 구글 스프레드시트 등을 이용할 수 있다. 스프레드시트는 도입이 간단해 피벗 테이블을 사용하여 크로스를 집계하고 그래프를 작성하기가 쉽다. 또한, 클라우드 서비스라면 다른 팀원과 공유하기 좋고, API 등으로 데이터를 자동으로 업데이트하는 것도 가능하다.

---

8   URL https://www.elastic.co/kr/products/kibana
9   URL https://www.elastic.co/kr/products/elasticsearch

스프레드시트의 단점은 대량의 데이터를 취급할 수 없다는 점과 복잡한 대시보드를 만드는 것이 어렵다. 그런 것에 불편을 느끼지 않는다면, 스프레드시트를 중심으로 하는 보고서가 최초의 선택지가 된다.

❷ 대시보드 도구(Redash 등)

대시보드 도구로 Redash와 같이 SQL을 실행하는 타입을 도입한다. 여기에는 SQL의 지식이 필요하지만, 반대로 그 외의 지식은 필요하지 않다. BI 도구를 배우는 것보다 매번 SQL을 직접 작성하는 편이 좋은 사람에게는 특히 대시보드 도구가 적합하다.

대시보드 도구는 애드 혹 쿼리를 실행하는 데 사용할 수 있는데, 이를 사용하여 데이터를 검색하는 것보다는 지속적인 모니터링을 위해 이용한다. 동일한 쿼리를 정기적으로 반복함으로써 현황을 파악하고자 할 때 최적의 선택이다.

❸ Jupyter Notebook 등

노트북을 중심으로 하는 애드 혹 분석의 환경으로 주피터를 도입한다. 여기에는 약간의 프로그래밍 지식이 필요하지만, 기본적으로 쿼리의 실행 및 크로스 집계, 그리고 CSV 파일을 읽고 쓰는 정도를 기억해두면 충분하다. 시각화를 위해서는 액셀이나 BI 도구를 사용하는 것이 편리하다.

이 방법의 장점은 시각화를 위해 서버를 설치할 필요 없이 데이터를 살펴보는 것 자체에 집중할 수 있다. 작업의 과정을 기록으로 남겨 두고, 나중에 확인할 수 있다는 점도 중요하다. 시각화의 결과는 스크린샷으로 공유하면 되므로 대시보드를 만들 필요도 없다.

유감이지만 모든 용도에 적합한 만능 도구는 없다. 우선은 이상 3가지 중에서 자신에게 맞는 것을 찾은 후, 거기서 발전시켜 나가면 좋을 것이다.

또한, 실시간성이 중시되는 경우에는 Superset과 Kibana와 같은 실시간 처리를 가정한 대시보드 도구가 필요하다. 여기에는 전용 데이터 스토어가 필요하기 때문에 시스템 운용의 부담은 상대적으로 커진다.

웹 형의 BI 도구를 도입하면 대화형 대시보드를 자동으로 업데이트할 수 있다. 그러나 여기에는 BI 도구의 고유 지식이 필수적이며, 익숙해지기 전에는 본인이 생각하고 있는 대시보드를 만들지 못해서 오히려 어려울 것이다.

Kibana는 Elasticsearch 이외의 데이터 소스에는 대응하고 있지 않아 시각화하려는 데이터는 모두 Elasticsearch에 저장해야 한다. 따라서, RDB 등에 저장된 데이터를 보는 데는 사용할 수 없지만, 시각화를 위한 데이터 스토어로 Elasticsearch을 채용하는 경우에는 최선의 선택이 될 것이다.

Elasticsearch는 '**전체 텍스트 검색**(full-text search)'에 대응한 데이터 스토어다. 그렇기 때문에 키워드로 텍스트 데이터를 검색하려는 경우에는 특히 그 힘을 발휘한다. 그렇지만, SQL을 이용한 복잡한 데이터 분석을 위해 Elasticsearch를 사용할 이유는 없다. 차분히 시간을 들여 데이터를 탐색하는 것보다는 검색 조건에 맞는 데이터를 빠르게 시각화하는 데에 적합한 도구다.

▌ BI 도구 — 대화적인 대시보드

몇 개월 단위의 장기적인 데이터의 추이를 시각화하거나, 집계의 조건을 세부적으로 바꿀 수 있는 대시보드를 만들려면, BI 도구를 사용하는 것이 적합하다.

BI 도구에서는 이미 있는 데이터를 그대로 가져올 뿐만 아니라, 시간을 들여 데이터를 분석하기 쉽도록 가공하는 일이 자주 있다. 예를 들면, 유사한 상품을 하나의 그룹으로 정리하고, IP 주소를 위치 정보로 변환하는 작업 등이 있다. 따라서, 시각화에 적합한 데이터 마트를 만들어 읽고 쓰는 것을 전제로 한다.

BI 도구에서는 종종 하나 또는 소수의 데이터 소스에서 다수의 그래프를 만든다. 크로스 집계 결과에서도 보았듯이 데이터라는 것은 크로스 테이블의 행과 열에 무엇을 선택할지, 즉 집계의 축을 어떻게 취하느냐에 따라 수많은 견해가 생긴다.

하나의 대시보드에 표시할 수 있는 정보량에는 한계가 있기 때문에 몇 가지 중요 화면만 먼저 만든 다음, 나중에 화면상에서 집계 조건을 바꿀 수 있도록 한다. 그림 2.16은 상용 BI 도구인 'Tableau Desktop'에서 제공된 예제로부터 대화형 대시보드를 표시한 것이다. 화면상의 지역과 상품 카테고리를 추려내면 그에 따라 세부 사항이 표시되는 것을 알 수 있다.

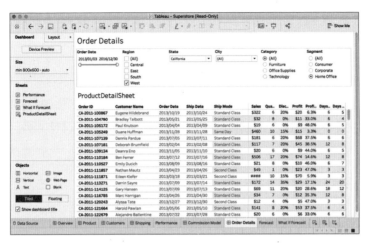

※Tableau Desktop 10.2와 부속의 예제 데이터

그림 2.16 Tableau Desktop에 의한 대화형 대시보드

BI 도구로는 무엇을 보고 싶은지에 따라 다수의 대시보드를 만드는데, 거기에 표시되는 데이터는 화면상에서 추려낼 수 있도록 디자인한다. 유사한 그래프를 여러 개 만들 필요는 없다. 처음에 하나의 테이블을 준비하고, 그 상세를 확인할 수 있는 대화형 대시보드를 제공하는 형태가 된다.

하나의 데이터를 다각적으로 분석하기

대화형 대시보드를 만들기 위해서는 그 바탕이 되는 데이터를 모두 포함하는 하나의 테이블을 작성한다. 테이블에서는 다수의 대시보드를 만든다. 전체 숫자를 파악할 수 있는 것이 적어도 한 개 있고 그것을 분해하여 주요 지표를 정리한 것이 몇 가지 있으면 좋다(그림 2.17).

BI 도구로 시각화할 수 있는 내용을 늘리려고 하면 데이터 웨어하우스에 이미 존재하는 테이블을 그대로 사용하려고 해도 잘 안 된다. 이를 위해서는 배치 처리에 의한 데이터 마트 작성이 필요하다. 알고 싶은 것이 늘어날 때마다 데이터 마트에 테이블을 만들고 거기에서 파생된 다수의 대시보드가 생겨나는 것이 BI 도구의 시각화 과정이다.

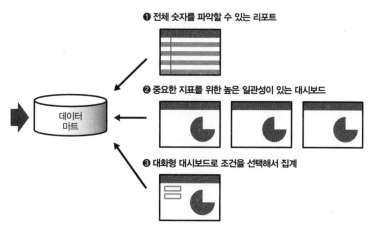

❶ 전체 숫자를 파악할 수 있는 리포트

❷ 중요한 지표를 위한 높은 일관성이 있는 대시보드

❸ 대화형 대시보드로 조건을 선택해서 집계

데이터
마트

대시보드의 바탕이 되는 테이블을 하나로 통합함으로써 대량의 쿼리 실행을 반복하지 않아도 되므로 배치 처리의 부하가 안정된다. 한 번의 배치 처리로 모든 그래프가 업데이트되기 때문에 실수가 발생하기는 어렵다.

그림 2.17 하나의 테이블에서 다수의 대시보드 작성하기

2-4 데이터 마트의 기본 구조

BI 도구에서 대화형으로 데이터를 참고하려고 하면, 시각화에 필요한 정보만을 모은 데이터 마트가 필수적이다. 이 절에서는 데이터 마트의 설계에 있어서 기본이 되는 개념을 정리한다.

▌시각화에 적합한 데이터 마트 만들기 — OLAP

BI 도구에 있어서 핵심적인 개념 중 하나로 'OLAP(online analytical processing)'라는 구조가 있다[10]. 데이터 디스커버리를 위한 BI 도구는 OLAP의 개념을 몰라도 사용할 수 있

10 URL https://ko.wikipedia.org/wiki/온라인_분석_처리

도록 고안되어 있기 때문에 그 존재를 의식할 일은 거의 없지만, 데이터 마트를 구축할 때는 다소 사전 지식이 필요하다.

다차원 모델과 OLAP 큐브

OLAP는 데이터 집계를 효율화하는 접근 방법 중의 하나다. 일반적으로 업무 시스템에 있어서 RDB는 표 형식으로 모델링된 데이터를 SQL로 집계한다. 한편, OLAP에서는 '다차원 모델'(나중에 언급)의 데이터 구조를 'MDX(multidimensional expressions)' 등의 쿼리 언어로 집계한다. 데이터 분석을 위해 만들어진 다차원 데이터를 'OLAP 큐브(OLAP cube)'라고 부르며, 그것을 크로스 집계하는 구조가 OLAP다(그림 2.18).

OLAP 큐브
(다차원)

크로스 집계

크로스 테이블
(2차원)

그림 2.18 다차원 모델에 있어서의 크로스 집계

컴퓨터의 성능이 그리 높지 않았을 때, 데이터의 편집에는 많은 시간이 걸렸으므로 OLAP를 고속화하려면 여러 아이디어가 필수적이었다. 예를 들면, 크로스 집계의 모든 조합을 미리 계산하여 데이터베이스 안에 캐시해두고, 쿼리가 실행되면 이미 집계된 결과를 반환하는 구조가 준비되어 있었다.

BI 도구는 본래 OLAP의 구조를 사용하여 데이터를 집계하기 위한 소프트웨어다. 따라서, 데이터 마트도 이전에는 OLAP 큐브로 작성되어 있었다.

MPP 데이터베이스와 비정규화 테이블

그러나 최근에는 MPP 데이터베이스와 인 메모리 데이터베이스 등의 보급으로 사전에 계산해둘 필요가 없어졌다. 따라서, OLAP 큐브를 위해 특별한 구조를 준비하는 것이 아니라, BI 도구와 MPP 데이터베이스를 조합하여 크로스 집계하는 경우가 증가하고 있다.

BI 도구로 생각한 대로의 그래프를 만들기 위해서는 이미 존재하는 테이블을 그대로 시각화하려고 하는 것이 아니라, 만들고 싶은 그래프에 맞추어 '다차원 모델'을 설계한다. 그러나 MPP 데이터베이스에 다차원 모델의 개념은 없기 때문에 이를 대신해 '비정규화 테이블'(나중에 언급)을 준비한다. 그렇게 만든 비정규화 테이블을 BI 도구에서 열어서 기존의 OLAP와 동등한 시각화를 실현할 수 있다.

'시각화에 적합한 데이터 마트를 만드는 것'은, 이렇게 'BI 도구를 위한 비정규화 테이블을 만드는' 프로세스다. 다음은 이 프로세스에 대해 좀 더 구체적으로 설명한다.

▌테이블을 비정규화하기

데이터베이스의 설계에서는 종종 테이블을 '마스터'와 '트랜잭션'으로 구분한다. 시간과 함께 생성되는 데이터를 기록한 것이 **'트랜잭션**(transaction)'이며, 트랜잭션에서 참고되는 각종 정보가 **'마스터**(master)'다. 트랜잭션은 한 번 기록하면 변화하지 않지만, 마스터는 상황에 따라 다시 쓰인다.

여기에서는 예로 그림 2.19와 같은 테이블 관계를 고려해보겠다. '판매 이력'만이 트랜잭션이고, 다른 것은 모두 마스터로 취급한다. 이것은 RDB에서는 일반적인 **'관계형 모델**(relational model)'이다. 테이블을 분석하기 위해 **'정규화**(normalization)'의 개념을 배운 사람도 많을 것이다.

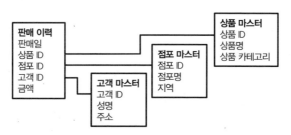

그림 2.19 관계형 모델에 의한 테이블 설계

데이터 분석의 경우에는 이러한 정규화된 관계형 모델에서 출발해서 그와는 반대의 작업을 실행한다.

팩트 테이블과 디멘전 테이블

데이터 웨어하우스의 세계에서는 트랜잭션처럼 사실이 기록된 것을 '**팩트 테이블**(fact table)'이라고 하고, 거기에서 참고되는 마스터 데이터 등을 '**디멘전 테이블**(dimension table)'이라고 한다. 집계의 기반이 되는 숫자 데이터, 예를 들어 판매액 등은 주로 팩트 테이블에 기록되고 디멘전 테이블은 주로 데이터를 분류하기 위한 속성값으로 사용된다.

스타 스키마와 비정규화   팩트 테이블을 중심으로 여러 디멘전 테이블을 결합

데이터 마트를 만들 때는 그림 2.20 ❷처럼 팩트 테이블을 중심으로 여러 디멘전 테이블을 결합하는 것이 좋다. 그림으로 그리면 별 모양이 되므로, 이를 '**스타 스키마**(star schema)'라고 부른다.

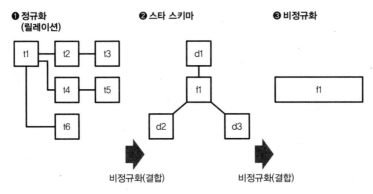

그림 2.20 데이터 마트의 스키마

디멘전 테이블을 작성하려면 정규화에 의해 분해된 테이블을 최대한 결합하여 하나의 테이블로 정리한다. 그 결과로 데이터가 중복되어도 괜찮다. 정규화와는 반대의 작업을 하므로 이를 '**비정규화**(demormalization)'라고 한다.

데이터 마트에서 스타 스키마가 사용되는 데는 두 가지 이유가 있다. 하나는 단순하기 때문에 이해하기 쉽고, 데이터 분석을 쉽게 할 수 있다는 점이다. 리스트 2.1은 스타 스키마의 테이블을 SQL로 결합하는 쿼리다. 쿼리의 작성법이 정해져 있으므로 SQL을 자동 생성하기 쉬워 BI 도구는 스타 스키마의 테이블에 효율적으로 쿼리를 실행할 수 있도록 디자인되어 있다.

리스트 2.1 스타 스키마에 의한 테이블 결합

```
SELECT ...
FROM 판매 이력
LEFT JOIN 상품 ON 상품.상품 ID = 판매 이력.상품 ID
LEFT JOIN 점포 ON 점포.점포 ID = 판매 이력.점포 ID
;
      매출일  |  상품 ID |  점포 ID |  금액  |  상품명  |  상품 카테고리  |  점포명
-----------+--------+--------+-------+-------+--------+ ----+--------
2017-01-01 |    101 |     11 | 57500 | 상품 A | 식료품   |      | 점포 A
2017-01-01 |    102 |     11 |  2400 | 상품 B | 전자제품  |      | 점포 A
...
```

또 하나는 성능상의 이유다. 데이터양이 증가함에 따라 팩트 테이블은 디멘전 테이블보다도 훨씬 커져 그 데이터양이 집계 시간을 좌우한다. 팩트 테이블이 메모리 용량을 초과한 시점에서 디스크 I/O가 발생하고 그 대기 시간이 쿼리의 지연으로 이어진다. 따라서, 팩트 테이블을 될 수 있는 한 작게 하는 것이 고속화에 있어서 중요하며, 팩트 테이블에는 ID와 같은 키만을 남겨두고 그 외의 나머지는 디멘전 테이블로 옮긴다.

비정규화 테이블 데이터 마트에 정규화는 필요 없다

이상의 이야기는 예전이라면 이해할 만한 것이었지만, MPP 데이터베이스와 같은 열 지향 스토리지를 갖는 시스템이 보급됨에 따라 요즘은 사정이 바뀌었다. 열 지향 스토리지는 칼럼 단위로 데이터가 저장되므로 칼럼의 수가 아무리 늘어나도 성능에 영향을 주지 않는다. 그렇다면 처음부터 팩트 테이블에 모든 칼럼을 포함해두고, 쿼리의 실행 시에는 테이블 결합을 하지 않는 편이 간단하다.

게다가, 열 지향 스토리지는 칼럼 단위로의 데이터 압축이 있다. 문자열을 그대로 저장해도 아주 작게 압축되므로 디스크 I/O의 증가는 억제된다. 그렇기에 데이터를 디멘전

테이블로 이동시킬 이유가 거의 없어져 '하나의 거대한 팩트 테이블'만 있으면 충분하다[11].

데이터 마트에 스타 스키마가 사용된 것은 과거의 이야기이며, 적어도 성능상의 문제는 열 지향 스토리지에 의해 해결된다. 그림 2.20 ❸처럼 스타 스키마에서 좀 더 비정규화를 진행해 모든 테이블을 결합한 팩트 테이블을 '**비정규화 테이블**(denormalized table)'이라고 부른다. 대부분의 경우, 데이터 마트는 비정규화 테이블로 하는 것이 가장 단순하며, 충분히 효율적인 방법이다.

열 지향이 아닌 데이터베이스를 사용하는 경우에는 비정규화 테이블은 데이터의 양이 증가하기 때문에 바람직하지 않지만, 그래도 수백만 레코드 정도의 스몰 데이터라면 문제 되지 않을 것이다. 만약 데이터양이 메모리를 대폭 웃돌게 되면 열 지향 스토리지를 사용해야 한다. 따라서, 이 책에서는 '데이터 마트는 비정규화 테이블로 만드는 것'으로 가정한다[12].

> **TIP** 데이터 웨어하우스와 스타 스키마
>
> 데이터 마트가 아니라 '데이터 웨어하우스의 테이블 구조'로는 스타 스키마가 우수하다. 데이터를 축적하는 단계에서는 팩트 테이블과 디멘전 테이블로 분리해두고 그것을 분석(데이터 마트를 만드는)하는 단계가 된 후에 결합해 비정규화 테이블을 만든다.

▌다차원 모델 시각화에 대비하여 테이블을 추상화하기

비정규화 테이블을 준비했다면 그것을 '**다차원 모델**(multidimensional model)'에 의해 추상화한다. 이것은 BI 도구의 기본이 되는 데이터 모델로 테이블 및 칼럼의 집합을 알기

---

11 'Using the right data model in a data mart'
　　 URL https://www.slideshare.net/datamgmt/using-the-right-data-model-in-a-data-mart
12 하지만 스타 스키마로 하는 것이 좋은 경우도 있다. 도저히 열 지향 스토리지를 사용할 수 없는 경우나 다수의 팩트 테이블에서 공통으로 참고되는 테이블을 준비하려는 경우에는 스타 스키마가 좋을 것이다.

쉽게 정리해 이름을 붙인 것이다.

다차원 모델은 칼럼을 '**디멘전**(dimension)'과 '**측정값**(measure)'으로 분류한다. 숫자 데이터와 그 집계 방법을 정의하는 것이 측정값이며, 크로스 집계에 있어서의 행과 열을 이용하는 것이 디멘전이다(그림 2.21).

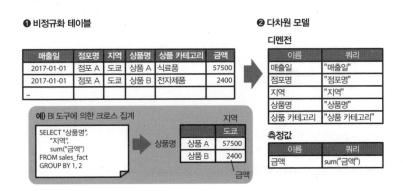

디멘전은 주로 날짜 및 문자열의 값이 되며, 크로스 집계의 행이나 열로서 사용된다. 측정값은 주로 숫자값이 되고, sum()과 max()와 같은 집계 함수와 함께 사용된다. 다차원 모델에 의한 데이터의 집계에서는 디멘전과 측정값을 사용하여 SQL의 쿼리가 자동으로 생성된다.

그림 2.21 다차원 모델에 의한 테이블과 쿼리의 관계

그림 2.22는 Tableau Public에서 디멘전과 측정값이 어떻게 취급되는지를 보여준다. 여기서는 쉽게 확인할 수 있도록 상품 및 점포에 관한 디멘전을 폴더로 분류해서 정리하고 있다. 디멘전을 행과 열로 지정하면 이들의 조합에 대해 측정값이 계산된다. 여기서는 '금액'의 합계를 계산하고 있다.

다차원 모델의 디멘전이란 '2차원' 등의 단어로 사용되는 차원(dimension)이다. 원래의 데이터가 다수의 디멘전으로 이루어진 다차원 공간임을 고려할 때, 그것을 행과 열로 구성된 2차원 테이블로 표현한 것이 크로스 집계다. 말로 설명하긴 어렵지만, 기본이 되는 개념은 피벗 테이블과 같다.

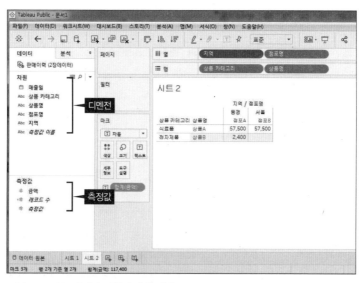

그림 2.22 Tableau Public에서의 디멘전과 측정값

모델의 정의 확장

BI 도구를 이용한 데이터의 시각화는 일반적으로 다음과 같은 절차를 밟는다. 우선, 시각화하고 싶은 측정값 및 디멘전을 결정한다. 예를 들어, 월별로 상품의 매출을 알고 싶다면 '금액'이 측정값이고, '판매일'과 '상품명'이 디멘전이다.

데이터 마트에 비정규화 테이블을 만들고 그것을 BI 도구로 시각화한다. 그래프를 보고 있는 사이에 상품을 그룹으로 분류해서 집계하고 싶어졌다고 하자. 그때는 비정규화 테이블에 새로운 칼럼을 추가하고 거기에 제품 그룹을 써넣는다. 이제 새로운 디멘전이 추가되므로 이를 사용하여 새 그래프를 만든다.

이처럼 다차원 모델의 정의는 나중에 확장할 수 있다. 데이터 분석의 요구에 따라 비정규화 테이블에는 다수의 칼럼이 추가되고 거기에서 다수의 그래프가 생성된다.

이렇게 만들어진 비정규화 테이블을 모은 것이 BI 도구를 위한 데이터 마트다. 일단 그래프를 만들면 나머지는 비정규화 테이블을 업데이트하는 것만으로 그것을 참고하는 모든 그래프가 업데이트된다. 워크플로 관리 도구 등을 이용해서 데이터 마트를 정기적으로 자동 업데이트함으로써 일상적인 데이터의 움직임을 확인할 수 있다.

브레이크 다운 분석

BI 도구에서 데이터를 볼 때 어떤 숫자가 어디에서 오는 것인지 그 내역을 파악하고 싶을 때가 많다. 복잡한 데이터를 분석하기 쉽게 하려면 데이터를 몇 개의 그룹(또는 카테고리나 클러스터 등)으로 분산하여 각 그룹에 내용을 정리하는 것이 효과적이다. 이것을 '**브레이크 다운 분석**(breakdown analysis)'이라고 한다.

브레이크 다운 분석에서는 데이터를 분류하기 위해 전용의 디멘전을 팩트 테이블에 추가하고, 거기에 그룹명을 써넣는다. 예를 들어, 그림 C2.3에서는 '속성 1'을 그룹명으로, '속성 2'를 서브 그룹명으로 해서 그룹별로 개별 대시보드를 작성한다.

구체적으로는 대시보드를 만들 때 필터링 조건으로 '속성 1="A"'와 같은 식을 지정함으로써 해당 그룹에 속한 레코드만이 확실하게 대시보드 집계에 포함되도록 한다. 그러면 각 레코드는 반드시 어딘가 하나의 그룹에 속하기 때문에 모든 레코드를 빠짐없이 하나의 대시보드에 분류할 수 있다.

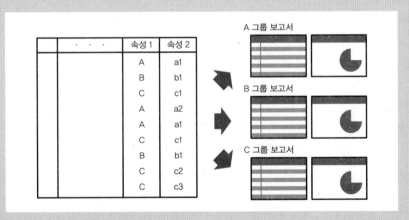

그림 C2.3 팩트 테이블을 브레이크 다운해서 분석하기

2-5 요약

이 장에서는 빅데이터를 '탐색'하기 위한 기초 지식으로 '시각화' 시스템을 위주로 설명하였다. 특히 '피벗 테이블'을 사용한 '크로스 집계'의 개념은 데이터를 탐색적으로 살펴보는데 기본이 되는 개념이므로, 실제로 작업을 해보면서 감각적으로 이해하는 것이 좋다.

대화식으로 데이터를 시각화하고 그 내용을 알기 위해서는 '초 단위로의 고속 집계'가 요구된다. 데이터의 양이 충분히 적을 때에는 모든 데이터를 BI 도구에 읽어 들일 수도 있지만, 메모리상에 올릴 수 없을 정도로 많은 양의 데이터를 처리하기 위해서는 '열 지향 스토리지'가 필요하다. 'MPP 데이터베이스'를 사용하면 병렬화에 의한 쿼리 고속화가 가능하다.

시각화에 사용되는 도구로는 주로 '애드 혹 분석'에서 사용되는 '노트북' 및 '지속적인 모니터링'에 사용되는 '대시보드' 또는 '대화형으로 데이터를 시각화'하기 위한 'BI 도구' 등이 있다. BI 도구를 사용하는 경우에는 보고 싶은 데이터를 한곳에 모아 '데이터 마트'를 구축한다.

데이터 마트를 작성할 때는 트랜잭션처럼 사실이 기록된 '팩트 테이블'에 마스터 데이터 등의 '디멘전 테이블'을 모두 결합한 '비정규화 테이블'을 만든다. 테이블의 내용을 메모리에 실을 수 있을 정도로 작으면 'RDB'를 데이터 마트로 사용할 수 있지만, 그렇지 않으면 'MPP 데이터베이스' 등을 이용하여 '열 지향'으로 데이터가 보관되도록 하는 것이 좋다.

BI 도구로 비정규화 테이블을 오픈함으로써 전통적인 'OLAP'에 의한 데이터의 집계처럼 '다차원 모델'을 이용한 데이터 분석이 가능하다. 다차원 모델은 데이터를 '측정값'과 '디멘전'으로 분류하여 정의함으로써, 피벗 테이블과 마찬가지로 크로스 집계를 대량의 데이터에 대해 실행할 수 있다.

이상으로 시각화 준비를 마쳤으므로 다음 장에서는 데이터 레이크를 중심으로 한 빅데이터 기술을 사용하여 데이터 마트를 만드는 절차를 살펴보자.

빅데이터의
분산 처리

CHAPTER

3

이 장에서는 분산 시스템의 대표적인 프레임워크인 Hadoop과 Spark를 이용한 데이터 처리에 관해 설명한다.

3.1절에서는 '구조화 데이터'와 '비구조화 데이터'의 차이를 설명하고, Hadoop에서 구조화 데이터를 만들어서 집계할 때까지의 흐름을 설명한다. 또한, Hadoop과 Spark의 차이점에 관해서 설명한다.

3.2절에서는 Hadoop 위에서 구조화 데이터를 집계하기 위한 '쿼리 엔진'에 대해 설명한다. 특히, 배치형의 쿼리 엔진인 'Hive'와 대화형의 쿼리 엔진인 'Presto(프레스토)'를 비교하고, 그것들의 사용 구분에 관해 설명한다.

3.3절에서는 데이터 웨어하우스와 데이터 마트를 구성하는 각종 테이블에 관해서 설명한다. SQL의 집약 함수를 사용해서 레코드 수를 감소시킨 '집계 테이블', 마우스 정보를 정기적으로 복사한 '스냅샷 테이블' 등의 역할을 살펴보고, 그것들을 결합해서 비정규화 테이블을 작성하는 것까지의 흐름을 설명한다.

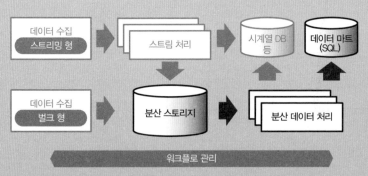

그림 3.A 분산 스토리지에서 데이터 마트까지

3-1 대규모 분산 처리의 프레임워크

다수의 컴퓨터에 데이터 처리를 분산하기 위해서는 그 실행을 관리하기 위한 프레임워크가 필요하다. 이 절에서는 Hadoop과 Spark를 중심으로 하는 분산 시스템의 구조를 살펴보자.

구조화 데이터와 비구조화 데이터

SQL로 데이터를 집계하는 경우, 먼저 테이블의 칼럼 명과 데이터형, 테이블 간의 관계 등을 '**스키마**(schema)'로 정한다. 스키마가 명확하게 정의된 데이터를 '**구조화된 데이터**(structured data)'라고 한다. 기존의 데이터 웨어하우스에서는 데이터는 항상 구조화된 데이터로 축적하는 것이 일반적이었다.

한편, 빅데이터는 반드시 구조화된 데이터만 있는 것이 아니라, 자연 언어로 작성된 텍스트 데이터와 이미지, 동영상 등의 미디어 데이터도 포함된다. 이러한 스키마가 없는 데이터는 '**비구조화 데이터**(unstructed data)'라고 하고, 이 상태로는 SQL로 제대로 집계할 수 없다(그림 3.1).

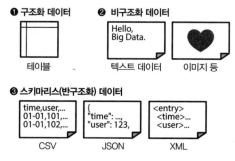

그림 3.1 구조화 데이터, 비구조화 데이터, 스키마리스(반구조화) 데이터

비구조화 데이터를 분산 스토리지 등에 저장하고 그것을 분산 시스템에서 처리하는 것이 데이터 레이크의 개념이다. 데이터를 가공하는 과정에서 스키마를 정의하고, 구조화된 데이터로 변환함으로써 다른 데이터와 마찬가지로 분석할 수 있다.

스키마리스 데이터 기본 서식은 있지만, 스키마가 정의 안 됨

CSV, JSON, XML 등의 데이터는 서식은 정해져 있지만, 칼럼 수나 데이터형은 명확하지 않아 '**스키마리스 데이터**(schemaless data)'라고 불린다[13]. 몇몇 NoSQL 데이터베이스는 스키마리스 데이터에 대응하고 있으며, 데이터 레이크에서는 대량으로 축적된 스키마리스 데이터를 효율적으로 처리하도록 하는 요구도 종종 있다.

최근에는 인터넷을 통해 주고받는 데이터로 JSON 형식을 이용하는 경우가 특히 많다. 새로운 데이터를 다운로드할 때마다 스키마를 정하는 것은 시간과 비용이 소요되기 때문에 JSON은 JSON 그대로 저장하고 거기서 데이터 분석에 필요한 필드만을 추출하는 편이 간단하다. 원래의 데이터만 그대로 보존되어 있으면, 처음부터 모든 필드를 꺼내지 않고도 나중에 얼마든지 추가 정보를 꺼낼 수 있다.

데이터 구조화의 파이프라인 테이블 형식으로 열 지향 스토리지에 장기 보존

그럼 그림 3.2와 같은 데이터 파이프라인을 고려해보자. 각 데이터 소스에서 수집된 비구조화 데이터, 또는 스키마리스 데이터는 처음에는 분산 스토리지에 보존된다. 여기에는 웹 서버의 로그 파일과 업무용 데이터베이스에서 추출한 마스터 데이터 등이 포함되어 있다.

---

13 ᴜʀʟ 엄밀히 말하면, JSON과 XML 등의 포맷은 '반구조화 데이터(semi-structed data)'라고 할 수 있다. 반구조화 데이터에 대해서는 명시적으로 스키마를 정하는 것이 가능하기 때문에, 모든 JSON 데이터와 XML 데이터가 스키마리스 데이터라고는 할 수 없다. 하지만 이 책에서는 특별히 구분하지는 않고, 모두 스키마리스 데이터로 취급한다.

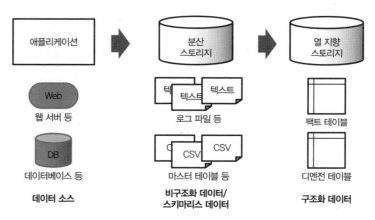

그림 3.2 데이터 구조화의 파이프라인

분산 스토리지에 수집된 데이터는 명확한 스키마를 갖지 않는 것도 많으므로 그냥 그대로는 SQL로 집계할 수 없다. 따라서, 먼저 필요한 것은 스키마를 명확하게 한 테이블 형식의 '구조화 데이터'로 변환하는 것이다.

일반적으로 구조화 데이터는 데이터의 압축률을 높이기 위해 열 지향 스토리지로 저장한다. 즉, 제2장에서 보았듯이, MPP 데이터베이스로 전송하거나 Hadoop 상에서 열 지향 스토리지 형식으로 변환한다. 이 책에서는 별도의 언급이 없는 한 구조화 데이터는 항상 열 지향 스토리지에 보관하는 것으로 한다.

구조화 데이터 중 시간에 따라 증가하는 데이터를 팩트 테이블, 그에 따른 부속 데이터를 디멘전 테이블로 취급한다. 이 단계에서는 테이블을 조인하지 않는다. 데이터 마트에 대해 생각하는 것은 좀 더 나중의 이야기다. 여기에서는 먼저 데이터를 구조화하여 SQL로 집계 가능한 테이블을 만드는 것만을 생각한다.

열 지향 스토리지의 작성 분산 스토리지 상에 작성해 효율적으로 데이터를 집계

MPP 데이터베이스의 경우, 제품에 따라 스토리지의 형식이 고정되어 있어 사용자가 그 상세를 몰라도 괜찮지만, Hadoop에서는 사용자가 직접 열 지향 스토리지의 형식을 선택하고, 자신이 좋아하는 쿼리 엔진에서 그것을 집계할 수 있다.

Hadoop에서 사용할 수 있는 열 지향 스토리지에는 몇 가지 종류가 있으며, 각각 특징이 다르다. 'Apache ORC'[14]는 구조화 데이터를 위한 열 지향 스토리지로 처음에 스키마를 정한 후 데이터를 저장한다. 한편 'Apache Parquet'[15]은 스키마리스에 가까운 데이터 구조로 되어 있어 JSON 같은 뒤얽힌 데이터도 그대로 저장할 수 있다. 이 책에서는 Apache ORC에 의한 스토리지 형식(ORC 형식)을 Hadoop 상에서의 열 지향 스토리지로 이용한다.

비구조화 데이터를 읽어 들여 열 지향 스토리지로 변환하는 과정에서는 데이터의 가공 및 압축을 위해 많은 컴퓨터 리소스가 소비된다. 그래서 사용되는 것이 Hadoop과 Spark 등의 분산 처리 프레임워크다.

Hadoop — 분산 데이터 처리의 공통 플랫폼

현재는 빅데이터를 대표하는 시스템으로 알려진 Hadoop이지만, 역사적으로는 오픈 소스의 웹 크롤러인 'Nutch'[16]를 위한 분산 파일 시스템으로 2003년경부터 개발이 시작되었다. 그 이후 2006년에는 단일 프로젝트로 독립해서, Apache Hadoop(아파치 하둡)으로 배포되었다(표 3.1).

Hadoop은 단일 소프트웨어가 아니라 분산 시스템을 구성하는 다수의 소프트웨어로 이루어진 집합체다(그림 3.3). 2013년에 배포된 Hadoop2부터 YARN(나중에 설명)이라고 불리는 새로운 리소스 관리자 상에서 복수의 분산 애플리케이션이 동작하는 구성으로 되어, 대규모 분산시스템을 구축하기 위한 공통 플랫폼의 역할을 담당하고 있다.

---

14 (URL) https://orc.apache.org/
15 (URL) https://parquet.apache.org/
16 (URL) http://nutch.apache.org/

표 3.1 Hadoop과 그 주변 프로젝트의 역사(2016년까지)

시기	이벤트
2003년	Nutch 프로젝트 발족
2004년	Google MapReduce 논문
2006년	Apache Hadoop 프로젝트 발족
2011년	Apache Hadoop 1.0.0 배포
2013년	Apache Hadoop 2.2.0 배포(YARN 대응)
2014년	Apache Spark 1.0.0 배포
2016년	Apache Flink 1.0.0 배포
2016년	Apache Mesos 1.0.0 배포

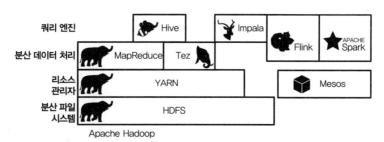

그림 3.3 빅데이터 관련 Apache 프로젝트(일부)

분산 시스템의 구성 요소 HDFS, YARN, MapReduce

Hadoop의 기본 구성 요소는 '**분산 파일 시스템**(distributed file system)'인 'HDFS(Hadoop Distributed File System)', '**리소스 관리자**(resource manager)'인 'YARN(Yet Another Resource Negotiator)', 그리고 '**분산 데이터 처리**(distributed data processing)'의 기반인 'MapReduce' 3 가지다. 그 외의 프로젝트는 Hadoop 본체와는 독립적으로 개발되어 Hadoop을 이용한 분산 애플리케이션으로 동작한다.

모든 분산 시스템이 Hadoop에 의존하는 것이 아니라, Hadoop을 일부만 사용하거나 혹은 전혀 이용하지 않는 구성도 있다. 예를 들어, 분산 파일 시스템으로는 'HDFS'를 사용하면서 리소스 관리자는 'Mesos', 분산 데이터 처리에는 'Spark'를 사용하는 구성도 가능하다. 이처럼 다양한 소프트웨어 중에서 자신에게 맞는 것을 선택하고 그것들을 조합함으로써 시스템을 구성하는 것이 Hadoop을 중심으로 하는 데이터 처리의 특징이다.

분산 파일 시스템과 리소스 관리자 HDFS, YARN

Hadoop에서 처리되는 데이터 대부분은 분산 파일 시스템인 HDFS에 저장된다. 이것은 네트워크에 연결된 파일 서버와 같은 존재이지만, 다수의 컴퓨터에 파일을 복사하여 중복성을 높인다는 특징이 있다.

한편, CPU나 메모리 등의 계산 리소스는 리소스 매니저인 YARN에 의해 관리된다(그림 3.4). YARN은 애플리케이션이 사용하는 CPU 코어와 메모리를 '**컨테이너**(container)'라 불리는 단위로 관리한다. Hadoop에서 분산 애플리케이션을 실행하면 YARN이 클러스터 전체의 부하를 보고 비어 있는 호스트부터 컨테이너를 할당한다.

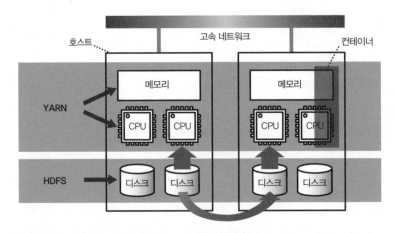

HDFS는 분산 시스템의 스토리지를 관리하여 데이터가 항상 여러 컴퓨터에 복사되도록 한다. YARN은 CPU와 메모리를 관리하고 리소스에 여유가 있는 컴퓨터에서 프로그램을 실행한다. 이 둘은 서로 연계해서 동작하게 되어 있기 때문에 분산 애플리케이션을 되도록 데이터에서 가까운 노드에서 실행하게 하는 것도 가능하다.

그림 3.4 Hadoop에 의한 리소스 관리

분산 시스템은 많은 계산 리소스를 소비하지만, 호스트의 수에 따라 사용할 수 있는 리소스의 상한이 결정된다. 한정된 리소스로 다수의 분산 애플리케이션이 동시에 실행되므로 애플리케이션 간에 리소스 쟁탈이 발생한다. 리소스 관리자는 어느 애플리케이션에 얼마만큼의 리소스를 할당할 지 관리함으로써 모든 애플리케이션이 차질없이 실행되도록 제어한다.

리소스 관리자를 사용하면 애플리케이션마다 실행의 우선순위를 결정할 수 있다. 그다지 중요하지 않은 배치 처리에는 낮은 우선순위를 부여함으로써 아무도 리소스를 사용하지 않을 경우에만 실행되도록 한다. 그리하여 우선되는 작업부터 실행함으로써 한정된 리소스를 낭비 없이 활용하면서 데이터 처리를 진행하는 것이 가능하다.

TIP **YARN 컨테이너**

컨테이너라고 하면 가상화 기술 Docker(도커)를 떠올리는 사람도 있다. YARN의 컨테이너는 OS 수준의 가상화 기술이 아니라 어떤 호스트에서 어떤 프로세스를 실행시킬 것인지 결정하는 애플리케이션 수준의 기술이다.

분산 데이터 처리 및 쿼리 엔진 MapReduce, Hive

MapReduce도 YARN 상에서 동작하는 분산 애플리케이션 중 하나이며, 분산 시스템에서 데이터 처리를 실행하는 데 사용된다. MapReduce는 임의의 자바 프로그램을 실행시킬 수 있기 때문에 비구조화 데이터를 가공하는 데 적합하다.

한편, SQL 등의 쿼리 언어에 의한 데이터 집계가 목적이라면 그것을 위해 설계된 쿼리 엔진을 사용한다. 'Apache Hive(아파치 하이브)'[17]는 그런 쿼리 엔진 중 하나이며, 쿼리를 자동으로 MapReduce 프로그램으로 변환하는 소프트웨어로 개발되었다. 초기 Hive의 실행 특성은 MapReduce에 의존하고 있었으며, 이것은 장점이자 단점이 되기도 했다.

MapReduce는 원래 대량의 데이터를 배치 처리하기 위한 시스템이다. 한 번 실행하면 분산 파일 시스템에서 대량의 데이터를 읽을 수 있지만, 작은 프로그램을 실행하려면 오버헤드가 너무 크기 때문에 몇 초 안에 끝나버리는 쿼리 실행에는 적합하지 않다.

---

17 URL https://hive.apache.org/

그 성질을 계승한 Hive도 마찬가지다. 시간이 걸리는 배치 처리에는 적합하나, 애드 혹 쿼리를 여러 번 실행하는 데는 부적합하다(그림 3.5).

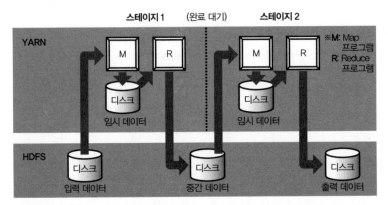

MapReduce에서는 데이터 처리의 스테이지가 바뀔 때 대기 시간이 있어서 복잡한 쿼리에서는 대기 시간만 증가한다.

그림 3.5 Hive on MR의 실행 과정

Hive on Tez

Hive를 가속화하기 위한 노력의 하나로 개발된 것이 'Apache Tez(아파치 테즈)'[18]다. Tez는 기존의 MapReduce를 대체할 목적으로 개발된 프로젝트이며, MapReduce에 있던 몇 가지 단점을 해소함으로써 고속화를 실현하고 있다.

예를 들면, MapReduce 프로그램에서는 1회의 MapReduce 스테이지가 끝날 때까지 다음의 처리를 진행할 수 없었다. Tez에서는 스테이지의 종료를 기다리지 않고 처리가 끝난 데이터를 차례대로 후속 처리에 전달함으로써 쿼리 전체의 실행 시간을 단축한다(그림 3.6).

현재의 Hive는 MapReduce뿐만 아니라 Tez를 사용해도 동작하게 재작성되어 있어 'Hive on Tez'라고 불린다. 이에 대해 예전 Hive는 'Hive on MR'이라고 구별된다.

---

18 URL https://tez.apache.org/

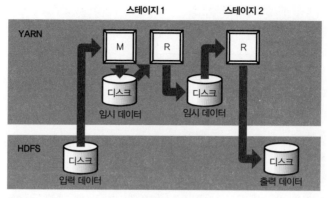

Tez에서는 불필요한 단계가 감소하여 처리가 짧아짐과 동시에, 스테이지 사이의 대기 시간이 없어 처리 전체가 동시에 실행되서 실행 시간이 단축된다.

그림 3.6 Hive on Tez의 실행 과정

대화형 쿼리 엔진 Impala와 Presto

Hive를 고속화하는 것이 아니라 처음부터 대화형의 쿼리 실행만 전문으로 하는 쿼리 엔진도 개발되고 있다. 그중 'Apache Impala(아파치 임팔라)'[19]와 'Presto'[20]가 대표적이다.

MapReduce와 Tez는 장시간의 배치 처리를 가정해 한정된 리소스를 유효하게 활용하도록 설계되어 있다. 한편, 대화형 쿼리 엔진으로는 순간 최대 속도를 높이기 위해 모든 오버헤드가 제거되어 사용할 수 있는 리소스를 최대한 활용하여 쿼리를 실행한다 (그림 3.7). 그 결과, 대화형 쿼리 엔진은 MPP 데이터베이스와 비교해도 손색없는 응답 시간을 실현하고 있다.

---

19 URL https://impala.apache.org/
20 URL https://prestodb.io /

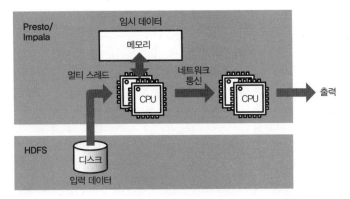

Presto와 Impara는 YARN과 같은 범용적인 리소스 관리자를 사용하지 않고, SQL의 실행만 특화한 독자적인 분산 처리를 구현하고 있다. MPP 데이터베이스처럼 멀티 코어를 활용하면서 가능한 한 많은 데이터 처리를 병렬화함으로써 고속화를 실현한다.

그림 3.7 Presto와 Impala의 실행 과정

Hadoop에서는 이와 같이 성질이 다른 쿼리 엔진을 목적에 따라 구분한다. 대량의 비구조화 데이터를 가공하는 무거운 배치 처리에는 높은 처리량(Throughput)으로 리소스를 활용할 수 있는 Hive를 이용한다. 한편, 그렇게 해서 완성한 구조화 데이터를 대화식으로 집계하고자 할 때는 지연이 적은 Impala와 Presto 등이 적합하다.

Hadoop에서는 다수의 쿼리 엔진이 개발되어 있으며[21], 그것들을 총칭해 'SQL-on-Hadoop'이라고 부른다. SQL-on-Hadoop은 아직 MPP 데이터베이스만큼 오랜 역사를 가지고 있지 않기에 기능적으로 따라잡지 못한 부분도 있지만, 분산 스토리지에 저장된 데이터를 신속하게 집계할 수 있는 점에서 우수하다.

---

21 Apache 프로젝트에 등록되어 있는 오픈 소스 소프트웨어만으로도 이 책에서 설명하고 있는 'Apache Hive', 'Apache impala', 'Spark SQL' 이외에 'Apache Drill(아파치 드릴)', 'Apache HAWQ', 'Apache Kylin(아파치 키린)', 'Apache Phoenix(아파치 피닉스)', 'Apache Tajo(아파치 타조)' 등의 프로젝트가 있다.

Spark — 인 메모리 형의 고속 데이터 처리

'Apache Spark'[22] 또한 MapReduce보다 더 효율적인 데이터 처리를 실현하는 프로젝트로 개발이 진행되고 있다. Hadoop의 연장선 상에 있는 Tez와는 달리, Spark는 Hadoop과는 다른 독립된 프로젝트다.

Spark의 특징은 대량의 메모리를 활용하여 고속화를 실현하는 것이다. MapReduce가 개발된 시절에는 처리해야 할 데이터의 양에 비하면 훨씬 적은 메모리밖에 사용할 수 없었으므로 MapReduce는 그 처리의 대부분을 디스크의 읽고 쓰기에 사용하였다. 이것은 Tez도 마찬가지로, 데이터 처리의 과정에서 만들어진 중간 데이터는 기본적으로 디스크로 기록된다.

그러나 컴퓨터에서 취급하는 메모리의 양이 증가함에 따라, 뭐든지 디스크에서 읽고 쓰는 것이 아니라 '가능한 한 많은 데이터를 메모리상에 올린 상태로 두어 디스크에는 아무것도 기록하지 않는다'는 선택이 현실화되었다. 이 경우 컴퓨터가 비정상 종료하면 중간까지 처리한 중간 데이터는 사라져 버리지만, 그때에는 처리를 다시 시도해서 잃어버린 중간 데이터를 다시 만들면 된다는 것이 Spark의 개념이다(그림 3.8).

MapReduce 대체하기 Spark의 입지

Spark는 Hadoop을 대체하는 것이 아니라 MapReduce를 대체하는 존재다. 예를 들어, 분산 파일 시스템인 HDFS나 리소스 관리자인 YARN 등은 Spark에서도 그대로 사용할 수 있다. Hadoop을 이용하지 않는 구성도 가능하며, 분산 스토리지로 Amazon S3를 이용하거나 분산 데이터베이스인 카산드라(cassandra)에서 데이터를 읽어 들이는 것도 가능하다.

Spark의 실행은 자바 런타임이 필요하지만, Spark 상에서 실행되는 데이터 처리는 스크립트 언어를 사용할 수 있다는 점도 매력이다. 표준으로 자바, 스칼라, 파이썬, 그리고 R 언어에 대응하고 있으며, 문서도 충실하기 때문에 도입하기 쉽다.

---

22 URL http://spark.apache.org/

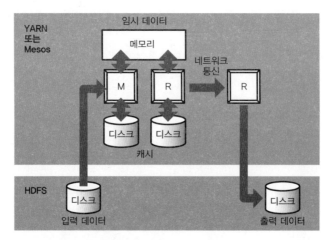

Spark에서는 중간 데이터를 디스크에 쓰지 않고 메모리에 보존한다. 그렇기 때문에 프로그램 실행 중에는 많은 메모리가 필요하지만, 실행 시간은 단축된다. 장애 등으로 메모리 상의 중간 데이터를 읽어버려도, 한 번 더 입력 데이터로 다시 실행한다. 중간 데이터는 의도적으로 디스크 상에 캐시하는 것도 가능하다.

그림 3.8 Spark의 실행 과정

Spark에서는 SQL로 쿼리를 실행하기 위한 'Spark SQL'과 스트림 처리를 수행하기 위한 'Spark Streaming'이라는 기능이 처음부터 포함되어 있다. 따라서, 대규모 배치 처리뿐만 아니라 SQL에 의한 대화형 쿼리 실행과 실시간 스트림 처리에 이르기까지 널리 이용되고 있다.

> **NOTE**   Spark의 실행에 관해서는 다음의 장에서 자세히 설명한다.
>
> · 제6장 → 스키마리스 데이터의 애드 혹 분석

SQL-on-Hadoop에 의한 데이터 처리의 구체적인 예로서, 이 절에서는 'Hive'에 의한 구조화 데이터의 생성과 'Presto'에 의한 대화식 쿼리에 대해 설명한다.

데이터 마트 구축의 파이프라인

Hadoop에 의한 구조화 데이터의 작성과 이를 이용한 쿼리의 실행이 어떤 것인지를 알기 위해, 여기서는 실제로 쿼리 엔진을 사용하여 데이터 마트를 만들기까지의 흐름을 살펴보겠다. 하나의 예로서 그림 3.9와 같이 Hive와 Presto를 결합한 데이터 파이프라인을 예상한다.

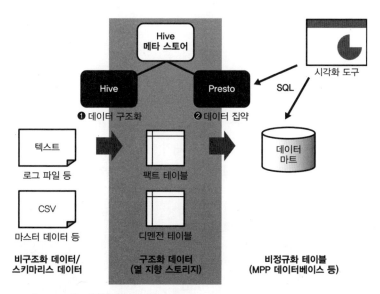

그림 3.9 Hive와 Presto을 결합한 데이터 파이프라인

우선 처음에 분산 스토리지에 저장된 데이터를 구조화하고 열 지향 스토리지 형식으로 저장한다(그림 3.9 ❶). 이것은 다수의 텍스트 파일을 읽어 들여 가공하는 부하가 큰 처리가 되기 때문에 Hive를 이용한다.

그리고 완성한 구조화 데이터를 결합, 집계하고 비정규화 테이블로 데이터 마트에 써서 내보낸다(그림 3.9 ❷). 열 지향 스토리지를 이용한 쿼리의 실행에는 Presto를 사용함으로써 실행 시간을 단축할 수 있다.

Hive에서 만든 각 테이블의 정보는 'Hive 메타 스토어(Hive Metastore)'라고 불리는 특별한 데이터베이스에 저장된다. 이것은 Hive뿐만 아니라 다른 SQL-on-Hadoop의 쿼리 엔진에서도 공통의 테이블 정보로 참고된다.

> **NOTE** Hive와 Presto의 설치 방법에 관해서는 다음의 장에서 설명한다.
>
> • 제6장 ➡ Hadoop에 의한 데이터 파이프라인

▍Hive에 의한 구조화 데이터 작성

우선 Hive를 사용하여 구조화 데이터를 작성한다. 여기에서는 예로서 제1장에서 작성한 액세스 로그의 CSV 파일(access_log.csv)를 읽어 들인다. 다음과 같이 단말 터미널에서 Hive를 시작하고 CREATE EXTERNAL TABLE로 '외부 테이블(external table)'을 정의한다.

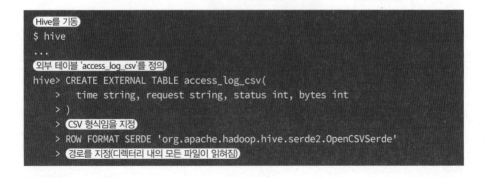

```
(Hive를 기동)
$ hive
...
(외부 테이블 'access_log_csv'를 정의)
hive> CREATE EXTERNAL TABLE access_log_csv(
    >     time string, request string, status int, bytes int
    > )
    > (CSV 형식임을 지정)
    > ROW FORMAT SERDE 'org.apache.hadoop.hive.serde2.OpenCSVSerde'
    > (경로를 지정(디렉터리 내의 모든 파일이 읽혀짐))
```

```
    > STORED AS TEXTFILE LOCATION '/var/log/access_log/'
    > CSV의 헤더행 스킵
    > TBLPROPERTIES ('skip.header.line.count'='1');
OK
Time taken: 1.938 seconds
```

'외부 테이블'이란 Hive의 외부에 있는 특정 파일을 참고해 마치 거기에 테이블이 존재하는 것처럼 읽어 들이기 위해 지정한다. 위의 예에서는 'access_log_csv'라는 테이블명을 참고해 데이터를 추출함으로써 텍스트 파일이 로드되고 구조화 데이터로의 변환이 이루어진다.

Hive를 비롯한 대부분의 SQL-on-Hadoop의 쿼리 엔진은 MPP 데이터베이스처럼 데이터를 내부로 가져오지 않아도 텍스트 파일을 그대로 집계할 수 있다. 예를 들어, 다음과 같이 쿼리를 실행하면 외부 테이블로 지정한 경로에 포함된 모든 CSV 파일이 로드되고 집계된다.

```
상태별로 레코드 수를 센다.
hive> SELECT status, count(*) cnt
    > FROM access_log_csv GROUP BY status LIMIT 2;
...
OK
200     1701534
302     46573
Time taken: 8.664 seconds, Fetched: 2 row(s)
```

이처럼 데이터를 그 자리에서 바로 집계할 수 있는 성질은 특히 애드 혹 데이터를 분석하기에 유용하며, 시간을 들여 데이터를 전송하지 않고도 원하는 정보를 얻을 수 있다.

그렇지만 CSV 파일을 그대로 집계하는 것은 비효율적이다. 쿼리를 실행시킬 때마다 매번 텍스트를 읽어 들이기 때문에 확실히 빠르다고는 말할 수 없다. 앞의 경우 원래 데이터는 200만 레코드에도 못 미치지만, 집계에는 8초 이상 걸린다. 이렇게 된다면 너무 느리기 때문에 열 지향 스토리지로 변환한다.

열 지향 스토리지로의 변환 데이터 집계의 고속화(배치형 쿼리 엔진용)

여기에서는 테이블을 열 지향 스토리지 형식인 ORC 형식으로 변환한다. Hive의 경우, 테이블마다 스토리지 형식을 지정할 수 있다. 다음과 같이 새로운 테이블을 만들고, 외부 테이블에서 읽은 데이터를 모두 저장한다.

```
ORC 형식의 테이블 'access_log_orc'로 변환
hive> CREATE TABLE access_log_orc STORED AS ORC AS
    > SELECT cast(time AS timestamp) time,
    >        request,
    >        status,
    >        cast(bytes AS bigint) bytes
    > FROM access_log_csv;
OK
Time taken: 15.993 seconds
ORC 형식의 테이블을 집계함
hive> SELECT status, count(*) cnt
    > FROM access_log_orc GROUP BY status LIMIT 2;
...
OK
200     1701534
302     46573
Time taken: 1.567 seconds, Fetched: 2 row(s)
```

ORC 형식으로의 변환에는 다소 시간이 걸리지만, 변환 후의 테이블 집계는 1.5초까지 단축되었다. 파일 크기도 원래의 CSV 파일과 비교하면 10분의 1 이하로 줄어들었다. 이처럼 텍스트 데이터를 열 지향 스토리지로 변환함으로써 데이터의 집계가 크게 고속화된다. 그러나 그것의 작성은 시간이 걸리는 프로세스이므로, Hive와 같은 배치형의 쿼리 엔진에서 실행하는 데 적합하다.

위의 쿼리에서는 SELECT 문으로 원래 데이터를 형 변환하여 새로운 테이블을 만들고 있다. 이 쿼리를 다시 작성함으로써 어떤 테이블이라도 만들 수 있다. 제1장에서 살펴본 바와 같이, 텍스트 데이터에서 정규 표현을 사용하여 칼럼을 추출하거나 날짜 서식을 변환하는 정도라면, Hive의 쿼리로 실행할 수도 있다.

즉, 원래 데이터가 텍스트이든 스키마리스 데이터이든 간에 그것이 Hive에서 읽을 수

있는 형식이라면 무엇이든지 쿼리를 조금 고쳐 쓰는 것만으로 어떤 테이블이라도 만들 수 있다. 이것이 Hive를 이용한 데이터 구조화 프로세스다.

Hive로 비정규화 테이블을 작성하기

데이터의 구조화가 완료되면 다음은 데이터 마트의 구축이다. 즉, 테이블을 결합 및 집약해서 '비정규화 테이블'을 만든다. 이때 Presto 같은 대화형 쿼리 엔진을 사용할 것인지, Hive 같은 배치형 쿼리 엔진을 사용할 것인지에 따라 생각이 달라진다.

Hive와 Presto의 차이에 대해서는 나중에 언급하겠지만, 시간이 걸리는 배치 처리는 원칙적으로 Hive를 사용해야 한다. 예를 들어, 비정규화 테이블이 수억 레코드나 되면, 그것을 데이터 마트로 내보내는 것만으로도 상당한 시간이 소요된다. 그러면 쿼리 엔진 자체의 성능은 최종적인 실행 시간에 그다지 많은 영향을 끼치지 않는다. 그렇다면 배치형 시스템을 사용하는 편이 리소스의 이용 효율을 높일 수 있다.

비정규화 테이블을 만드는 데 오랜 시간이 걸리는 것은 흔한 일이며, 그렇기에 가능한 한 효율적인 쿼리를 작성해야 한다. 여기에서는 Hive의 쿼리를 개선하는 예로 '서브 쿼리 안에서 레코드 수를 줄이는 방법'과 '데이터의 편향을 방지하는 방법'을 설명한다. 이러한 최적화는 Hive뿐만 아니라 빅데이터를 집계할 때 항상 의식해두는 것이 중요하다.

서브 쿼리 안에서 레코드 수 줄이기 초기 단계에서 팩트 테이블 작게 하기

Hive 쿼리는 SQL과 매우 유사하지만, 그 특성은 일반적인 RDB와는 전혀 다르다. Hive는 데이터베이스가 아닌 데이터 처리를 위한 배치 처리 구조다. 따라서, 읽어 들이는 데이터의 양을 의식하면서 쿼리를 작성하지 않으면 생각한 만큼의 성능이 나오지 않아 고민하게 된다.

여기서는 예로 리스트 3.1 ①과 같은 쿼리를 생각해보자. 팩트 테이블("access_log")과 디멘전 테이블("user")을 결합하고 WHERE로 조건을 부여하는 간단한 쿼리이지만, 이러한 쿼리를 실행하는 것은 비효율적이다. 팩트 테이블을 필터링할 조건이 아무것도 없기 때문에, 이대로는 모든 데이터를 읽어 들인 후에 결합하고 이후에 나오는 WHERE에 의한 검색을 하게 된다.

리스트 3.1 Hive에 의한 서브 쿼리 최적화

```
❶ 비효율적인 쿼리의 예
테이블을 결합한 후에 WHERE로 검색
SELECT ...
FROM access_log a
JOIN users b ON b.id = a.user_id
WHERE b.created_at = '2017-01-01'

❷ 보다 효율적인 쿼리의 예
SELECT ...
FROM (
처음에 시간으로 팩트 테이블 검색
  SELECT * access_log
  WHERE time >= TIMESTAMP '2017-01-01 00:00:00'
) a
JOIN users b ON b.id = a.user_id
WHERE b.created_at = '2017-01-01'
```

쿼리 엔진이 생성하는 실행 계획은 사용하는 소프트웨어의 버전과 데이터의 양에 따라 달라지기 때문에 실제로 어떻게 작성하는 것이 좋은지는 실행해봐야 알 수 있다. 생각대로의 성능이 나오지 않을 때는 로그 등을 보고 어디에서 시간이 걸리는지를 확인한다.

그 결과 대량의 중간 데이터가 생성되고, 그 대부분을 그냥 버려 낭비가 큰 처리가 된다(그림 3.10). 그나마 데이터양이 적을 때에는 문제가 없지만, 장기간에 걸쳐서 대량의 데이터를 집계할 때는 팩트 테이블의 크기를 무시할 수 없다.

기본적으로는 리스트 3.3 ②처럼 서브 쿼리 안에서 팩트 테이블을 작게 하는 것이 확실하다. Hive가 쿼리를 최적화해주는 경우도 있으므로, 서브 쿼리화가 꼭 필요하지는 않지만, 가능한 한 의식을 해서 '초기에 팩트 테이블을 작게 하는 것'이 빅데이터의 집계에서 중요하다.

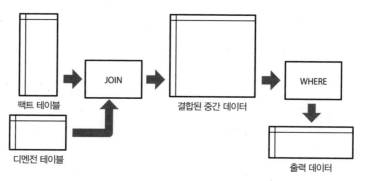

의 각 요소 레이블:
팩트 테이블 / JOIN / 결합된 중간 데이터 / WHERE / 디멘전 테이블 / 출력 데이터

그림 3.10 JOIN에 의해 거대한 중간 데이터가 만들어진다

예를 들어, 최종적으로 GROUP BY로 데이터를 집계하고 싶다면, 테이블을 결합하기 전에 서브 쿼리 안에서 집계해 둘 수도 있다. 데이터의 양을 감소시킨 후에 테이블을 결합하는 것이 쿼리의 실행 시간을 단축할 수 있다.

데이터 편향 피하기   분산 시스템의 성능 발휘를 위해

고속화를 방해하는 다른 하나의 문제는 '**데이터의 편차**(data skew, 데이터 스큐)'다. 예를 들어, 분산 시스템에서 SELECT count(distinct⋯)(이하, distinct count)를 실행하는 것은 다른 처리보다 시간이 오래 걸린다. 중복이 없는 값을 세려면, 데이터를 한곳에 모아야 해서 분산 처리하기 어려워지기 때문이다.

조금 복잡한 예를 생각해보자. 액세스 로그를 집계함으로써 일별 고유 유저 수의 추이를 알고 싶다고 하자. 여기에는 리스트 3.2 ①과 같은 쿼리가 있을 수 있다. 이 쿼리는 distinct count를 사용하고 있는데, 실제로는 느리지 않다.

distinct count는 분산되지 않아도 GROUP BY에 의한 그룹화는 분산 처리된다. 만약 30일 동안의 데이터가 있다면, 이 쿼리는 최대 30으로 분할되므로 충분히 고속으로 실행된다. 단, 그것은 하루 데이터양이 거의 균등하다는 조건이다. 만약 데이터에 편차가 있다면 문제가 표면화된다.

리스트 3.2 Hive에 의한 distinct count의 고속화

```
❶ 비효율적인 쿼리의 예
distinct count는 분산되지 않는다.
SELECT date, count(distinct user_id) users
FROM access_log GROUP BY date

❷ 보다 효율적인 쿼리의 예
SELECT date, count(*) users
FROM (
  최초에 중복을 없앤다.
  SELECT DISTINCT date, user_id FROM access_log
) t
GROUP BY date
```

날짜가 아니라 웹페이지당 고유 방문자 수를 알고 싶다고 하자. 웹페이지의 조회 수에는 큰 편차가 있기 때문에, 하나의 웹페이지만 다른 웹페이지보다 100배의 접속이 발생해도 이상하지 않다. 그러면 그 웹페이지에 대한 distinct count만이 극단적으로 늦어지고, 전체적으로 쿼리 실행 시간이 늘어나게 된다. 이것이 데이터의 편향 문제다.

분산 시스템의 성능을 발휘하기 위해서는 이러한 데이터의 편차를 최대한 없애고, 모든 노드에 데이터가 균등하게 분산되도록 해야 한다. 이 예라면 리스트 3.2 ②처럼 SELECT DISTINCT로 중복을 제거함으로써 부하를 잘 분산하면서 데이터의 양을 줄일 수 있다.

마찬가지로 데이터의 편차가 발생하기 쉬운 구문으로는 테이블의 결합과 ORDER BY에 의한 정렬 등이 있다. 이 구문도 일부 노드에 데이터가 집중되는 것에 의해 편향이 발생한다.

TIP   모범 사례

일반적으로 빠지기 쉬운 문제와 그 해결 방법을 정리한 문서로 대부분의 쿼리 엔진에는 '모범 사례'와 '쿼리 최적화'라는 문서가 준비되어 있다. 새로운 시스템을 사용할 때에는 반드시 읽어보도록 하자.

대화형 쿼리 엔진 Presto의 구조 — Presto로 구조화 데이터 집계하기

Hive와 같은 배치형 쿼리 엔진은 대량 출력을 수반하는 대규모 데이터 처리에 적합하지만, 작은 쿼리를 여러 번 실행하는 대화형 데이터 처리에는 적합하지 않다. 쿼리 실행의 지연을 감소시키는 것을 목적으로 개발된 것이 '대화형 쿼리 엔진'이다.

이 분야에서 자주 참고되는 기술은 2010년에 구글에서 발표한 'Dremel(드레멜)'[23]이다. Dremel은 Google BigQuery의 핵심 기술 중 하나로, 수천 대의 컴퓨터에 분산된 열 지향 스토리지를 사용하여 집계를 가속화한다.

현재는 Hadoop과 함께 사용할 수 있는 유사 소프트웨어가 많이 개발되고 있으며, Hive를 대체하는 대화형 쿼리 엔진으로 이용되고 있다(표 3.2).

표 3.2 대표적인 대화형 쿼리 엔진

시기	이벤트
2010년	Dremel 논문 발표
2010년	Google BigQuery 발표
2013년	Cloudera Impala 1.0 배포(현 Apache Impala)
2013년	Presto의 오픈 소스화
2015년	Apache Drill 1.0 배포

여기에서는 예로 2013년 말에 페이스북에서 출시된 'Presto'에 대해 살펴본다. Presto는 이 책을 집필할 때까지 아직 버전 1.0이 출시되지 않았지만, 이미 2016년에 Amazon Web Services(아마존 웹 서비스)에도 포함되는 등[24], 이미 다수의 프로젝트에서 이용되고 있다.

---

23 'Dremel: Interactive Analysis of Web-Scale Datasets'
 URL http://research.google.com/pubs/pub36632.html
24 'Amazon Athena-Amazon S3의 데이터에 대화식으로 SQL 쿼리를'
 URL https://aws.amazon.com/jp/blogs/news/amazon-athena-interactive-sql-queries-for-data-in-amazon-s3/

플러그인 가능한 스토리지 하나의 쿼리 안에서 여러 데이터 소스에 연결 가능

Presto의 하나의 특징이 '플러그인 가능한 스토리지 설계'다. 일반적인 MPP 데이터베이스에서는 스토리지와 컴퓨팅 노드가 밀접하게 결합되어 있어 처음에 데이터를 로드하지 않으면 집계를 시작할 수 없다. 한편, Presto는 전용 스토리지를 갖고 있지 않으므로 Hive와 마찬가지로 다양한 데이터 소스에서 직접 데이터를 읽어 들인다(그림 3.11).

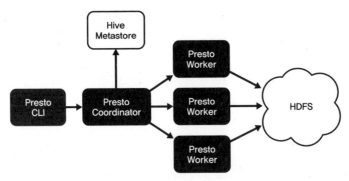

Presto는 다수의 컴퓨터에서 실행되는 분산 시스템이며, 하나의 코디네이터(Presto Coordinator)와 여러 워커(Presto Worker)로 구성된다. 쿼리는 Presto CLI 등의 클라이언트에서 코디네이터로 전송된다. 코디네이터는 쿼리를 분석하고 실행 계획을 수립해 워커에게 처리를 분배한다.
※ 출처 : 'Presto I Ovefview' `URL` https://prestodb.io/overview.html

그림 3.11 Presto의 아키텍처[25]

Presto는 Hive 메타 스토어(그림 안의 Hive Metastore)에 등록된 테이블을 가져올 수 있다. 따라서 Hive에서 만든 구조화 데이터를 좀 더 집계하는 등의 목적에 적합하다. CSV와 같은 텍스트 데이터를 Presto로 바로 가져올 수도 있지만, Hive보다 특별히 뛰어난 것도 아니다. Presto가 그 성능을 최대한 발휘하려면 원래 스토리지가 열 지향 데이터 구조로 되어 있어야 한다.

Presto는 특히 ORC 형식의 로드에 최적화되어 있으며, 그것을 확장성이 높은 분산 스토리지에 배치하여 최대의 성능을 발휘한다. 데이터의 로딩 속도를 높이려면 Presto 클

---

25 'Even faster:Data at the speed of Presto ORC'
　　`URL` https://code.facebook.com/posts/370832626374903/even-faster-data-at-the-speed-of-presto-orc/

러스터를 분산 스토리지와 네트워크의 가까운 곳에 설치한 후에 그것들을 가능한 한 고속 네트워크에 연결하도록 해야 한다.

Presto는 Hive 메타 스토어 이외에도 다양한 데이터 소스를 테이블로 참고할 수 있다. 예를 들어, 하나의 쿼리 안에서 분산 스토리지 상의 팩트 테이블과 MySQL의 마스터 테이블을 조인할 수 있다. Cassandra와 같은 NoSQL 데이터베이스에 저장된 데이터를 집계하고 싶을 때도 Presto는 도움이 된다.

CPU 처리의 최적화 읽기와 코드 실행 병렬 처리

Presto는 SQL의 실행에 특화된 시스템으로, 쿼리를 분석하여 최적의 실행 계획을 생성하고, 그것을 자바의 바이트 코드로 변환한다. 바이트 코드는 Presto의 워커 노드에 배포되고, 그것은 런타임 시스템에 의해 기계 코드로 컴파일된다.

코드의 실행은 멀티 스레드화되어 단일 머신에서 수백 태스크나 병렬로 실행된다. 열 지향 스토리지에서의 읽기도 병렬화되어 데이터가 도달할 때마다 처리가 진행된다. 따라서, Presto의 CPU 이용 효율이 높으므로 메모리와 CPU 리소스만 충분하다면 데이터의 읽기 속도가 쿼리의 실행 시간을 결정하게 된다.

이 책을 집필하는 시점에선 Presto가 YARN이나 Mesos와 같은 일반 리소스 관리자를 사용할 수 없었다. Presto 클러스터는 Presto만을 위해 항상 대기하고 있으며, 쿼리 실행에 컴퓨터의 모든 리소스를 사용한다. 리소스가 부족하면 나중에 실행된 쿼리는 앞의 쿼리가 끝날 때까지 기다려야 한다. 그렇게 되면 지연이 발생하므로 Presto 클러스터는 항상 여유 있는 상태이어야 한다.

Presto 쿼리는 일단 실행이 시작되면 중간에 끼어들 수 없기 때문에, 너무 큰 쿼리를 실행해서는 안 된다. 그 쿼리에 대부분의 리소스가 사용되어 다른 쿼리를 실행할 수 없게 될 우려가 있다. 그렇지만 대부분의 쿼리는 단시간에 종료해 리소스가 해제되므로, 웬만해서는 문제를 인지할 수 없다.

인 메모리 처리에 의한 고속화 쿼리 실행에는 가급적 대화형 쿼리 엔진 사용

Hive와는 달리 Presto는 쿼리의 실행 과정에서 디스크에 쓰기를 하지 않는다. 모든 데이터 처리를 메모리상에서 실시하고 메모리가 부족하면 여유가 생길 때까지 기다리거나 오류로 실패한다. 이 경우 설정 변경 등으로 메모리 할당을 늘리거나 쿼리를 다시 작성해서 메모리 소비를 줄여야 한다.

취급하는 데이터의 양이 아무리 많아도 그에 비례하여 메모리 소비가 늘어나지는 않는다. 예를 들어, GROUP BY에 의한 데이터의 집약은 단순한 반복 처리이므로 메모리 소비량은 거의 고정이다. 이제는 대부분의 데이터 처리가 컴퓨터 수십 대를 나열해 놓으면, 메모리상에서 실행할 수 있는 것도 많으므로 메모리를 추가하는 것도 어렵지 않게 되었다. 대부분의 쿼리에 있어서 중간 데이터를 디스크에 쓰는 것은 쓸데없는 오버헤드 밖에는 되지 않는다.

그렇기에 메모리상에서 할 수 있는 것은 메모리상에서 실행하고, 아무래도 디스크가 있어야 하는 일부 데이터 처리만을 Hive 등에 맡기는 것이 효과적이다. 몇 시간이나 걸리는 대규모 배치 처리와 거대한 테이블끼리의 결합 등에는 디스크를 활용해야 한다. 하지만 그 이외의 단시간 쿼리 실행에는 대화형 쿼리 엔진을 사용하는 것이 효율적이다.

분산 결합과 브로드캐스트 결합

테이블의 결합은 종종 대량의 메모리를 소비한다. 특히 2개의 팩트 테이블을 결합하는 경우에는 매우 많은 조인 키를 메모리상에 계속 유지해야 한다. Presto는 기본적으로

'**분산 결합**(distribute join)'을 실시하며, 같은 키를 갖는 데이터는 동일한 노드에 모인다(그림 3.12).

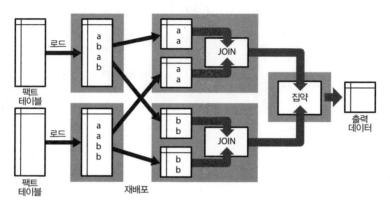

그림 3.12 분산 결합

분산 결합에서는 노드 간의 데이터 전송을 위한 네트워크 통신이 발생하기 때문에 종종 쿼리의 지연을 초래한다. 한쪽 테이블이 충분히 작은 경우에는 '**브로드캐스트 결합**(broadcast join)'을 사용하여 처리 속도를 크게 고속화할 수도 있다. 이 경우, 결합하는 테이블의 모든 데이터가 각 노드에 복사된다(그림 3.13).

스타 스키마처럼 하나의 팩트 테이블에 복수의 디멘전 테이블을 결합하는 경우에는 디멘전 테이블은 메모리에 충분히 들어갈 정도로 작은 것이 대부분이다. 따라서, 처음에 한 번만 복사하면 팩트 테이블을 재배치할 필요가 없어서 테이블의 결합은 훨씬 빨라진다.

Presto에서 브로드캐스트 결합을 유효로 하려면 분산 결합을 명시적으로 무효화해야 한다[26]. 또한, 쿼리 안의 SELECT 문으로 먼저 팩트 테이블을 지정하여 그것에 디멘전 테이블을 결합해야 한다.

---

26 'Tuning Presto – distributed-joins-enabled'
　　URL https://prestodb.io/docs/current/admin/tuning.html

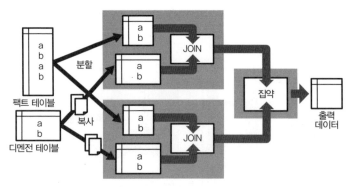

그림 3.13 브로드캐스트 결합

열 지향 스토리지 집계 Presto에 의한 고속 집계

위와 같은 구조에 의해 Presto에서는 열 지향 스토리지의 집계를 매우 빠르게 실행할 수 있다. 실제로 ORC 형식의 테이블을 로드해보면, 수백만 레코드 정도의 데이터양인 경우 1초 미만으로 집계할 수 있음을 확인할 수 있다.

```
Presto 기동(Hive 메타 스토어 이용)
$ presto --catalog hive --schema default
ORC 형식의 테이블 집계
presto:default> SELECT status, count(*) cnt
            -> FROM access_log_orc GROUP BY status LIMIT 2;
 status |   cnt
--------+----------
 200    | 1701534
 302    |   46573
(2 rows)

Query 20170520_152030_00005_u8m9e, FINISHED, 1 node
Splits: 50 total, 50 done (100.00%)
0:00 [1.89M rows, 7.96MB] [4.85M rows/s, 20.4MB/s]
```

데이터 분석의 프레임워크 선택하기
— MPP 데이터베이스, Hive, Presto, Spark

이상으로 텍스트 데이터를 구조화하고 대화식으로 집계할 때까지의 기본적인 흐름을 살펴보았다. 이후로는 이를 다수의 컴퓨터에 배포하기만 하면, 빅데이터를 집계하기 위한 최소한의 준비가 된 것이다.

실제 운용에서는 직접 데이터 센터에 서버를 설치하는 것부터 시작하는 것이 아니라, 기존의 클라우드 서비스 등을 이용하여 시스템을 구축하는 경우가 많을 것이다. Amazon Redshift 등의 데이터 웨어하우스 서비스를 이용하는 경우도 있을 것이다. 따라서, 이 책에서는 구체적인 시스템 구축의 절차는 설명하지 않지만, 많은 옵션 중 무엇을 선택해야 할지 생각해보겠다.

MPP 데이터베이스 완성한 비정규화 테이블의 고속 집계에 적합하다

구조화 데이터를 SQL로 집계하는 것뿐이라면 기존의 데이터 웨어하우스 제품과 클라우드 서비스를 이용하는 것이 가장 좋다. 기능적으로도, 성능적으로도 혹은 시스템의 안정성을 고려하더라도 Hadoop을 중심으로 하는 빅데이터 기술은 데이터 웨어하우스 제품의 뒤를 쫓고 있으며, 그것을 능가하는 것은 없다.

MPP 데이터베이스는 스토리지 및 계산 노드가 일체화되어 있어 처음에 ETL 프로세스 등으로 데이터를 가져오는 절차가 필요하다. 그 부분만 완성하면, 그다음은 SQL만으로 데이터를 집계할 수 있으므로 이 장에서 다루는 기술은 아무것도 필요하지 않다.

한편, 확장성 및 유연성 등의 측면에서는 분산 시스템이 유리하다. 대량의 텍스트 처리가 필요하거나 데이터 처리를 프로그래밍하고 싶은 경우, 또는 NoSQL 데이터베이스에 저장된 데이터를 집계하고 싶은 경우에는 분산 시스템의 프레임워크를 결합할 것이다.

시각화를 위한 데이터 마트로 생각하면, MPP 데이터베이스는 유력한 대안이다. BI 도구와 MPP 데이터베이스와의 조합에는 오랜 실적이 있기에 완성한 비정규화 테이블을 고속으로 집계하는 데에 최적이다.

Hive 데이터양에 좌우되지 않는 쿼리 엔진

Hadoop 상의 분산 애플리케이션은 원래부터 높은 확장성과 내결함성을 목표로 설계되어 있다. 수천 대나 되는 하드웨어를 이용하는 것이 전제이므로 그중 일부분에서 장애가 발생하는 것은 일상적이며, 그래도 전체적으로는 처리를 계속할 수 있도록 시스템이 구축된다.

Hive는 그 연장 선상에서 개발된 쿼리 엔진으로 대규모 배치 처리를 꾸준히 실행한다는 점에서 실적이 있다. 특히, 텍스트 데이터를 가공하거나 열 지향 스토리지를 만드는 등의 무거운 처리는 아무래도 처리 시간이 길어지는 경향이 있어서 Hive에서 실행하는 것이 적합하다.

Tez의 등장으로 Hive는 대화형 쿼리에서도 사용되었다. Hive의 장점은 대화성이라기보다는 안정성에 있다. Tez는 MapReduce를 대체하는 것이므로, 그 내결함성을 계승하고 있다. Hive on Tez도 마찬가지로 중간 데이터는 지금도 디스크에 저장되는 설계로 되어 있는 것 같다[27].

분산 시스템의 동향은 서서히 인 메모리의 데이터 처리로 옮겨 가고 있지만, Hive는 앞으로도 데이터양에 좌우되지 않는 쿼리 엔진으로 계속 이용될 것으로 예상된다.

Presto 속도 중시&대화식으로 특화된 쿼리 엔진

Presto는 Hive와 정반대인 쿼리 엔진으로 속도로 인해 다양한 것을 희생한다. 쿼리의 실행 중에 장애가 발생하면 오류가 떠서 처음부터 다시 실행한다. 메모리가 부족하면 쿼리를 실행할 수 없는 경우도 있다. 그러나 원래 실행이 아주 빠르기 때문에 오류가 발생하면 다시 반복해서 사용한다.

Presto는 윈도우 함수를 비롯한 표준 SQL을 준수하고 있으므로 일상적인 데이터 분석을 위해 자주 사용하는 쿼리 엔진이다. Hadoop뿐만 아니라 MySQL과 카산드라, 몽고DB 등 많은 데이터 스토어에 대응하고 있어 모든 데이터를 SQL로 집계하기 위한 중심

---

27 URL https://cwiki.apache.org/confluence/display/Hive/Hive+on+Tez/

적인 존재가 될 수 있다.

Presto는 대화식 쿼리의 실행에 특화되어 있기 때문에 텍스트 처리가 중심이 되는 ETL 프로세스 및 데이터 구조화에는 적합하지 않다. 열 지향 스토리지를 만드는 데 사용할 수 없다는 뜻도 아니지만, 그에 적합하다는 뜻도 아니다. 데이터의 구조화에는 Hive와 Spark를 사용하는 편이 좋다.

Presto의 쿼리는 단시간에 대량의 리소스를 소비하기 때문에 너무 무리하게 사용을 하면 다른 쿼리를 실행할 수 없다. 시간이 걸리는 배치 처리는 Hive에 맡기거나 클러스터를 나누는 등으로 해서, Presto가 대화식 쿼리를 위해 여유를 갖게 하는 것이 좋다.

Spark 분산 시스템을 사용한 프로그래밍 환경

Spark는 SQL에 특화한 쿼리 엔진은 아니지만, 여기에서는 비교를 위해 다루겠다. 데이터브릭스(Databricks)에 의한 2016년 조사[28]에 따르면, Spark 사용자의 약 40%가 SparkSQL을 이용하고 있다고 했으므로, 이것을 주력 쿼리 엔진으로 하고 있는 사람도 많을 것이다.

Spark도 인 메모리의 데이터 처리가 중심이며, Presto뿐만 아니라 대화형 쿼리 실행에 적합하다. 그러나 Spark의 장점은 SQL이라기보다는 ETL 프로세스에서 SQL에 이르기까지의 일련의 흐름을 하나의 데이터 파이프라인으로 기술할 수 있다는 점이다.

이 절에서는 Hive에 의한 데이터의 구조화와 Presto에 의한 SQL의 실행에 관해 설명하였는데, Spark로는 이 둘을 하나의 스크립트 안에서 실행할 수 있다. 즉, 텍스트 데이터를 읽어 들여 열 지향 스토리지로 변환하고 그것을 또한 SQL로 집계해서 결과를 내보내는 등 일련의 프로세스를 한 번의 데이터 처리로 기술할 수 있다.

Spark는 분산 시스템을 사용한 프로그래밍 환경이므로, 일단 사용법을 익혀두면 ETL 프로세스이거나 머신러닝 같은 모든 데이터 처리에 사용할 수 있다. 이것은 데이터 엔

---

28 'Apache Spark Survey 2016 Results Now Available'
URL https://databricks.com/blog/2016/09/27/spark-survey-2016-released.html

지니어 및 프로그래밍 기술이 높은 데이터 과학자에게 강력한 무기가 될 수 있다.

Spark에서는 메모리를 어떻게 관리하느냐가 중요하다. 여러 번 이용하는 데이터는 캐시에 올려놓거나, 디스크에 스왑(swap) 시킴으로써 메모리를 해제하는 등 메모리의 사용을 프로그래머가 어느 정도 제어할 수 있다. 이것은 프로그램을 작성하는 사람에게는 평범한 일이지만, 데이터 분석의 환경에서는 다소 난이도가 높은 작업이 될 수 있다.

데이터 처리를 일종의 프로그래밍으로 생각하고 그것을 위한 실행 환경을 원한다면, Spark는 하나의 선택이 될 수 있다. 한편, SQL을 사용하고 싶은 것뿐이라면 처음부터 SQL에 특화한 쿼리 엔진과 MPP 데이터베이스를 사용하는 것이 좋다.

COLUMN **Mesos에 의한 리소스 관리**

분산 시스템에서 사용되는 리소스 관리자로 YARN뿐만 아니라 'Apache Mesos'[29]도 인기를 끌고 있다. Mesos는 OS 수준의 가상화 기술을 사용하고 있으며, YARN보다 더 엄격한 리소스 제어를 한다. 기술적으로는 Docker와 마찬가지로 Linux 컨테이너(LXC)가 사용되며, Docker 이미지를 사용하여 프로그램을 실행할 수도 있다.

예를 들어 '이 프로그램을 CPU 2코어, 4GB의 메모리에서 실행하고 싶다'라고 부탁하면, Mesos는 클러스터 안에 요구대로 자원을 확보해 애플리케이션에 전달한다. 개념적으로 설명하자면 요청마다 OS의 가상 환경이 만들어지는 느낌이다.

그렇다고 해서 Mesos 쪽이 YARN보다 반드시 좋다고도 할 수 없다. YARN은 HDFS와 연계함으로써 데이터가 어디에 있는가 하는 정보를 사용하여 애플리케이션을 실행한다. Hive와 같은 대규모 배치 처리는 되도록 데이터 부근에서 실행하는 것이 효율이 높기 때문에 YARN을 사용하는 것이 적합하다. Mesos은 HDFS의 존재를 알지 못하므로 동일한 일을 실현하기 위해서는 이용자가 여러 궁리를 해야 한다.

Spark와 같은 일부 프레임워크는 YARN과 Mesos 모두를 지원한다. 기존의 Hadoop 클러스터와 Mesos 클러스터가 있다면, 거기에서 자신이 원하는 만큼의 리소스를 빌려와 분산 애플리케이션을 실행하는 것도 가능하다.

---

29 URL http://mesos.apache.org/

3-3 데이터 마트의 구축

분산 시스템이 준비되면 시각화를 위해 데이터 마트를 만드는 절차에 들어간다. 이 절에서는 그 과정에서 필요한 각종 테이블의 역할과 비정규화 테이블을 만들기까지의 흐름을 설명한다.

팩트 테이블 — 시계열 데이터 축적하기

빅데이터의 분석은 데이터를 구조화하는 것부터 시작하는데, 그중에서도 압도적으로 많은 부분을 차지하는 것이 팩트 테이블이다. 팩트 테이블이 아주 작으면 메모리에 올릴 수도 있지만, 그렇지 않으면 열 지향 스토리지에서 데이터를 압축해야 빠른 집계를 할 수 있다.

팩트 테이블의 작성에는 '**추가**(append)'와 '**치환**(replace)'의 두 가지 방법이 있다. 추가는 새로 도착한 데이터만을 증분으로 추가한다. 한편, 치환은 과거의 데이터를 포함하여 테이블 전체를 치환한다(그림 3.14).

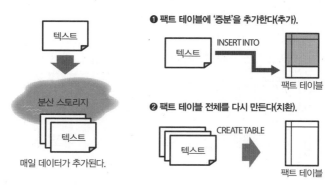

그림 3.14 **팩트 테이블의 추가와 치환**

테이블 파티셔닝 물리적인 파티션으로 분할

효율만을 생각하면 추가가 압도적으로 유리하다. 그러나 추가에는 다음과 같은 잠재적인 문제가 있다.

- 추가에 실패한 것을 알아채지 못하면 팩트 테이블의 일부에 결손이 발생한다.
- 추가를 잘못해서 여러 번 실행하면 팩트 테이블의 일부가 중복된다.
- 나중에 팩트 테이블을 다시 만들고 싶은 경우의 관리가 복잡해진다.

이런 문제가 일어날 가능성을 줄이기 위해 '**테이블 파티셔닝**(table partitioning)'이라는 기술을 사용한다. 이것은 하나의 테이블을 여러 물리적인 파티션으로 나눔으로써 파티션 단위로 정리하여 데이터를 쓰거나 삭제할 수 있도록 한 것이다.

일반적으로 1일 1회, 또는 1시간에 1회라는 식으로 자주 새 파티션을 만들고 그것을 팩트 테이블에 붙여 놓는다. 각 파티션은 매번 교체하도록 하고, 만약 이미 존재한다면 덮어쓴다. 그렇게 해서 데이터가 중복될 가능성을 배제하면서 필요에 따라 여러 번 데이터의 기록을 바로 잡을 수 있다(그림 3.15).

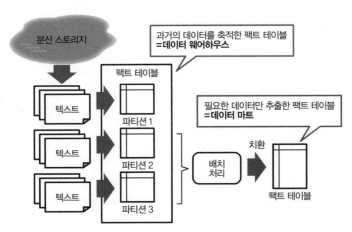

그림 3.15 테이블 파티셔닝

데이터 마트의 치환

테이블 파티셔닝은 데이터 웨어하우스를 구축하는 데 유용하다. 데이터 마트를 만드는 경우에는 단순히 팩트 테이블을 치환하는 경우가 많을지도 모르겠다. 데이터 마트의 데이터양은 한정되어 있기 때문에, 상당히 거대한 테이블을 만들지 않는 한 매번 치환하기는 어렵지 않다. 예를 들어, 일일 보고서를 위해 지난 30일 동안의 데이터를 매일 꺼내서 치환하는 식이다.

팩트 테이블 전체를 치환하는 것은 많은 장점이 있다. 우선, 중간에 데이터가 중복되거나 빠뜨릴 가능성이 거의 없다. 테이블을 처음부터 다시 만들고 싶다면 쿼리를 한 번 실행하기만 하면 된다. 또한, 스키마 변경 등에도 유연하게 대응할 수 있다. 오래된 데이터는 자동으로 지워지기 때문에 데이터 마트가 계속 확대되는 일도 없다. 유일하게 우려되는 것은 처리 시간이다. 너무 데이터의 양이 많다면 쓰는 데 시간이 오래 걸리므로 현실적인 선택이 아니다. MPP 데이터베이스라면 쓰기를 병렬화하여 어느 정도 속도를 높일 수 있다. 그래도 시간이 너무 소요되는 경우에는 데이터 마트 측에서도 테이블 파티셔닝을 실시하거나 기존의 테이블에 추가한 다음 주의 깊게 모니터링해야 할 것이다.

하나의 데이터 처리에 어느 정도의 시간이 걸리는지는 빅데이터의 파이프라인을 고려한 다음에야 하나의 지표가 된다. 기준은 각 데이터 처리가 1시간 이내에 완료하도록 워크플로를 짜는 것이다. 1시간 이내에 팩트 테이블을 만들 수 있다면, 매번 치환하는 것으로 충분하다. 그것이 어려운 경우에만 추가를 이용한 워크플로를 고려하도록 한다.

TIP **데이터양을 처음에 추정하기**

대량의 데이터를 쓸 때 먼저 집계 기간을 아주 작게 해서 어느 정도의 시간이 걸리는지 확인해보자. 다짜고짜 1년분의 데이터를 처리하면 상상 이상으로 시간이 걸려 언제 끝날지 예상할 수 없게 되거나 도중에 디스크가 넘쳐나 실패할 수도 있다.

집계 테이블 — 레코드 수 줄이기

팩트 테이블을 어느 정도 모아서 집계하면 데이터의 양이 크게 줄어든다. 이것을 '**집 계 테이블**(summary table)'이라고 한다. 특히 데이터를 1일 단위로 집계한 '**일일 집계**(daily summary)'는 일일 보고서를 만드는 과정에서 자주 사용된다(그림 3.16). 일일 집계를 잘 만들면 원래의 데이터가 아무리 대량으로 있어도 데이터 마트는 그다지 커지지 않는다.

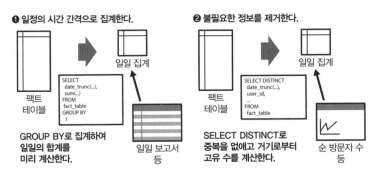

❶ 일정의 시간 간격으로 집계한다.

일일 집계

```
SELECT
  date_trunc(...),
  sum(...)
...
FROM
  fact_table
GROUP BY
  1
```

팩트 테이블

GROUP BY로 집계하여 일일의 합계를 미리 계산한다.

일일 보고서 등

❷ 불필요한 정보를 제거한다.

일일 집계

```
SELECT DISTINCT
  date_trunc(...),
  user_id,
...
FROM
  fact_table
```

팩트 테이블

SELECT DISTINCT로 중복을 없애고 거기로부터 고유 수를 계산한다.

순 방문자 수 등

레코드 수를 줄이려면 디멘전의 카디널리티(나중에 설명)를 줄여서 측정값을 집계한다. 고유 ID 수를 알고 싶다면, SELECT DISTINCT를 사용하여 중복된 ID를 제거해 둔다.

그림 3.16 집계 테이블의 예

집계 테이블을 만들기 위해서는 필요한 칼럼을 골라 숫자 데이터를 집계하기만 하면 된다. 그림 3.17은 Hive를 이용하여 일일 집계를 만드는 부분이다. 이렇게 테이블의 집 계에 의해 생성된 레코드 수는 칼럼 값의 조합 수에 따라 결정되기 때문에 실제로 얼 마나 줄어들지 실행하기 전까지는 알 수 없다.

```
일별 액세스 수와 바이트 수를 집계한다.
hive> CREATE TABLE access_summary STORED AS ORC AS
    > SELECT time, status                      디멘전
    >        count(*) count, sum(bytes) bytes  측정값
    > FROM (
    >   일자에서 'time'을 잘라냄
    >   SELECT cast(substr(time, 1, 10) AS date) time, status, bytes
    >   FROM access_log_orc
    >   집계 범위를 추려냄
    >   WHERE time BETWEEN '1995-07-10' AND '1995-07-20'
```

```
    > ) t
    > GROUP BY time, status   디멘전으로 그룹화
    > ;
...
Time taken: 4.231 seconds

  51개의 레코드로 줄어들었다.
hive> SELECT * FROM access_summary;
OK
1995-07-10      200     65970   1.376570168E9
1995-07-10      302     1472    101439.0
...
1995-07-19      404     639     0.0
Time taken: 0.124 seconds, Fetched: 51 row(s)
```

그림 3.17 일일 집계 작성하기

각 칼럼이 취하는 값의 범위를 '**카디널리티**(cardinality)'라고 한다. '성별'과 같이 취할 수 있는 값이 적은 것은 카디널리티가 작고, 'IP 주소'와 같이 여러 값이 있는 것은 카디널리티가 커진다.

집계 테이블을 작게 하려면 모든 칼럼의 카디널리티을 줄여야 한다. IP 주소와 같이 여러 값이 있는 것은 그것을 위치 정보(국가나 지역)로 변환하는 등 카디널리티를 낮추는 노력을 하지 않으면 레코드 수를 줄일 수 없다.

카디널리티를 무리하게 낮추면 원래 있던 정보가 크게 손실되므로 필요 이상으로 줄일 필요는 없다. 최종적인 레코드 수가 수억 건 정도라면, 아무것도 집계하지 않고 MPP 데이터베이스로 바로 써내는 것도 좋을 것이다. 그러나 그 이상의 데이터양은 시각화의 효율을 낮추기 때문에 균형을 잘 고려할 필요가 있다.

▌스냅샷 테이블 — 마스터의 상태를 기록하기

마스터 데이터처럼 업데이트될 가능성이 있는 테이블에 대해서는 두 가지 방안이 있다. 하나는 정기적으로 테이블을 통째로 저장하는 방법으로 이를 **스냅샷 테이블**

(snapshot table)'이라고 한다. 다른 하나는 변경 내용만을 저장하는 방법으로 이를 '**이력 테이블**(history table, 나중에 설명)'이라고 한다.

차후의 데이터 분석을 생각하면 스냅샷 테이블 쪽이 취급하기 쉽다. 마스터 테이블의 레코드 수가 많다면 스냅샷 테이블은 거대해지지만, 이를 위한 빅데이터 기술이므로 여기에서는 별로 개의치 않아도 된다. 스냅샷 테이블은 시간이 지남에 따라 점점 커지므로 이것도 일종의 팩트 테이블로 간주한다.

COLUMN	집계 테이블에서의 숫자 계산에 주의하자

집계 테이블의 작성은 다차원 모델에서 디멘전을 줄이는(차원을 감소시키는) 것과 같은 효과가 있다(그림 C3.1). 디멘전이 줄어들면 그만큼 분석할 수 있는 내용은 줄어들지만, 측정값으로 계산된 결과에는 변함이 없다. 가급적 처음에 불필요한 디멘전를 제거함으로써 데이터 마트가 작아지고, 시각화 기능이 향상된다.

단, 모든 측정값이 동일하게 계산되는 것은 아니므로 주의가 필요하다. 예를 들어, 평균값(avg)은 집계 테이블을 사용하면 제대로 계산할 수 없다. 소위 말해 '평균의 평균'은 '전체 평균'과는 다르다는 것이 문제다. 집계 테이블에서 올바른 평균을 내기 위해서는 합계(sum)와 개수(count)를 각각 측정값에 포함한 후에 BI 도구 등 동적으로 평균값을 계산해야 한다('**계산 필드**' 등으로 불린다).

고유 수의 카운트도 집계 테이블에서는 취급하기 어려운 숫자다. 예를 들어, 일일 순 사용자 수에서 월간 순 사용자 수를 산출하는 것은 아무리 노력해도 불가능하다. BI 도구로 순 사용자 수를 제대로 산출해내려면 SELECT DISTINCT를 사용하여 중복을 제거한 작은 테이블을 만들어 둘 필요가 있다.

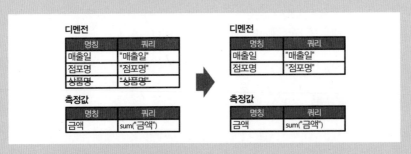

그림 C3.1 다차원 모델로부터 디멘전 제거하기

COLUMN 　스냅샷 날짜에 주의

스냅샷의 날짜에는 주의가 필요하다. 여기에서는 예로 심야 0시에 스냅샷을 취득한다고 생각해보자. 즉, 하루의 시작 상태를 기록하도록 한다.

이것을 트랜잭션 데이터와 결합하면 그림 C3.2처럼 된다. 트랜잭션 데이터의 집계에서는 대부분의 경우 시간 부분을 잘라버린다. 예를 들어, 1월 1일부터 1월 2일까지 발생한 이벤트라면, 1월 1일의 집계한 결과가 된다. 그러나 그날에 발생한 이벤트의 마스터 데이터는 0시 시점의 스냅샷에는 아직 포함되어 있지 않다. 이 시간의 차이를 고려하지 않은 채 테이블을 조인하면 '가입 당일의 사용자 정보를 얻을 수 없다'는 문제가 발생한다.

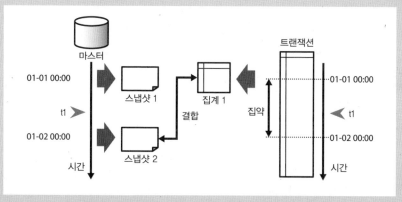

t1의 시점에서 발생한 이벤트에 대한 데이터는 집계 1에 포함되지만, 스냅샷에는 포함되지 않는다. 이 두 테이블을 결합하면 t1과 같은 이벤트의 존재가 보이지 않을 우려가 있다. 다음날의 스냅샷 2와 결합함으로써 더 나은 집계 결과를 얻을 수 있다.

그림 C3.2 스냅샷과 트랜잭션 날짜 일치시키기

이러한 문제를 해결하려면 스냅샷은 하루의 시작이 아니라 하루의 끝에 취득하는 것으로 생각하는 것도 하나의 방법이다. 예를 들면 '1월 1일의 끝으로 1월 1일 23시 59분 또는 1월 2일 0시 0분의 상태를 기록'한다. 그러면 스냅샷과 트랜잭션이 동일한 시간 범위를 의미하므로 직감적인 테이블 결합이 가능해진다.

스냅샷 테이블은 다른 팩트 테이블과 결합함으로써 디멘전 테이블로도 사용할 수 있다. 다음과 같이 스냅샷의 날짜를 지정하여 과거의 마스터 테이블을 언제든지 볼 수 있다.

```
2017-01-01 시점의 마스터 참고
WITH users AS (
  SELECT * FROM users_snapshot WHERE date = '2017-01-01'
)
팩트 테이블과 마스터 결합
SELECT ... FROM fact_table f
JOIN users u ON u.id = f.user_id
```

또는, 팩트 테이블과 스냅샷 테이블을 날짜를 포함해서 결합할 수도 있다. 이것은 매일 변화하는 마스터 정보를 이용하여 데이터를 분석하고 싶을 때 유용하다. 예를 들어, 고객 정보로 회원 상태가 포함되어 있고, 그것이 시간과 함께 변화하고 있다고 하자. 회원 상태에 따라 데이터를 분석하려면 최신의 마스터 테이블을 보는 것만으로는 불충분하며 스냅샷 테이블과의 결합이 필요하다.

```
일자를 포함해서 스냅샷과 결합
SELECT ... FROM fact_table f
JOIN users_snapshot u ON u.id = f.user_id AND u.date = f.date
```

스냅샷은 특정 시점의 테이블의 상태를 기록한 것이므로 나중에 다시 만들 수 없다. 따라서, 스냅샷 테이블은 데이터 레이크나 데이터 웨어하우스와 같은 영구적인 저장소에 보관하여 삭제되지 않도록 주의한다.

TIP **스냅샷 시에 비정규화하기**

정규화된 데이터베이스에서는 마스터 정보가 다수의 테이블로 구성되는 일도 드물지 않다. 그 테이블을 하나하나 스냅샷 하는 것이 아니라 미리 모든 테이블을 결합하여 비정규화한 상태에서 스냅샷 해도 상관없다. 데이터를 분석할 때는 결국 모든 테이블을 결합하는 것이기 때문에 처음부터 비정규화된 것이 편하다.

이력 테이블 — 마스터 변화 기록하기

정기적으로 모든 데이터를 스냅샷 하는 것이 아니라 변경된 데이터만을 증분으로 스냅샷 하거나 변경이 있을 때마다 그 내용을 기록하는 '**이력 테이블**'이 만들어지는 경우도 있다. 이러한 테이블은 데이터의 양을 줄이는 데 도움이 되지만, 어느 순간의 완전한 마스터 테이블을 나중에 복원하는 것이 어려워지므로, 디멘전 테이블로는 사용하기 힘들다.

그래도 이력에서 마스터 테이블을 복원하고 싶을 때는 다음과 같은 쿼리를 실행한다.

```
SELECT * FROM (
  SELECT *,
    'user_id'별로 최신 레코드를 1로 한 후에 일련 번호를 붙인다.
    ROW_NUMBER() OVER (PARTITION BY user_id ORDER BY date DESC) number
  FROM users_history
  최근 365일 동안의 데이터를 대상으로 한다.
  WHERE date >= current_date() - INTERVAL '365' DAYS
) t
번호가 1(=최신)인 것만을 채택한다.
WHERE number = 1
```

여기서는 이력을 과거 365일까지 거슬러 올라가서, 그중에서 최신 레코드만을 선택함으로써 마스터 테이블과 비슷한 것을 재구축하고 있다. 그러나 이러한 복잡한 처리를 나중에 실행할 정도라면, 처음부터 완전한 스냅샷을 만들어 두는 편이 훨씬 쉽다. 마스터 관계의 테이블은 기본적으로 매일 스냅샷 하는 것으로 생각하는 것이 좋다.

[마지막 단계] 디멘전을 추가하여 비정규화 테이블 완성시키기

마지막 단계로 팩트 테이블과 디멘전 테이블을 결합하여 비정규화 테이블을 만든다. 디멘전 테이블로는 스냅샷을 사용할 뿐만 아니라 목적에 따라 각종 중간 테이블이 만들어진다.

예를 들어, 웹사이트의 액세스 해석이라면, 세션 ID를 사용하여 사용자의 동향을 분석하고 싶을 것이다. 예를 들어, 세션당 '처음 액세스 시간'과 '마지막 액세스 시간'을 정리한다. 이것을 액세스 로그와 결합함으로써 처음 액세스 이후의 경과 일수 등을 알 수 있다.

```
세션 정보를 저장한 테이블 'sessions'를 작성
CREATE TABLE sessions AS
SELECT session_id,
       min(time) AS min_time,   처음 액세스 시간
       max(time) AS max_time   마지막 액세스 시간
FROM access_log GROUP BY session_id
```

세션 ID는 그냥 그대로는 카디날리티가 매우 커서 테이블을 집약해도 작아지지 않을 뿐만 아니라 시각화하는 것도 잘 안 된다. 그러므로 좀 더 카디널리티가 작은 디멘전을 만들어 결합하고, 시각화에 필요하지 않은 칼럼은 가급적 제거한다. 그에 따라 시각화하기 쉽고 데이터양이 적은 비정규화 테이블이 완성된다(그림 3.18).

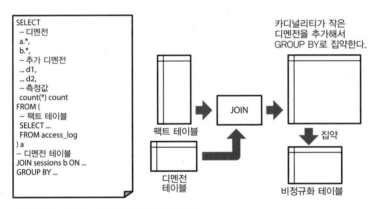

그림 3.18 시각화에 적합한 디멘전만 남기고 집계한다

데이터 집계의 기본형

데이터를 집계하는 전형적인 쿼리를 정리하면 리스트 3.3과 같다. 먼저, 팩트 테이블에서 필요한 데이터를 꺼낸다. 이때 시간에 의한 검색이나 참고하는 칼럼 수를 줄임으로써 데이터의 로드 속도는 빨라진다.

리스트 3.3 SQL에 의한 데이터 집계의 예(Presto)

```
쿼리의 결과는 데이터 마트에 써넣는다(또는 CSV로 보관).
SELECT
  ─ 디멘전
  date_trunc('day', a.time) time,              1일 단위로 그룹화
  ─ 추가 디멘전
  date_diff('day', b.min_time, a.time) days,   방문한 후의 일 수
  ─ 측정값
  count(*) count
FROM (
  ❶ 팩트 테이블로부터 필요한 칼럼만을 추출한다.
  SELECT time, session_id FROM access_log
  우선, 집계 기간을 검색한다.
  WHERE time BETWEEN TIMESTAMP '2017-01-01' AND TIMESTAMP '2018-01-01'
) a
❷ 디멘전 테이블과 결합
JOIN sessions b ON b.session_id = a.session_id
❸ 그룹화
GROUP BY 1, 2
```

계속해서 그것을 디멘전 테이블과 결합하여 데이터 마트에 저장할 칼럼을 선택한다. 이때 가급적 카디널리티를 작게 하는 것이 중요하다. 세션 ID와 같이 다수의 값을 갖는 것을 출력에 포함하는 것은 피하고, 시각화의 프로세스에서 이용하고 싶은 디멘전 만을 추가하도록 한다.

그리고 마지막으로 그룹화하여 측정값을 집계한다. 이제 충분히 작은 비정규화 테이블이 만들어졌다. 이후에는 그 결과를 데이터 마트로 내보내거나 CSV 파일로 저장하면 완료된다.

3-4 요약

이 장에서는 시각화에 적합한 데이터 마트를 구축하는 것을 목적으로 분산 시스템에 의한 데이터 처리의 기본적인 흐름에 관해 설명하였다. 빅데이터의 세계에서는 그냥 그대로는 데이터 웨어하우스에 가져올 텍스트 파일 등의 '**비구조화 데이터**' 또는 '**스키마리스 데이터**' 등을 취급하는 경우가 많아 이러한 데이터를 여러 컴퓨터에서 '**분산 처리**' 하는 방법이 요구된다.

그중에서도 '**Hadoop**'과 '**Spark**'의 두 가지 분산 처리 프레임워크가 널리 이용되고 있다. Hadoop은 '**분산 파일 시스템**'에서 '리소스 관리자', 그리고 '**MapReduce**'에 의한 '**분산 데이터 처리**'에 이르기까지 종합적인 컴포넌트를 제공하여 많은 분산 애플리케이션의 공통 플랫폼으로 이용된다. 한편, Spark는 '**대량의 메모리를 활용한 고속의 데이터 처리 기반**'이므로, MapReduce를 대체하는 '**분산 프로그래밍 환경**'으로 사용된다.

Hadoop과 Spark를 활용해서 '**SQL을 실행**'하기 위한 '**SQL-on-Hadoop**'이라는 소프트웨어도 다수 개발되고 있다. '**Hive**'는 '**디스크 상**'에서 대량의 데이터 처리를 하기 때문에 '**대규모 배치 처리**'에 적합하다. 한편, '**Presto**'는 '**메모리상**'에서의 고속 집계에 특화되어 있어 '**대화형 쿼리 실행**'에 적합하다. SQL-on-Hadoop뿐만 아니라 '**기존의 MPP 데이터베이스**' 등에서도 적재적소에 구사하면 빅데이터 집계가 이루어진다.

'**데이터의 구조화**'만 잘 되어 있으면 그 후는 데이터 웨어하우스와 같은 개념으로 데이터 마트를 구축할 수 있다. 먼저 '**팩트 테이블**'과 '**디멘전 테이블**'을 준비하고, 그것들을 '**결합**' 및 '**집계**'하면서 시각화에 적합한 '**비정규화 테이블**'을 만든다. 디멘전으로 사용하는 데이터는 평소 정기적인 스냅샷으로 이력을 '**축적**'해두도록 한다. 최종적으로는 디멘전의 '**카디널리티**'만 작아지면 비정규화 테이블은 아주 작게 집약할 수 있다.

빅데이터의
축적

CHAPTER

4

이 장에서는 데이터를 수집하고 분산 스토리지에 저장하기까지의 프로세스를 살펴보겠다.

4.1절에서는 '벌크 형'과 '스트리밍 형'의 데이터 전송에 관해 설명한다. 수집한 데이터를 분산 스토리지에 저장하는 프로세스를 '데이터 수집(data ingestion)'이라고 하며, 그 과정에서 처리 가능한 동종의 데이터를 만든다.

4.2절에서는 스트리밍 형의 데이터 전송인 '메시지 배송'의 구조와 그 주의점에 관해 설명한다. 메시지 배송 시스템은 성능을 우선으로 처리하기 위해 '신뢰성'이 희생되는 경우가 있다.

4.3절에서는 메시지 배송에 있어서 '프로세스 시간'과 '이벤트 시간'의 구별에 관해 설명한다. 이벤트 시간을 고려하여 데이터를 집계할 때는 '조건절(Predicate) 푸쉬다운' 등의 최적화를 고려해 스토리지를 구축한다.

4.4절에서는 'NoSQL 데이터베이스'의 몇 가지 특성과 구분에 관해 예를 들겠다. NoSQL 데이터베이스의 경우, 단지 그것만으로는 고도의 집계 기능이 없는 것이 많으므로 쿼리 엔진과 결합하는 형태로 데이터 분석을 한다.

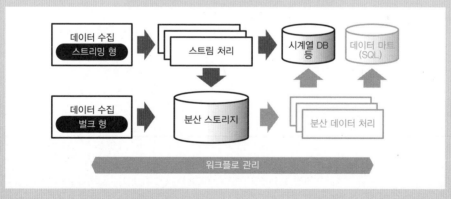

그림 4.A 데이터 수집부터 스토리지 저장까지

4-1 벌크 형과 스트리밍 형의 데이터 수집

데이터 전송에는 벌크 형과 스트리밍 형의 두 종류의 도구가 사용된다. 이 절에서는 각각의 방법으로 분산 스토리지에 데이터가 저장될 때까지의 흐름에 대해 살펴보겠다.

객체 스토리지와 데이터 수집 ― 분산 스토리지에 데이터 읽어들이기

빅데이터는 대부분의 경우 확장성이 높은 '**분산 스토리지**(distributed storage)'에 저장된다. 분산 형의 데이터베이스가 이용되는 경우도 있지만, 우선 기본이 되는 것은 대량으로 파일을 저장하기 위한 '**객체 스토리지**(object storage)'다(그림 4.1). Hadoop이라면 'HDFS', 클라우드 서비스라면 'Amazon S3' 등이 유명하다.

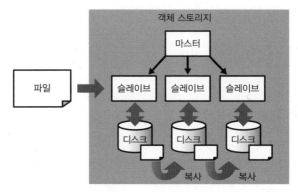

객체 스토리지에서는 다수의 컴퓨터를 사용하여 파일을 여러 디스크에 복사함으로써 데이터의 중복화 및 부하 분산을 실현하고 있다.

그림 4.1 객체 스토리지에 데이터 보관하기

객체 스토리지에서의 파일 읽고 쓰기는 네트워크를 거쳐서 실행한다. 이때, 그 내부 처리에는 다수의 물리적인 서버와 하드 디스크가 있다. 데이터는 항상 여러 디스크에 복사되기 때문에 일부 하드웨어가 고장 나더라도 데이터가 손실되진 않는다. 데이터의 읽고 쓰기를 다수의 하드웨어에 분산함으로써 데이터의 양이 늘어나도 성능이 떨어지는 일이 없도록 고안되어 있다.

객체 스토리지의 구조는 데이터양이 많을 때는 우수하지만, 소량의 데이터에 대해서는 반대로 비효율적임에 주의가 필요하다. 예를 들어, 100바이트의 작은 파일을 자주 읽고 쓰는 것은 객체 스토리지에는 적합하지 않다. 이것은 데이터양에 비해 통신 오버헤드가 너무 크기 때문이다.

데이터 수집

빅데이터로 자주 다루는 것은 시계열 데이터, 즉 시간과 함께 생성되는 데이터인데, 그것을 수시로 객체 스토리지에 기록하면 대량의 작은 파일이 생성돼서 시간이 지남에 따라 성능을 저하시키는 요인이 된다. 작은 데이터는 적당히 모아서 하나의 큰 파일로 만듦으로써 효율을 높이는 데 도움이 된다.

그것과는 반대로, 파일이 지나치게 커지는 것도 문제가 있다. 파일 크기가 증가하면 네트워크 전송에 시간이 걸려 예상치 못한 오류 발생률도 높아진다. 만일 1테라바이트의 파일을 100Mbp의 회선으로 전송하면 약 24시간이 소요된다. 그런 거대한 데이터는 한 번에 처리하는 것이 아니라 적당히 나눔으로써 문제 발생을 줄일 수 있다.

빅데이터는 단지 수집만 해서는 안 되고 나중에 처리하기 쉽도록 준비해 둘 필요가 있다. 객체 스토리지에서 효율적으로 처리할 수 있는 파일 크기는 대략 1메가바이트에서 1기가바이트 사이의 범위다. 그것보다 작은 데이터는 모아서 하나로 만들고 큰 데이터는 복수로 나누는 것을 고려해본다(그림 4.2).

수집한 데이터를 가공하여 집계 효율이 좋은 분산 스토리지를 만드는 일련의 프로세스를 '데이터 수집(data ingestion)'이라고 한다. 여기에는 데이터 수집부터 구조화 데이터의 작성, 분산 스토리지에 대한 장기적인 저장 등이 포함된다.

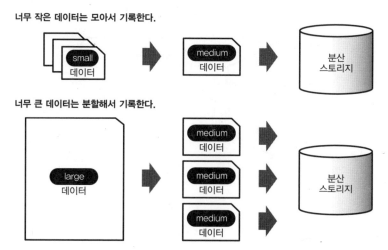

너무 작은 데이터는 모아서 기록한다.

너무 큰 데이터는 분할해서 기록한다.

그림 4.2 파일 사이즈를 적절한 크기로 유지하기

벌크 형의 데이터 전송 — ETL 서버의 설치 필요성

앞서 언급한 바와 같이 데이터 전송의 구조에는 벌크 형과 스트리밍 형의 두 가지 종류가 있다. 이 둘은 기술적인 특성도, 사용되는 도구도 전혀 다르므로 그 성질을 이해한 다음에 구분해서 사용해야 한다.

전통적인 데이터 웨어하우스에서 사용된 것은 주로 '벌크 형' 방식으로 데이터베이스나 파일 서버 또는 웹 서비스 등에서 각각의 방식(SQL, API 등)으로 정리해 데이터를 추출한다(그림 4.3). 빅데이터를 다루는 경우에도 과거에 축적된 대량의 데이터가 이미 있는 경우나 기존의 데이터베이스에서 데이터를 추출하고 싶을 경우에 벌크 형의 데이터 전송을 한다.

원래 데이터가 처음부터 분산 스토리지에 저장되어 있는 것이 아니라면 데이터 전송을 위한 'ETL 서버(ETL server)'를 설치한다. ETL 서버에는 구조화된 데이터 처리에 적합한 데이터 웨어하우스를 위한 ETL 도구와 오픈 소스의 벌크 전송 도구 또는 손수 작성한 스크립트 등을 이용하여 데이터를 전송한다.

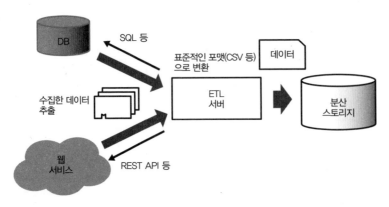

그림 4.3 벌크 형의 데이터 전송

파일 사이즈의 적정화는 비교적 간단하다

벌크 형의 도구로 파일 사이즈를 적정화하는 것은 비교적 간단하다. ETL 프로세스는 하루마다 또는 1시간 마다의 간격으로 정기적인 실행을 하므로 그동안 축적된 데이터는 하나로 모인다.

만약 그렇게 하고 있지 않다면 전송 방법을 검토하는 것이 좋다. 예를 들어, 100개의 파일을 전송하는데 100번 전송을 반복하고 있다면 모아서 전송하는 것이 좋다. 한 번의 전송에 모든 파일을 포함하도록 변경하자.

물론 너무 많은 양의 데이터를 한꺼번에 전송하려고 하는 것은 위험하다. 너무 큰 데이터라면 전송 도구 쪽에서 나눌 수 있다. 예를 들어, 지난 몇 년 동안의 몇 테라바이트에 이르는 데이터를 한 번에 전송하려고 해서는 안 된다. 만일 그렇게 전송해 버리면 몇 시간 후에 디스크가 넘쳐나서 오류가 발생하는 일을 여러 번 경험하게 될 것이다.

데이터양이 많을 때는 한 달씩이나 하루 단위로 전송하도록 작은 태스크로 분해해 한 번의 태스크 실행이 커지지 않도록 조정한다. 워크플로 관리 도구를 사용하면 이러한 태스크 실행을 쉽게 관리할 수 있다. 태스크를 비교적 작게 함으로써 디스크가 넘쳐나는 잠재적인 문제를 해결할 수 있음은 물론이고 만약 도중에 문제가 발생해도 재시도하기가 쉬워진다.

데이터 전송의 워크플로 워크플로 관리 도구와의 친화성

데이터 전송의 신뢰성이 중요한 경우에는 가능한 한 벌크 형 도구를 사용해야 한다. 스트리밍 형의 데이터 전송(나중에 설명)은 나중에 재실행하기가 쉽지 않다. 뭔가 문제가 발생했을 때 여러 번 데이터 전송을 재실행할 수 있다는 점이 벌크 형의 장점이다.

벌크 형의 데이터 전송은 워크플로 관리 도구와의 궁합이 뛰어나다. 스트리밍 형 전송은 그 특성상 실시간으로 계속 동작하는 것을 전제로 하므로 워크플로의 일부로 실행하지 않는다. 과거의 데이터를 빠짐없이 가져오거나 실패한 작업을 재실행할 것을 고려한다면, 벌크 형 전송을 해야 한다.

위와 같은 특성으로 벌크 형 데이터 전송은 워크플로 관리 도구와 조합시켜 도입한다. 정기적인 스케줄 실행 및 오류 통지 등은 워크플로 관리 도구에 맡기고 있다. 매일 매일의 마스터 데이터의 스냅샷과 신뢰성이 중시되는 과금 데이터 전송 등은 다른 배치 처리와 함께 워크플로의 일부에 포함하는 것이 좋다.

스트리밍 형의 데이터 전송
— 계속해서 전송되어 오는 작은 데이터를 취급하기 위한 데이터 전송

지금 바로 생성되어 아직 어디에도 저장되지 않은 데이터는 그 자리에서 바로 전송하는 수밖에 없다. 대다수 데이터는 통신 장비 및 소프트웨어에 의해 생성되고, 네트워크를 거쳐서 전송된다. 이러한 데이터를 벌크 형 도구로 모으는 것은 불가능하므로, 스트리밍 형의 데이터 전송이 필요하다. 여기에서는 예로 '웹 브라우저', 스마트 폰의 '모바일 앱', 그리고 센서 기기 등의 각종 '디바이스'에서 데이터를 수집하는 경우를 고려해본다(그림 4.4).

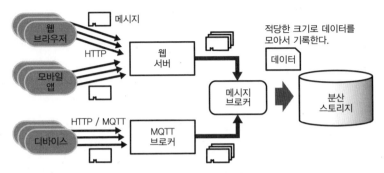

웹 브라우저나 모바일 앱은 메시지 배송의 통신 프로토콜로 HTTP(실제로는 암호화된 HTTPS)를 사용한다. IoT 같은 머신 데이터는 MQTT(MQ Telemetry Transport) 등의 오버헤드가 작은 프로토콜이 사용되는 경우도 있다.

그림 4.4 스트리밍 형의 메시지 배송

이러한 데이터 전송의 공통점은 다수의 클라이언트에서 계속해서 작은 데이터가 전송되는 것이다. 이러한 데이터 전송 방식을 일반적으로 '메시지 배송(message delivery)'이라고 한다. 메시지 배송 시스템은 전송되는 데이터양에 비해 통신을 위한 오버헤드가 커지기 때문에 이를 처리하는 서버는 높은 성능을 요구한다.

보내온 메시지를 저장하는 데에는 몇 가지 방법이 있다. 그중 하나는 작은 데이터 쓰기에 적합한 NoSQL 데이터베이스를 이용하는 것이다. 이 경우 Hive와 같은 쿼리 엔진으로 NoSQL 데이터베이스에 연결해 데이터를 읽을 수 있다.

또는, 분산 스토리지에 직접 쓰는 것이 아니라, 그림 4.4와 같이 '메시지 큐(message queue)'와 '메시지 브로커(message broker)' 등의 중계 시스템에 전송할 수 있다. 이 경우 기록된 데이터는 일정한 간격으로 꺼내고 모아서 함께 분산 스토리지에 저장한다.

웹 브라우저에서의 메시지 배송 Fluentd, Logstash, 웹 이벤트 트래킹

자체 개발한 웹 애플리케이션 등에서는 그림 4.5의 ❶처럼, 웹 서버 안에서 메시지를 만들어 배송한다. 이때 전송 효율을 높이기 위해 서버상에서 일단 데이터를 축적해 놓고 나중에 모아서 보내는 경우가 많다. 이때는 'Fluentd'[30]나 'Logstash'[31]와 같은 서버

---

30 URL http://www.fluentd.org/

31 URL https://www.elastic.co/jp/products/logstash/

상주형 로그 수집 소프트웨어가 자주 사용된다.

다른 방법으로는 그림 4.5의 ❷와 같이 자바스크립트를 사용하여 웹 브라우저에서 직접 메시지를 보내는 경우도 있다. 이것은 '**웹 이벤트 추적**(web event tracking)'이라고 한다. 사용자 측면에서 보면 HTML 페이지에 태그를 삽입만 하면 되므로 각종 액세스 분석 서비스 및 데이터 분석 서비스 등에서 사용되고 있다. 수집된 데이터는 그대로 다른 서버로 전송되거나 API 경유로 함께 취득해 그것을 분산 스토리지에 저장함으로써 다른 데이터와 조합한 분석이 가능해진다.

COLUMN **Fluentd에 의한 메시지 배송**

분산 스토리지에 데이터를 중계하는 메시지 브로커의 역할로 로그 수집 소프트웨어인 'Fluentd'를 사용하는 것을 고려할 수 있다. Fluentd는 내부에 효율적인 버퍼링 메커니즘을 갖고 있어 일정한 시간 간격 또는 특정 사이즈에 외부로 데이터를 모아서 내보낼 수 있다. 필요에 따라 부분적으로 데이터를 바꾸어 쓰거나 복수의 스토리지에 복사할 수 있다(그림 C4.1).

단, Fluentd는 원래 메시지 브로커로 설계된 것이 아니기 때문에 한계도 있다. 예를 들어, 여러 대로 데이터를 복제할 수 없기 때문에, 만일 노드가 고장 나서 버퍼가 사라진다면 보내지 못한 데이터는 없어진다(그렇지만, 디스크 상의 버퍼가 사라지지 않는 한 재전송할 수 있기 때문에 실제로는 그다지 위험하지 않다. 어디까지나 가능성이 있다는 이야기다). 또한, 메시지를 일방적으로 발송하는 것밖에 하지 못하므로 외부에서 요청해서 메시지를 꺼낼 수 없다. 배송에 성공한 메시지는 곧 사라져 버리기 때문에 나중에 다시 송신할 수 없다. 메시지 브로커에 요구되는 기능에 대해서는 4.2절에서 자세히 설명하겠다.

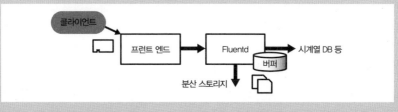

그림 C4.1 Fluentd에 의한 메시지 배송

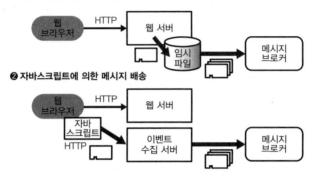

그림 4.5 웹 브라우저로부터의 메시지 배송

모바일 앱으로부터의 메시지 배송 MBaaS, SDK

모바일 앱은 통신 방법만을 보면 HTTP 프로토콜을 사용하는 클라이언트 중 하나이므로 메시지 배송 방식이 웹 브라우저와 동일하다. 모바일 앱에서는 서버를 직접 마련하는 것이 아니라 MBaaS(Mobile Backend as a Service)라는 백 엔드의 각종 서비스를 이용할 수도 있다. 그 경우에는 그림 4.6 ❶처럼 백 엔드 데이터 저장소에 저장한 데이터를 벌크 형 도구를 사용해서 꺼낸다.

또는, 그림 4.6 ❷와 같이 모바일 앱에 특화된 액세스 해석 서비스를 통해 이벤트 데이터를 수집한다. 이 경우 서비스에서 제공되는 모바일 용의 편리한 개발 키트(SDK)를 사용하여 메시지를 보낸다. 모바일 앱은 오프라인이 되는 경우도 많으므로 발생한 이벤트는 일단 SDK의 내부에 축적되고 온라인 상태가 되었을 때 모아서 보내도록 만들어져 있다.

모바일 회선은 통신이 불안정하고 통신 오류에 따른 메시지 재전송이 여러 번 발생한다. 그 결과 데이터가 중복될 가능성도 높아 특정한 중복 제거(후술)의 구조가 필요하다. SDK를 도입할 경우에는 데이터의 중복에 대해 어떤 대책이 이루어지고 있는지 확인하는 것이 좋다.

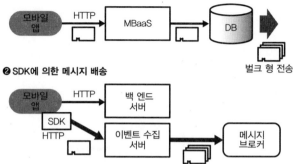

❶ MBaaS 경유의 메시지 배송

모바일 앱 → HTTP → MBaaS → DB → 벌크 형 전송

❷ SDK에 의한 메시지 배송

모바일 앱 → HTTP → 백 엔드 서버

모바일 앱 → SDK → HTTP → 이벤트 수집 서버 → 메시지 브로커

그림 4.6 모바일 앱으로부터의 메시지 배송

디바이스로부터의 메시지 배송 MQTT의 예

IoT 등의 디바이스로부터 메시지 전달은 문서 작성 시점에서는 아직 업계 표준이라고 부를 만한 것 없이 많은 규격이 난립하고 있는 것 같다. 여기에서는 하나의 예로서 MQTT에 대해 살펴보자. '**MQTT**(MQ Telemetry Transport)'는 TCP/IP를 사용하여 데이터를 전송하는 프로토콜의 하나이며, 일반적으로 '**Pub/Sub 형 메시지 배송**(Pub/Sub message delivery)'이라는 구조를 가진다. 'Pub/Sub'라는 것은 '**전달**(publish)'과 '**구독**(subscription)'의 약자이며, 채팅 시스템이나 메시징 앱 또는 푸시 알림 등의 시스템에서 자주 사용되는 기술이다.

MQTT에서는 먼저 관리자에 의해 '**토픽**(topic)'이 만들어진다. 이것은 메시지를 송수신하기 위한 대화방과 같은 것으로, 그 토픽을 구독하면 메시지가 도착하게 되고, 그 토픽을 전달하면 구독 중인 모든 클라이언트에 보내진다. 이러한 메시지의 교환을 중계하는 서버를 '**MQTT 브로커**(MQTT broker)'라고 하고, 메시지를 수신하는 시스템을 '**MQTT 구독자**(MQTT subscriber)'라고 한다(그림 4.7).

MQTT에서 데이터를 수집하려면 먼저 토픽을 작성하고 그것을 구독한다. 그리고 각 디바이스가 토픽에 메시지를 전달하는 프로그램을 작성하고 나면 MQTT가 정하는 규칙에 따라 메시지 배송이 이루어진다. MQTT의 특징 중의 하나로서 네트워크에서 분리된 경우에도 나중에 재전송하는 구조가 프로토콜 수준에서 고려되고 있다.

HTTP는 이런 구조를 스스로 생각해야 하지만, MQTT는 이미 준비된 구조를 사용할 수 있다.

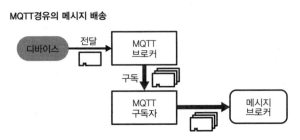

그림 4.7 디바이스로부터의 메시지 배송

메시지 배송의 공통화 다른 부분과 공통되는 부분을 분리해서 생각하기

위와 같이 메시지 배송 방식은 어디에서 데이터를 수집하느냐에 따라 전혀 다르다. 따라서, 환경에 따라 다른 부분과 공통되는 부분을 분리하여 생각한다.

이 책에서는 메시지가 처음 생성되는 기기를 '**클라이언트**(client)', 해당 메시지를 먼저 받는 서버를 '**프런트 엔드**(frontend)'라고 한다. 프런트 엔드의 역할은 클라이언트와의 통신 프로토콜을 제대로 구현하는 것이다. 악의적인 공격으로부터 데이터를 보호하기 위해 암호화와 사용자 인증을 구현하고 성능 문제를 해결하기 위해 높은 확장성도 필요하다.

프런트 엔드가 받은 메시지는 그대로 메시지 브로커로 전송한다. 분산 스토리지에 데이터를 저장하는 것은 메시지 브로커로부터 그 이후의 역할이다. 이렇게 역할을 분리함으로써 프런트 엔드는 단지 데이터를 받는 것에만 전념하고 거기에서 그 이후의 어려운 문제에 대해서는 백 엔드에 존재하는 공통 시스템에 맡길 수 있다.

4-2 [성능×신뢰성] 메시지 배송의 트레이드 오프

클라이언트의 수가 많아지면 스트리밍 형의 메시지 배송의 '성능'과 '신뢰성'을 둘 다 만족하기는 어렵게 된다. 이 절에서는 메시지 브로커를 중심으로 하는 메시지 배송의 구조와 그 한계에 관해 설명한다.

메시지 브로커 — 스토리지의 성능 문제를 해결하는 중간층의 설치

메시지 배송에 의해 보내진 데이터를 분산 스토리지에 저장할 때는 주의가 필요하다. 데이터양이 적을 때에는 문제가 되지 않지만, 쓰기의 빈도가 증가함에 따라 디스크 성능의 한계에 도달해 더 쓸 수 없게 될 우려가 있기 때문이다. 특히, 외부에서 보내오는 메시지의 양을 제어할 수 없기 때문에 급격한 데이터양 증가에 대응하는 것은 쉬운 일이 아니다.

만일 쓰기 성능의 한계에 의해 오류가 발생하면, 대부분의 경우 클라이언트는 메시지를 재전송하려고 한다. 하지만 성능적인 한계에 도달한 상황에서는 아무리 재전송해도 부하가 높아지기만 할 뿐 아무것도 해결되지 않는다. 결국, 어떻게든 쓰기 성능을 높이거나 클라이언트가 재전송을 포기하고 부하가 떨어질 때까지 오류가 계속되는 상황을 맞이할 수밖에 없다.

대량의 메시지를 안정적으로 받기 위해서는 빈번한 쓰기에도 견딜 수 있도록 성능이 매우 높고 필요에 따라 성능을 얼마든지 올릴 수 있는 스토리지가 필요하다. 분산 스토리지가 반드시 그런 성격을 가지고 있다고는 할 수 없기 때문에 빅데이터의 메시지 배송 시스템에서는 종종 데이터를 일시적으로 축적하는 중산층이 설치된다. 이것을 '**메시지 브로커**(message broker)'라고 한다(그림 4.8).

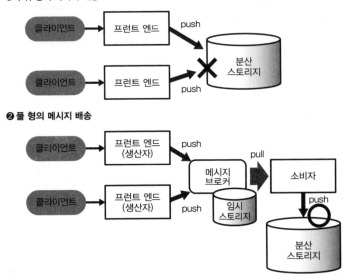

❶ 푸쉬 형의 메시지 배송

클라이언트 → 프런트 엔드 →(push) 분산 스토리지

클라이언트 → 프런트 엔드 →(push) ✕ 분산 스토리지

❷ 풀 형의 메시지 배송

클라이언트 → 프런트 엔드 (생산자) →(push) 메시지 브로커 →(pull) 소비자 →(push) 분산 스토리지

클라이언트 → 프런트 엔드 (생산자) →(push) 임시 스토리지

분산 스토리지에 직접 메시지를 기록하면 부하 제어가 어려워 성능 한계에 도달하기 쉽다. 메시지 브로커가 일시적으로 데이터를 축적함으로써 분산 스토리지에 쓰는 속도를 안정화한다.

그림 4.8 푸쉬 형과 풀 형의 메시지 전송

빅데이터를 위한 분산형 메시지 브로커는 오픈 소스의 경우 'Apache Kafka(아파치 카프카)'[32]가 유명하고, 클라우드 서비스라면 'Amazon Kinesis(아마존 키네시스)'[33]등이 유명하다.

푸쉬 형과 풀 형 확장성 향상과 파일 사이즈의 적정화

송신 측의 제어로 데이터를 보내는 방식을 '**푸시**(push)' 형이라고 하고, 수신 측의 주도로 데이터를 가져오는 것을 '**풀**(pull)' 형이라고 한다. 메시지 브로커는 데이터의 쓰기 속도를 조정하기 위한 완충 부분이며, 푸쉬 형에서 풀 형으로 메시지 배송의 타이밍을 변환한다.

---

32 URL https://kafka.apache.org/
33 URL https://aws.amazon.com/kinesis/

메시지 브로커에 데이터를 넣는(push) 것을 '**생산자**(producer)', 꺼내오는(pull) 것을 '**소비자**(consumer)'라고 한다. 메시지 브로커는 높은 빈도로 데이터를 쓰는 것에 최적화되어 있으며, 여러 대의 노드에 부하 분산함으로써 성능을 끌어 올릴 수 있는 뛰어난 확장성을 구현하고 있다. 따라서, 푸쉬 형의 메시지 배송은 모두 메시지 브로커에 집중시키고 거기에서 일정한 빈도로 꺼낸 데이터를 분산 스토리지에 기록하여 성능 문제를 피할 수 있다.

풀 형의 메시지 배송은 파일 사이즈 적정화에도 도움이 된다. 프런트 엔드는 대량의 메시지를 받기 때문에 그대로 저장하면 매우 많은 작은 파일이 생성된다. 소비자는 메시지 브로커로부터 일정한 간격으로 데이터를 취함으로써 적당히 모아진 데이터를 분산 스토리지에 기록한다.

메시지 라우팅

구체적인 숫자로 생각해보자. 어떤 시스템이 100만 대의 디바이스에서 1분마다 100바이트의 메시지를 수신한다고 하자(그림 4.9). 시스템 전체가 받는 메시지는 초당 1.7만 메시지, 데이터양으로 치면 1.66MB(= 13.28Mbps)다. 데이터양만 보면 그리 많지는 않지만, 초당 1.7만 번의 쓰기에 견뎌야 하는 데이터베이스를 준비하기는 쉽지 않은 일이다.

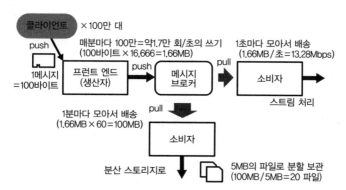

메시지 브로커에 기록된 데이터는 일정 기간 보관되며, 그동안이라면 몇 번이라도 읽어 낼 수 있다. 실시간 스트림 처리에서는 짧은 간격으로 차례대로 데이터를 추출하지만, 장기적으로 분산 스토리지에 저장하는 경우에는 어느 정도 데이터를 모은 다음에 한꺼번에 파일로 저장하는 것이 바람직하다.

그림 4.9 메시지 브로커에 의한 메시지 라우팅

따라서, 프런트 엔드에서는 메시지 브로커에 데이터를 푸쉬하도록 하고 그것을 '소비자'에서 모아서 가져온다. 가령 1초마다 가져오면 한 번에 가져오는 데이터의 양은 1.66MB이므로 이를 실시간으로 처리하는 것은 그다지 어렵지 않다. 이렇게 짧은 간격으로 차례대로 데이터를 꺼내서 처리하는 것이 '**스트림 처리**'(stream processing)'다.

메시지 브로커에 써넣은 데이터는 복수의 다른 소비자에서 읽어 들일 수 있다. 이를 통해 메시지가 복사되어 데이터를 여러 경로로 분기시킬 수 있다. 이것을 '**메시지 라우팅**(message routing)'이라고 한다. 예를 들어, 메시지 일부를 실시간 장애 감지를 사용하면서 같은 메시지를 장기적인 데이터 분석을 위한 분산 스토리지에 저장하는 것도 가능하다.

메시지 배송을 확실하게 실시하는 것은 어렵다
— 신뢰성 문제와 세 가지 설계 방식

성능 문제 외에도 피할 수 없는 것이 '**신뢰성**(reliability)'의 문제다. 특히, 모바일 회선과 같은 신뢰성이 낮은 네트워크에서는 반드시 메시지의 중복이나 누락이 발생한다. 그것을 어떻게 처리할지는 도입하는 시스템에 따라 다르다. 대부분의 경우는 다음 중 하나를 보장하도록 설계된다.

- **at most once** → 메시지는 한 번만 전송된다. 그러나 도중에 전송에 실패해서 사라질 가능성이 있다(결손 발생).
- **exactly once** → 메시지는 손실되거나 중복 없이 한 번만 전달된다.
- **at least once** → 메시지는 확실히 전달된다. 단, 같은 것이 여러 번 전달될 가능성이 있다(중복).

at most once
분산 시스템에서는 네트워크 장애 등에 의해 다양한 오류가 발생한다. 'at most once'의 경우, 무슨 일이 일어나도 절대로 메시지를 다시 보내지 않는다. 그러나 대개는 데이터의 결손을 피하고자 '**재전송**(retransmission)'이 이루어진다. 재전송하는 시스템에서는 'at most once'를 보장하는 것은 어렵다. 오류를 감지했다고 해도 '메시지가 보내지지 않았다'라고는 할 수 없기 때문이다.

예를 들어 다음과 같은 경우를 생각해보자. 두 노드 간에 TCP/IP로 메시지를 보낸다. 데이터 전송이 끝나고 수신 완료를 나타내는 'ack'가 반환되기 직전에 네트워크 통신이 중단되었다고 가정하자. 그러면 송신 측에서는 타임아웃을 감지하고 재전송을 시작한다. 한편, 수신 측에서는 이미 메시지를 다 받았기 때문에 타임아웃에 의한 통신 종료를 기다리지 않고 데이터 처리를 그냥 진행해 버릴지도 모른다. 그 후, 접속이 재개되면 메시지가 재전송되므로, 이를 통해 중복이 발생한다.

exactly once

일반적으로 네트워크상에서 분단된 두 개의 노드가 있는 경우에 양쪽의 통신 내용을 보장하려면 그 사이에 중계하는 '**코디네이터**(coordinator)'의 존재가 필수적이다. 메시지의 송신 측과 수신 측 모두 서로의 정보를 코디네이터에게 전달함으로써 문제가 발생한 경우에는 코디네이터의 지시에 따라 그것을 해결한다. 이에 따라 'exactly once'는 가능하다. 그러나 여기에는 두 가지 문제가 있다.

첫째는 분산 시스템에서는 코디네이터가 항상 존재한다고 가정할 수 없다. 코디네이터와의 통신이 끊기는 경우도 있고, 코디네이터 자신이 정지될 수도 있다. 그때마다 시스템을 멈출 수는 없기 때문에, 코디네이터 부재의 경우에 어떻게 할 것인가 '**합의**(consensus)'를 하게 된다. 이것은 분산 시스템 설계에 있어서 어려운 문제 중의 하나라고 알려져 있으며[34], 대부분의 경우는 단시간 장애가 발생한다는 가능성을 받아들이게 된다.

---

34 'Consensus_(computer science)'
   URL https://en.wikipedia.org/wiki/Consensus_(computer_science)/

다른 하나는 성능상의 문제로 코디네이터의 판단에만 따르고 있으면 시간이 너무 소요된다는 점이다. 특히, 메시지 배송처럼 널리 분산된 시스템에서는 코디네이터에 의존하지 않고 처리를 진행하고 싶을 것이다.

이상과 같은 이유로 메시지 배송 시스템에서는 코디네이터를 도입하지 않고 'exactly once'가 아니라 'at least once', 즉 메시지가 중복될 가능성을 고려하여 시스템을 구축한다.

at least once 중복 제거는 사용자에게 맡긴다

가령 메시지가 재전송되어도 그것을 없앨 수 있는 구조만 있으면 보기에 중복이 없는 것처럼 보이게 할 수 있다. 그것을 위한 구조를 **중복 제거**(deduplication)'라고 한다.

예를 들어, TCP/IP에 의한 네트워크 통신을 생각해보자. 인터넷 표준인 IP 통신은 그냥 그대로는 데이터의 누락도 중복도 일어날 수 있는 신뢰성이 없는 메시지 배송 방식이다. 그래서 TCP는 메시지의 수신 확인을 위해 'ack' 플래그를 도입하여 'at least once'를 실현한다. 그렇기 때문에 메시지의 재전송에 의한 중복이 발생하지만, 모든 TCP 패킷에서는 그것을 식별하는 시퀀스 번호가 포함되어 있으며, 그것을 이용하여 중복 제거가 이루어진다. 즉, 같은 번호의 패킷은 중복해도 파기된다.

메시지 배송의 시스템은 항상 이런 문제를 갖고 있다. 어딘가 중앙에 코디네이터가 존재하지 않는 한 'exactly once'는 실현되지 못하고 반드시 'at most once' 또는 'at least once'로 전송이 이루어진다. 그리고 후자라면 중복 제거를 하지 않는 한 메시지의 중복이 발생할 수 있다.

여기서 주의해야 할 것은 표 4.1에 나타낸 바와 같이 대부분의 메시지 배송 시스템은 'at least once'를 보장하는 한편, 중복 제거는 이용자에게 맡기고 있어 TCP/IP처럼 자동으로 중복을 제거해주지 않는다.

표 4.1 메시지 배송에 사용되는 오픈 소스 소프트웨어의 신뢰성

소프트웨어	신뢰성
Apache Flume	'at least once'를 보장
Apache Kafka	'at least once'를 보장
Logstash	'at least once'를 보장(2.0 이후)
Fluentd	옵션으로 'at least once'를 보장(0.12 이후)

TIP **신뢰성이 없는 메시지 배송**

메시지 배송의 도구가 신뢰성에 대해 아무런 보장을 하지 않는 경우도 있다. 예를 들어, 자바스크립트에 의한 데이터 수집은 그다지 신뢰할 수 없다. 웹페이지를 닫는 것만으로 간단하게 작동이 중지되기 때문이다.

중복 제거는 높은 비용의 오퍼레이션

메시지의 중복을 제거하려면 같은 메시지를 과거에 받은 것인지에 대한 여부를 판정해야 한다. TCP에서는 메시지에 시퀀스 번호를 붙이고 있지만, 분산 시스템에서는 시퀀스 번호는 그다지 사용되지 않는다.

모든 메시지에 일련의 번호를 넣으려면 어딘가의 한 부분에 처리를 집중시킬 필요가 있다. 이로 인해 성능 향상이 어려워지기 때문이다. 따라서, 대안으로 다음과 같은 방법이 사용된다.

오프셋을 이용한 중복 제거

이 방식은 파일 전송의 사고방식과 비슷하다. 전송해야 할 데이터에 파일명 등의 이름을 부여해 그것을 작은 메시지에 실어서 배송한다. 각 메시지에는 파일 안의 시작 위치(오프셋)를 덧붙인다. 만일 메시지가 중복되어도 같은 파일의 같은 장소를 덮어쓸 뿐이므로 문제 되지 않는다. 시스템에 따라 'at least once'가 보장되어 있다면, 언젠가는 파일이 재구성되어 데이터 전송이 완료된다.

이 방법은 벌크 형의 데이터 전송과 같이 데이터양이 고정된 경우에는 잘 작동한다. 한편, 스트리밍 형식의 메시지 배송에서 이 방식을 채용하고 있는 경우는 거의 없다.

고유 ID에 의한 중복 제거

스트리밍 형의 메시지 배송에서 자주 사용되는 것은 모든 메시지에 'UUID(Universally Unique IDentifier)' 등의 고유 ID를 지정하는 방법이다. 이 경우 메시지가 늘어남에 따라 ID가 폭발적으로 증가하므로 그것을 어떻게 관리하느냐가 문제다. 과거에 전송된 모든 ID를 기억하는 것은 비현실적이고, 그렇다고 ID를 파기하면 늦게 도착한 메시지가 중복된다.

현실적으로는 최근에 받은 ID만을 기억해두고(예를 들어, 최근 1시간 등) 그보다 늦게 온 메시지의 중복은 허용한다. 중복 대부분은 일시적인 통신 오류로 인해 발생하기 때문에 그것만 제거하면 99%의 신뢰도는 달성할 수 있다.

종단간(End to End)의 신뢰성

중복도 결손도 없는 신뢰성이 높은 메시지 배송을 실현하는 것은 쉬운 일이 아니므로 모든 소프트웨어에서 충분한 신뢰성이 실현되어 있다고는 기대할 수 없다. 메시지 배송에 있어서 성능과 신뢰성은 트레이드 오프의 관계에 있으므로 한쪽을 우선하면 다른 한쪽이 희생된다.

빅데이터의 메시지 배송에서는 종종 신뢰성보다 '효율' 쪽이 중시된다. 따라서, 중간 경로에 'at least once'를 보장하는 한편, '중복 제거는 하지 않는 것'이 표준적인 구현이다. 원래 중복 제거란 종단 간에 실행하지 않으면 의미가 없다. 즉, 클라이언트가 생성한 메시지를 최종 도달 지점인 분산 스토리지에 기록하는 단계에서 중복 없는 상태로 해야 한다.

지금까지 봐 온 것처럼 스트리밍 형의 메시지 배송은 클라이언트에서 프런트 엔드, 그리고 메시지 브로커와 소비자를 포함한 다수의 요소로 구성된다. 그중 일부분에서 중복 제거가 실현되더라도 다른 곳에서 중복이 발생할 수 있다.

메시지 배송의 최종적인 신뢰성은 중간 경로의 신뢰성 조합으로 결정된다. 중간에 한 부분이라도 'at most once'가 있으면 메시지를 빠뜨릴 가능성이 있고, 'at least once'가 있으면 중복될 수도 있다. 신뢰성이 높은 메시지 배송을 실현하려면 중간 경로를 모두 'at least once'로 통일한 후 클라이언트 상에서 모든 메시지에 고유 ID를 포함하도록 하고 경로의 말단에서 중복 제거를 실행해야 한다.

고유 ID를 사용한 중복 제거의 방법 NoSQL 데이터베이스, SQL

고유 ID를 사용하여 중복을 제거하는 방법에는 여러 가지가 있지만, 여기에서는 대표적인 두 가지 방법에 관해 설명한다.

하나는 분산 스토리지로 NoSQL 데이터베이스를 이용하는 것이다. 예를 들어, 나중에 언급할 Cassandra와 Elasticsearch 등은 그 특성상 데이터를 쓸 때 고유 ID를 지정하게 되어 있어 동일한 ID의 데이터는 덮어쓴다. 따라서, 중복이 있더라도 변화가 일어나지 않아 결과적으로는 중복 제거가 실현된다.

다른 하나는 리스트 4.1과 같이 SQL로 중복을 제거하는 것이다. 보내온 데이터는 일단 그대로 객체 스토리지 등에 저장해 놓고 나중에 읽어 들이는 단계에서 중복을 제거한다. 이것은 능력을 발휘해야 하는 대규모 데이터 처리이므로 메모리에서 실행하는 것은 거의 불가능하며, Hive 같은 배치형 쿼리 엔진에서 실행한다.

리스트 4.1 SQL을 사용한 중복 제거

```
DISTINCT를 사용하는 방법
SELECT DISTINCT unique_id, col1, col2, ... FROM table1;

GROUP BY를 사용하는 방법
SELECT max(col1) col1, max(col2) col2, ... FROM table1 GROUP BY unique_id;
```

데이터 수집의 파이프라인 — 장기적인 데이터 분석에 적합한 스토리지

이처럼 일련의 프로세스를 거친 다음, 마지막으로 데이터를 구조화해서 열 지향 스토리지로 변환함으로써, 마침내 장기간의 데이터 분석에 적합한 스토리지가 완성된다. 이것이 '데이터 수집의 파이프라인'이다(그림 4.10).

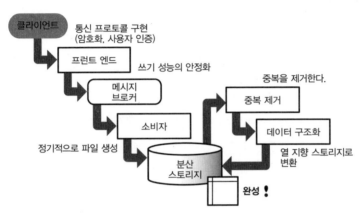

그림 4.10 데이터 수집의 일례(스트리밍 형)

실제로 어떤 파이프라인을 만들지는 요구 사항에 달려 있으므로 필요에 따라 시스템을 조합한다. 쓰기 성능에 불안감이 없다면 메시지 브로커는 불필요하므로 클라이언트나 프런트 엔드에서 NoSQL 데이터베이스에 직접 데이터를 쓰는 것도 좋다. 다소 중복이 허용된다면 중복 제거도 생략할 수 있다.

데이터 집계에 쿼리 엔진을 사용하는 경우에는 구조화된 데이터를 열 지향 스토리지 형식으로 객체 스토리지에 저장한다. MPP 데이터베이스를 사용하고 있다면 정기적으로 데이터를 로드하면 완성이다. 이러한 일련의 과정은 다음 장 이후에서 워크플로의 일부로 설명하겠다.

중복을 고려한 시스템 설계 빅데이터 시스템에 있어서의 '중복'에 대한 사고방식

일반적으로 스트리밍 형의 메시지 배송에서는 중간에 명시적으로 중복 제거 방식을 도입하지 않는 한 항상 중복의 가능성이 있다고 생각하는 것이 좋다. 빅데이터를 다루는

시스템은 매우 높은 성능을 요구하기 때문에 아주 작은 중복은 무시하는 경향이 있다.

실제로 이것은 큰 문제는 없다. 모바일 회선처럼 불안정한 통신 경로는 예외라고 하더라도, 데이터 센터와 같은 안정된 회선이면 아무것도 하지 않고도 99% 이상의 신뢰성을 확보할 가능성이 높다. 그 정도의 오차는 허용한 후에 평소 '멱등한 조작'(제5장에서 설명)에 유의하여 '중복이 있어도 문제가 되지 않는' 시스템을 설계할 것을 추천한다.

아무래도 신뢰성이 중시되는 경우에는 스트리밍 형의 메시지 배송을 피하는 것이 가장 좋다. 예를 들어 과금 데이터처럼 오차가 허용되지 않는 것은 트랜잭션 처리를 지원하는 데이터베이스에 애플리케이션이 직접 기록해야 한다. 그런 후에 벌크 형의 데이터 전송을 함으로써 중복도 결손도 확실하게 피할 수 있다.

COLUMN 　메시지 브로커와 신뢰성

메시지의 '중복'과 '결손'은 확률적으로 발생하는 것이 아니라 네트워크와 하드웨어의 일시적인 장애에 따라 발생하는 설계상의 트레이드 오프다. 시스템이 안정적으로 움직이고 있는 한 발생하지 않으므로, 신뢰성을 높이기 위해 가능한 한 간섭을 일으키지 않는 것이 중요하다.

가장 피하고 싶은 것은 클라이언트가 송신한 메시지를 받아서 손상되는 것이다. 재전송의 구조가 있으면 결손은 피할 수 있지만, 대신 중복의 가능성이 커진다. 따라서, 메시지를 먼저 수신하는 프런트 엔드에서 메시지 브로커에 이르는 흐름은 항상 안정된 기록이 가능하도록 확장성 있는 구현을 선택하는 것이 좋다.

메시지 브로커를 사용하면 쓰기 성능이 향상될 뿐만 아니라 후속의 처리를 안정화하는 데 도움이 된다. 예를 들어, 분산 데이터베이스를 유지 보수로 중지하는 경우에도 메시지 브로커만 움직이고 있으면 데이터 수신에 손상을 입는 일은 없다. 또한, 어떤 이유로 과거의 처리를 소급해서 재시도하고 싶은 경우에도 풀 형의 시스템이면 일정 기간은 몇 번이라도 동일한 데이터를 추출할 수 있다.

이상과 같이 메시지 브로커는 메시지 배송의 안정성을 높이는 데 유용하지만, 메시지 브로커 자체에 장애가 일어날 수도 있으므로 방심은 금물이다. 메시지 브로커 안에서 중복이 발생할 가능성도 있다. 시스템을 설계하는 데는 이러한 제약을 지켜보면서 '성능'과 '신뢰성'을 양립할 필요가 있다.

4-3 시계열 데이터의 최적화

스트리밍 형의 메시지 배송에서는 '메시지가 도착할 때까지의 시간 지연'이 문제다. 이절에서는 늦게 도달하는 데이터가 집계 속도에 미치는 영향에 관해 설명하겠다.

프로세스 시간와 이벤트 시간 — 데이터 분석의 대상은 주로 이벤트 시간

스마트 폰에서 데이터를 수집하면 메시지가 며칠 늦게 도착하는 일은 드물지 않다. 사용자가 전파가 닿지 않는 곳으로 외출하거나 배터리가 완전히 방전될 수도 있기 때문이다. 모바일 앱에 따라서는 화면이 전환되면 다음에 애플리케이션이 시작될 때까지 메시지가 전송되지 않는 경우도 있다. 어쨌든 간에 며칠 정도의 지연을 예측해서 데이터 분석을 고려해야 한다.

클라이언트 상에서 메시지가 생성된 시간을 '**이벤트 시간**(event time)', 서버가 처리하는 시간을 '**프로세스 시간**(process time)'이라고 한다. 종종 데이터 분석의 대상이 되는 것은 '이벤트 시간'이기 때문에 이 시간의 차이가 성가신 문제를 일으킨다.

프로세스 시간에 의한 분할과 문제점 — 최대한 피하고 싶은 풀 스캔

예를 들어, 모바일 앱의 활동 사용자 수를 집계하는 것을 생각해보자. 늦게 도달하는 데이터가 있다는 것은 과거의 집계 결과가 매일 조금씩 바뀐다는 것을 의미한다. 보다 실태에 가까운 집계 결과를 얻기 위해서는 '이벤트 시간'보다 며칠 정도 지난 시점에서 소급해 집계해야 한다(그림 4.11).

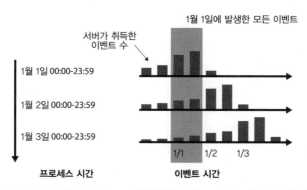

이벤트의 대부분은 그날 바로 보내오지만, 전날 또는 그 이전에 생성된 이벤트도 많이 도달한다. 특정한 날에 발생한 모든 이벤트를 수집하려면 며칠 동안 기다려야 한다.

그림 4.11 이벤트 시간과 프로세스 시간에는 차이가 있다

한편, 분산 스토리지에 데이터를 넣는 단계에서는 이벤트 시간이 아니라 '프로세스 시간'을 사용하는 것이 보통이다. 예를 들어, 2017년 1월 1일에 도착한 데이터는 '20170101'과 같은 이름을 지정한다. 그리고 그 파일에는 이벤트 시간으로 보면 다수의 과거 데이터가 포함된 상태다(그림 4.12).

이벤트 시간

log_20170101.csv	12/31	12/29	1/1	12/30	1/1	1/1	12/31	...
log_20170102.csv	12/30	1/1	1/2	1/2	12/31	1/2	1/1	...
log_20170103.csv	1/2	12/31	1/3	1/1	1/3	1/3	1/2	...

분산 스토리지 상에서는 프로세스 시간을 사용하여 파일을 분할한다. 각 파일에는 과거의 이벤트 시간이 다수 기록되어 있다. 이러한 파일이 매일 수천, 수만 개가 만들어지면 매우 많은 파일을 열어야 원하는 이벤트를 찾을 수 있다.

그림 4.12 프로세스 시간을 사용해서 파일을 작성하기

이 상태에서 과거 특정 일에 발생한 이벤트를 집계하고 싶다고 하자. 예를 들어, 1월 1일에 발생한 이벤트라면 그 이후에 만들어진 모든 파일에 포함되어 있을 수 있다. 1개월 후인 2월 1일에 지금까지 만들어진 모든 파일을 열고 거기에서 1월 1일의 데이터만 뽑아내면 비교적 정확한 결과를 얻을 수 있다.

하지만 조금만 생각해보면 한 달 사이에 만들어지는 수십만 파일 중에서 특정 일의 데이터만을 찾는다는 것은 매우 시간과 자원을 낭비하는 처리다. 이런 일이 일어나는 원인은 데이터가 이벤트 시간으로 정렬되지 않아 모든 데이터를 로드해야만 원하는 이벤트 시간이 포함되어 있는지를 알 수 있기 때문이다.

다수의 파일을 모두 검색하는 쿼리를 '풀 스캔(full scan)'이라 부르고, 이것이 시스템의 부하를 크게 높이는 요인이 된다. 그래도 어떻게든 결과를 얻어내는 것이 빅데이터 기술이지만, 불필요하게 전체 검사를 반복하는 것은 한정된 자원의 낭비이며, 가능한 한 피하고 싶은 부분이다.

▌시계열 인덱스 — 이벤트 시간에 의한 집계의 효율화 ①

이벤트 시간 취급을 효율화하기 위해 데이터를 정렬하는 것을 고려해보자. 여기에는 몇 가지 방법이 있다.

하나는 RDB에서 인덱스를 만드는 것과 마찬가지로, 이벤트 시간에 대해 인덱스를 만드는 것이다. 예를 들어, Cassandra와 같은 '시계열 인덱스(time-series index)'에 대응하는 분산 데이터베이스를 이용하면 처음부터 이벤트 시간으로 인덱스 된 테이블을 만들 수 있다[35].

시계열 인덱스를 사용하면 매우 짧은 범위의 특정 시간에 맞춘 데이터 집계를 빠르게 실행할 수 있다. 정해진 시간에 발생한 이벤트를 조사하거나, 실시간 대시보드를 만드는 경우에 유용하다.

한편, 장기간에 걸쳐서 대량의 데이터를 집계하는 경우에는 분산 데이터베이스가 그다지 효율적이지 않다. 장기적인 데이터 분석에서는 더욱 집계 효율이 높은 열 지향 스토리지를 지속적으로 만들어야 한다.

---

35 'Getting Started with Time Series Data Modeling'
　　URL https://academy.datastax.com/resources/getting-started-time-series-data-modeling/

조건절 푸쉬다운 — 이벤트 시간에 의한 집계의 효율화 ②

여기서는 매일 한 번씩 새로 도착한 데이터를 배치 처리로 변환하는 것을 고려해보자. 열 지향 스토리지에서는 RDB와 동등한 인덱스를 만들 수 없지만, 처음에 데이터를 정렬할 수 있다. 그래서 그림 4.13과 같이 이벤트 시간으로 데이터를 정렬한 후에 열 지향 스토리지로 변환하도록 한다.

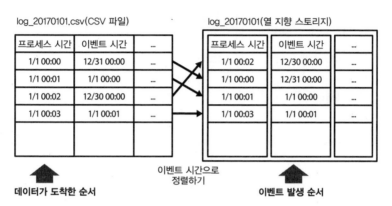

그림 4.13 이벤트 시간으로 정렬하기

열 지향 스토리지는 '칼럼 단위의 통계 정보'를 이용하여 최적화가 이루어진다[36]. 예를 들어, 시간이면 각 칼럼의 최솟값(시작 시각)과 최댓값(종료 시각) 등이 모든 파일에 메타 정보로 저장되어 있으며, 그런 정보를 참고하여 어떤 파일의 어떤 부분에 원하는 데이터가 포함되어 있는지 알 수 있다.

이 통계를 이용하여 필요 최소한의 데이터만을 읽도록 하는 최적화를 '**조건절 푸시 다운**(predicate pushdown)'이라고 한다[37]. 열 지향 스토리지를 만들 때 가급적 읽어들이는 데이터의 양은 최소화하도록 그림 4.14와 같이 데이터를 정렬해둠으로써 조건절 푸시 다운에 의한 최적화가 작동해 풀 스캔을 피할 수 있게 된다.

---

36 URL https://orc.apache.org/docs/indexes.html
37 'ORCFILE IN HDP 2: BETTER COMPRESSION, BETTER PERFORMANCE'
    URL http://hortonworks.com/blog/orcfile-in-hdp-2-better-compression-better-performance/

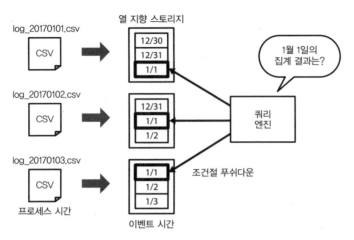

그림 4.14 조건절 푸쉬다운에 의한 최적화

> **TIP** **빈번한 쓰기는 최적화의 효과를 낮춘다**
>
> 조건절 푸시다운을 최대한 활용하려면 집계 시의 데이터 로딩이 최소한으로 끝날 수 있도록 다수의 연속된 데이터를 한 곳에 배치해야 한다. 데이터를 정렬하는 것은 그 이유이다. 반대로 말하면, 데이터가 충분히 연속적으로 배치되어야 최적화 효과가 높아진다.
>
> 열 지향 스토리지의 경우 짧은 주기로는 만들지 말아야 한다. 예를 들어, 열 지향 스토리지를 1분 간격으로 만들면 다수의 파일로 데이터가 잘게 분산되기 때문에 그 안에서 아무리 정렬이 이루어지고 있다고 해도 데이터의 로드가 빈번히 발생한다.

이벤트 시간에 의한 분할 — 테이블 파티셔닝, 시계열 테이블

이벤트 시간에 의한 데이터 검색을 더욱더 효율적으로 하는 방법을 생각해보자. 프로세스 시간으로 파일을 나누고 있는 한, 동일 이벤트 시간 데이터가 아무래도 다수의 파일에 분산된다. 따라서, 정확한 집계 결과를 얻기 위해서는 매우 많은 파일을 열어봐야 한다.

그럼 이벤트 시간을 사용하여 테이블을 분할하는 것을 생각해보자. 앞 장에서는 테이블을 물리적으로 분리하는 테이블 파티셔닝의 개념을 설명하였다. 그중에서도 시간을 이용하여 분할된 테이블을 **'시계열 테이블**(time-series table)'이라고 한다. 여기에서는 그림 4.15와 같이 이벤트 발생 시간을 파티션의 이름에 포함하도록 하자. 예를 들어, 1월 1일에 발생한 이벤트라면 그것이 언제 도착했는지에 상관없이 'event_0101'이라는 파티션에 추가해야 한다.

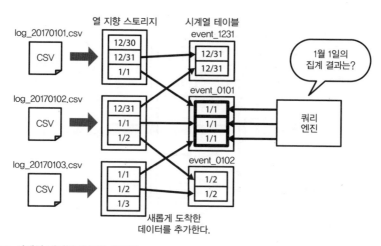

그림 4.15 시계열 테이블에 의한 최적화

이 방식이 잘 될지의 여부는 시계열 테이블에 데이터 추가를 어떻게 구현하느냐에 달려 있다. 새로 도착한 데이터를 새로운 파일로 만드는 것에는 잠재적인 문제가 있다. 과거의 이벤트 시간을 갖는 데이터는 극히 드물지만, 몇 년에 걸쳐서 보내올 가능성이 있다. 따라서, 시계열 테이블을 구성하는 각 파티션에는 매일 조금씩 데이터가 추가된다.

결과적으로, 분산 스토리지에는 대량의 작은 파일이 만들어지게 되고 점차 쿼리의 성능이 악화된다. 이벤트 시간으로부터 시계열 테이블을 만든다면 작은 데이터를 효율적으로 추가할 수 있는 분산 데이터베이스를 사용하거나 너무 오래된 데이터는 버리는 아이디어가 필요하다(175페이지의 칼럼 '모바일 기기의 시계는 미쳤다(!?)' 참고).

데이터 마트를 이벤트 시간으로 정렬하기

더 좋은 방법은 데이터 마트만이 이벤트 시간에 의한 정렬을 고려하도록 해두는 것이다. 데이터 수집 단계에서는 이벤트 시간을 따지지 않고 프로세스 시간만을 사용하여 데이터를 저장한다. 그리고 데이터 마트를 만드는 단계에서 이벤트 시간에 의한 정렬을 함께 하도록 한다(그림 4.16). 그러면 파일이 조각나는 일도 없고, 항상 최적의 데이터 마트를 유지할 수 있다.

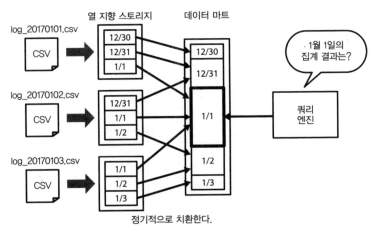

그림 4.16 데이터 마트를 재생성

4-4 비구조화 데이터의 분산 스토리지

NoSQL 데이터베이스를 활용하면 데이터를 단순히 모아서 저장할 뿐만 아니라 애플리케이션에서 온라인으로 이용하거나 실시간으로 집계할 수도 있다. 이 절에서는 NoSQL 데이터베이스의 몇 가지 특징을 설명한다.

> **NOTE** 이 절에서는 다음의 웹페이지 등을 참고한다.
> - 'DB-Engines Ranking' **URL** http://db-engines.com/en/ranking/

[기본 전략] NoSQL 데이터베이스에 의한 데이터 활용

빅데이터를 위한 분산 스토리지에는 필요에 따라 얼마든지 확장할 수 있는 확장성과 데이터를 구조화하지 않고도 저장할 수 있는 유연성이 요구된다. 그중에서도 기본이 되는 객체 스토리지는 임의의 파일을 저장할 수 있다는 점이 장점이지만, 다른 한편으로는 단점도 많다.

먼저 객체 스토리지 상의 파일은 교체하기 어렵다. 일단 파일을 써넣으면 그것을 통째로 교체하는 방법밖에 없다. 로그 파일처럼 나중에 변경할 일이 없는 것은 그래도 상관없지만, 데이터베이스처럼 수시로 변경하는 용도로는 적합하지 않다. 쓰기 빈도가 높은 데이터는 별도 RDB에 저장하고 정기적으로 스냅샷을 하거나 다른 '**분산 데이터베이스**(distributed database)'에 저장하도록 한다.

특히 중요한 데이터는 트랜잭션 처리에 대해 고려된 데이터베이스에 기록하는 것이 원칙이다. 스트리밍 형의 메시지 배송 등은 트랜잭션 처리가 이루어지지 않기 때문에 확실한 기록을 보증하는 것이 어렵다. 대부분 애플리케이션에서는 일반적인 RDB라도 충분한 쓰기 성능을 얻을 수 있겠지만, 그것이 불충분한 경우에는 분산 데이터베이스를 검토하는 것이 좋다.

다른 문제는 객체 스토리지에 저장된 데이터를 집계할 수 있게 되기까지는 시간이 걸린다. 열 지향 스토리지를 만듦으로써 집계는 고속화되지만, 그 작성에는 아무래도 시간이 걸린다. 데이터를 기록하고 곧바로 활용하고자 하는 경우에는 실시간 집계와 검색에 적합한 데이터 저장소가 필요하다.

특정 용도에 최적화된 데이터 저장소를 일컬어 'NoSQL 데이터베이스'라는 말이 자주 사용된다. 다음으로는 NoSQL 데이터베이스의 예로 '분산 KVS', '와이드 칼럼 스토어', '도큐먼트 스토어', 그리고 '검색 엔진'의 특징을 살펴보겠다.

분산 KVS — 디스크로의 쓰기 성능을 높이기

'분산 KVS(distributed Key-Value Store)'는 모든 데이터를 키값 쌍으로 저장하도록 설계된 데이터 저장소를 말한다. 객체 스토리지도 넓은 의미에서는 분산 KVS의 일종이지만, 여기에서는 좀 더 '작은 데이터'를 가정한다. 구체적으로는 몇 KB 정도의 데이터를 초당 수만 번 읽고 쓰는 경우다.

분산 KVS는 모든 데이터에 고유의 키를 지정하고 그것을 부하 분산을 위해 이용한다. 키가 정해지면 그 값을 클러스터 내의 어느 노드에 배치할 것인지 결정한다. 이 구조에 의해 노드 간에 부하를 균등하게 분산하고 노드를 증감하는 것만으로 클러스터의 성능을 변경할 수 있게 되어 있다(그림 4.17).

가장 간단한 경우에는 하나의 키에 하나의 값만 할당할 수 있다. 시스템에 따라서는 키에 여러 값을 할당하거나, 혹은 반대로 여러 키의 조합에 값을 할당할 수 있는 것도 있다. 분산 KVS는 구현이 다양하기 때문에 사용하는 시스템에 따라 크게 다르다.

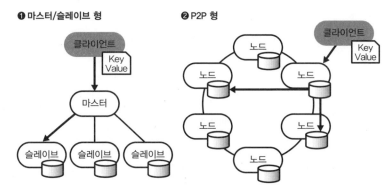

❶ 마스터/슬레이브 형   ❷ P2P 형

'마스터/슬레이브 형' 시스템에서는 1대의 마스터가 전체를 관리하게 되어 있어 마스터가 중지되면 아무도 데이터를 읽고 쓸 수 없다. 'P2P 형'의 시스템에서는 모든 노드가 대등한 관계이므로, 클라이언트는 어떤 노드에 연결해도 데이터를 읽고 쓸 수 있다.

그림 4.17 분산 KVS 아키텍처의 예

Amazon DynamoDB

여기에서 클라우드 서비스에 통합된 예로 아마존 웹 서비스(AWS)의 'Amazon DynamoDB'[38]를 살펴보자. DynamoDB는 항상 안정된 읽기 쓰기 성능을 제공하도록 디자인된 분산형 NoSQL 데이터베이스로 하나 또는 두 개의 키에 연결하는 형태로 임의의 스키마리스 데이터를 저장할 수 있다. JSON과 같이 중첩된 데이터 구조도 취급할 수 있어 간단한 분산 KVS라기보다는 도큐먼트 스토어(나중에 설명)로 사용할 수 있다.

DynamoDB는 P2P 형의 분산 아키텍처를 갖고 있으며, 미리 설정한 초 단위의 요청 수에 따라 노드가 증감되는 특징이 있다. 따라서, 데이터의 읽기 및 쓰기에 지연이 발생하면 곤란한 애플리케이션에 유용하다. 예를 들어, 사용자의 요청에 고유 ID를 붙여서 DynamoDB에 저장한다고 하자. 사용자가 늘어나서 기록하는 빈도가 증가했을 경우, 그에 따라 설정을 바꾸는 것만으로 성능이 향상되고 데이터베이스의 지연이 발생하지 않도록 운용할 수 있다.

DynamoDB의 데이터를 분석하려면, 동일하게 AWS 서비스인 Amazon EMR 및 Amazon Redshift 등과 결합함으로써 Hive에 의한 배치 처리를 실행하거나 데이터

---

38   URL https://aws.amazon.com/jp/dynamodb/

웨어하우스에 데이터를 전송하도록 한다. DynamoDB 고유의 기능인 'DynamoDB Streams'를 사용하면 데이터 변경을 이벤트로 외부에 전송해 실시간 스트림 처리를 할 수 있다(그림 4.18).

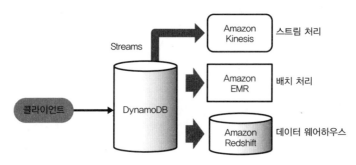

그림 4.18 DynamoDB를 중심으로 하는 데이터 파이프라인

DynamoDB에만 국한된 것이 아니라 일반적으로 NoSQL 데이터베이스는 애플리케이션에서 처음에 데이터를 기록하는 장소로 이용된다. NoSQL 데이터베이스 자체는 대량의 데이터를 집계하는 기능이 없는 것이 많아 데이터 분석을 위해서는 외부로 데이터를 추출해야 한다. 단, RDB 등과 비교하면 읽기 성능이 높기 때문에 쿼리 엔진에서 접속해도 성능상의 문제는 발생하기 어렵다. 따라서, 애드 혹 분석 등에서는 데이터를 사전에 복사하지 않고 필요시에 직접 연결하여 사용할 수 있다.

TIP **DynamoDB Streams와 Kinesis Stream**

AWS에는 DynamoDB Streams와 비슷한 듯 다른 것으로 'Kinesis Stream(키네시스 스트림)'이라는 서비스도 있다. Kinesis는 데이터베이스가 아니라 메시지 브로커다. DynamoDB는 데이터베이스로 사용할 수 있지만, 메시지 브로커는 단방향 메시지 전달에만 사용할 수 있다. 그러나 메시지 브로커 쪽이 간단한 만큼 훨씬 효율적인 데이터 전송이 가능하다.

[기초 지식] ACID 특성과 CAP 정리

분산 데이터베이스를 자세히 설명하는 것은 이 책의 목적이 아니지만, NoSQL 데이터베이스를 이해하기 위해 'ACID 특성'과 'CAP 정리'에 대해 알아 두는 것이 좋다.

ACID 특성은 트랜잭션 처리에 요구되는 4가지 성질을 말하는 것으로 다음과 같다.

- **원시성(atomicity)**
- **일관성(consistency)**
- **독립성(isolation)**
- **내구성(durability)**

일반적인 RDB는 이들을 충족하고 있어 신뢰성 있는 트랜잭션 처리를 실현하고 있다.

한편, ACID 특성을 만족하면서 분산 시스템을 구축하는 것은 어렵기 때문에 그 한계에 대해서 제창된 것이 '**CAP 정리**'다. 일반적으로 분산 시스템에서는 다음의 세 가지를 동시에 충족시킬 수 없어 어느 하나가 희생될 수 있다.

- **일관성(consistency)**
- **가용성(availability)**
- **분단내성(partition-tolerance)**

CAP 정리는 제한된 조건에서만 성립하며, 분산 시스템에서 트랜잭션 처리를 실행할 수 없다는 의미는 아니다[39]. 그러나 실제 NoSQL 데이터베이스 중에는 성능상의 이유로 ACID 특성을 충족하지 않는 것도 있으므로 주의가 필요하다. 즉, RDB처럼 반드시 신뢰성 있는 트랜잭션 처리를 수행할 수 있다고는 할 수 없다.

결과 일관성
NoSQL 데이터베이스의 일부는 CAP 정리의 '일관성'이나 '가용성' 중 하나를 선택한다. 즉, 일관성을 우선하고 가용성을 포기하거나(단시간의 장애 발생을 수용), 반대로 가용성을 우선하고 일관성을 포기하는(오래된 데이터를 읽을 수 있는) 선택이다. 그중에서도 자주 볼 수 있는 것이 '**결과 일관성**(eventual consistency)'의 개념으로, '써넣은 데이터를 바로 읽을 수 있다고는 말할 수 없다'는 것이다.

---

39 '12년 후의 CAP 정리: '법칙'은 어떻게 바뀌었나'
　URL https://www.infoq.com/jp/articles/cap-twelve-years-later-how-the-rules-have-changed/

결과적 일관성도 시간이 지나면 언젠가 최신 데이터를 읽을 수 있음을 보장할 수 있지만, 그 것이 언제가 될지는 알 수 없다. 앞서 언급한 Amazon DynamoDB 등은 그 예로, 규정상의 동작으로는 결과 일관성이 보장되게 되어 있다.

결과 일관성은 Amazon S3에서도 도입되고 있으며, 기존 객체를 덮어쓰거나 삭제하거나 하 는 경우에는 그 변경이 언제 반영되는지 보장되지 않아 지연이 발생할 가능성이 있다[40].

역사적인 배경으로 봤을 때, NoSQL 데이터베이스의 대부분은 RDB의 한계를 뛰어넘기 위해 개발되어 왔다. 그렇기 때문에 ACID 특성을 부분적으로 포기하거나 어떤 제약을 마련함으 로써 높은 성능을 실현하고 있다. 따라서, NoSQL 데이터베이스의 사용에 있어 먼저 그 제약 을 잘 이해해두지 않으면 예상치 못한 동작으로 인해 고생하게 된다.

NoSQL은 RDB의 상식이 통용되지 않기 때문에 학습 비용이 많이 드는 경향이 있다. 이 책에 서는 NoSQL 데이터베이스의 특징을 다루고 있긴 하지만, 그 이용을 권장하는 것은 아니다. 뭔가 특별한 이유가 있는 것이 아니라면, 강한 일관성이 보장된 신뢰성 있는 데이터베이스를 사용하는 것이 안전하다.

와이드 칼럼 스토어 — 구조화 데이터를 분석해서 저장하기

분산 KVS를 발전시켜 2개 이상의 임의의 키에 데이터를 저장할 수 있도록 한 것이 '와 이드 칼럼 스토어(wide-column store)'다. 'Google Cloud Bigtable[41]'과 'Apache HBase[42]', 그 리고 뒤에서 언급할 'Apache Cassandra(아파치 카산드라)' 등이 대표적이다.

와이드 칼럼 스토어에서는 내부적으로 행 키와 칼럼 명의 조합에 대해 값을 저장한다. 테이블에 새로운 행을 추가하는 것과 마찬가지로 칼럼도 얼마든지 추가할 수 있는 구 조로 되어 있으며, 수억의 칼럼을 만들 수도 있다. 즉, 하나의 테이블에 가로와 세로의 2차원(또는 그 이상의 다차원)에 데이터를 쓸 수 있도록 한 것이 와이드 칼럼 스토어의

---

40 'Amazon Simple Storage Service(S3) FAQs',
　　'Q: What data consistency model does Amazon S3 employ?' URL https://aws.amazon.com/s3/faqs/
41 URL https://cloud.google.com/bigtable/
42 URL https://hbase.apache.org/

특징이다(그림 4.19).

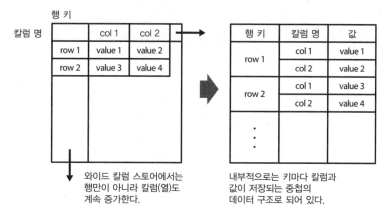

와이드 칼럼 스토어에서는
행만이 아니라 칼럼(열)도
계속 증가한다.

내부적으로는 키마다 칼럼과
값이 저장되는 중첩의
데이터 구조로 되어 있다.

그림 4.19 와이드 칼럼 스토어의 데이터 저장 방법

Apache Cassandra

여기에서는 오픈 소스의 와이드 칼럼 스토어인 'Apache Cassandra[43]'를 살펴보자.
Cassandra는 내부적인 데이터 저장소로 와이드 칼럼 스토어를 이용하면서도 'CQL'이
라 불리는 높은 수준의 쿼리 언어가 구현되어 있어, 그림 4.20과 같이 SQL과 동일한
감각으로 테이블을 조작할 수 있다.

```
테이블의 작성
cqlsh> CREATE TABLE access_log(
   ...     user_id int,
   ...     time timestamp,
   ...     path text,
   ...     PRIMARY KEY (user_id, time)
   ... );
1행 추가
cqlsh> INSERT INTO access_log(user_id, time, path)
   ... VALUES (1001, '2017-01-01 00:00:00', '/login');
결과 확인
cqlsh> SELECT * FROM access_log;
```

---

43 URL http://cassandra.apache.org/

```
 user_id | time                                | path
---------+-------------------------------------+--------
    1001 | 2017-01-01 00:00:00.000000+0900 | /login

(1 rows)
```

그림 4.20 Cassandra에 의한 테이블의 작성과 쿼리의 실행

Cassandra에서는 먼저 테이블의 스키마를 결정할 필요가 있기 때문에 구조화 데이터 만을 취급할 수 있다. 이것은 언뜻 보면 RDB와 비슷하지만, 쿼리의 의미는 SQL과는 많은 점에서 다르다. 예를 들면, INSERT INTO는 '추가 또는 갱신'(이른바 "upsert")으로 동작해 동일한 키를 가진 레코드가 존재하면 덮어쓴다.

Cassandra는 P2P 형의 분산 아키텍처를 갖고 있으며 지정한 키에 의해 결정한 노드에 해당 키와 관련된 모든 값을 저장한다. 사용자 ID를 키로 사용하는 경우 그 사용자에 대한 기록은 하나의 노드에 모이고 그 노드 안에서 쿼리가 실행된다. 따라서, 다수의 독립적인 키가 있는 경우에 처리를 잘 분산할 수 있다.

예를 들어, 전 세계에 1억 명의 활성 사용자가 있는 메시지 서비스가 있다고 하고, 각 사용자가 매일 수십 메시지를 기록한다고 가정해보자. 테이블에는 매일 수십억 레코드 가 추가될 것이다. 이 경우, 사용자 ID를 키로 데이터를 분산하고, 메시지의 타임스탬 프로 레코드를 분리함으로써 사용자별 타임 라인이 구축된다. CQL에서는 이러한 거 대한 테이블을 '복합 키(compound key)'를 이용하여 실현한다[44].

와이드 칼럼 스토어도 데이터를 집계하는 데는 적합하지 않다. 집계를 위해서는 분산 된 모든 노드에서 데이터를 모아야 하기 때문이다. Hive와 Presto, Spark 등의 쿼리 엔 진은 모두 Cassandra로부터의 로드에 대응하고 있으며, 데이터를 분석하려면 그것들 을 이용해 데이터를 추출해야 한다(그림 4.21).

---

44 'Compound keys and clustering'
URL https://docs.datastax.com/en/cql/3.1/cql/ddl/ddl_compound_keys_c.html

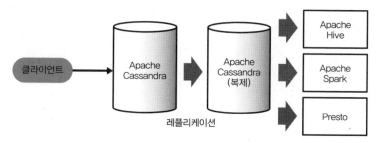

애플리케이션에서의 영향을 없애기 위해 Cassandra 클러스터를 복제해서 이용한다. 데이터는 여러 노드에 분산되므로 Spark
와 Presto 등을 이용하면 빠른 로딩이 가능하다.

그림 4.21 Cassandra를 중심으로 하는 데이터 파이프라인[45]

도큐먼트 스토어 — 스키마리스 데이터 관리하기

NoSQL 데이터베이스를 대표하는 또 하나의 형태가 '**도큐먼트 스토어**(document store)'다.
와이드 칼럼 스토어가 주로 '성능 향상'을 목표로 하는 반면, 도큐먼트 스토어에서는 주
로 '데이터 처리의 유연성'을 목적으로 한다. 구체적으로는 JSON처럼 복잡하게 뒤얽힌
스키마리스 데이터를 그대로의 형태로 저장하고 쿼리를 실행할 수 있도록 한다.

물론 간단한 분산 KVS도 JSON 텍스트로 저장할 수 있다. 하지만 그에 대한 복잡한
쿼리를 실행할 수 있다고는 말할 수 없다. 도큐먼트 스토어는 배열과 연상 배열(맵 형)
과 같은 중첩된 데이터 구조에 대해 인덱스를 만들거나 도큐먼트 일부만을 치환하는
식의 쿼리를 쉽게 실행할 수 있다.

도큐먼트 스토어의 장점은 스키마를 정하지 않고 데이터 처리를 할 수 있다는 점이다.
그래서 외부에서 들여온 데이터를 저장하는 데 특히 적합하다. 자체 개발한 애플리케
이션 등에서는 명시적으로 스키마를 정하는 편이 좋은 점도 많으므로 도큐먼트 스토
어는 주로 참고 시스템의 데이터 및 로그 저장 등에 적합하다.

---

45 'BI, Reporting and Analytics on Apache Cassandra'

　URL http://www.slideshare.net/VictorCoustenoble/bi-reporting-and-analytics-on-apache-cassandra/

TIP **RDB와 도큐먼트 스토어**

지난 몇 년 동안 MySQL이나 PostgreSQL과 같은 RDB에서도 도큐먼트 스토어의 기능이 포함되었다. 높은 신뢰성을 필요로 하는 데이터 처리는 RDB의 내부에서 트랜잭션 일부로 도큐먼트를 업데이트하는 것이 안전하다.

MongoDB

'MongoDB(몽고디비)'[46]는 오픈 소스의 분산형 도큐먼트 스토어로 자바스크립트나 각종 프로그래밍 언어를 사용하여 데이터를 읽고 쓸 수 있다(그림 4.22). 예전부터 성능을 우선하여 신뢰성을 희생해왔기 때문에 이에 대한 비판도 많았지만[47], 그 간편함 때문인지 NoSQL 데이터베이스 중에서도 특히 인기가 높다.

```
데이터 쓰기
> db.users.insert({user_id: 1234, name: "user1"})
WriteResult({ "nInserted" : 1 })
데이터 검색
> db.users.find({user_id: 1234})
{
  "_id" : ObjectId("58f182d09e64b6f69c945628"),
  "user_id" : 1234,
  "name" : "user1"
}
```
그림 4.22 MongoDB에 의한 데이터 읽고 쓰기(자바스크립트)

MongoDB도 여러 노드에 데이터를 분산할 수 있지만, 그 자체는 대량의 데이터를 집계하는 데 적합하지 않다. 데이터 분석이 목적인 경우에는 역시 쿼리 엔진으로부터 접속하는 등 데이터를 추출할 필요가 있다.

46 URL https://www.mongodb.com/
47 'Broken by Design: MongoDB Fault Tolerance'
URL http://hackingdistributed.com/2013/01/29/mongo-ft/

■ 검색 엔진 — 키워드 검색으로 데이터 검색

'검색 엔진(search engine)'은 NoSQL 데이터베이스와는 조금 성격이 다르지만, 저장된 데이터를 쿼리로 찾아낸다는 점에서는 유사한 부분도 많고, 특히 텍스트 데이터 및 스키마리스 데이터를 집계하는 데 자주 사용된다.

검색 엔진의 특징은 텍스트 데이터를 전문 검색하기 위해 '역 색인(아래 칼럼 참고)'을 만드는 부분이다. 따라서, 데이터를 기록하는 시스템 부하 및 디스크 소비량은 커지지만, 그 덕분에 키워드 검색이 훨씬 고속화된다.

COLUMN　　**풀 스캔에 의한 전문 검색**

검색 엔진은 텍스트 데이터를 검색하기 위해 '역 색인(inverted index)'을 만든다. 즉, 텍스트에 포함된 단어를 분해하고 어떤 단어가 어떤 레코드에 포함되어 있는가 하는 인덱스를 먼저 만들어 둠으로써 검색을 고속화한다.

만약 역 색인이 없으면 모든 텍스트를 전체 스캔해야 원하는 레코드를 찾을 수 있기에 검색 효율이 크게 저하된다.

예전이라면 검색 엔진을 사용하지 않고 전체 스캔하는 것은 생각할 수 없었지만, 빅데이터 기술의 발전에 의해 그것도 가능한 일이 되었다. SQL로도 정규 표현을 통해 키워드를 찾아내고 패턴에 일치하는 문자열을 추출할 수 있으므로 나머지는 처리 속도의 문제다.

예를 들어, Google BigQuery를 사용하면 대량의 계산 자원을 이용하여 몇 초 만에 빅데이터의 전체 스캔이 가능하다. 쿼리를 실행시킬 때마다 모든 데이터를 로드하게 되기(=비용이 발생) 때문에 매우 비효율적인 방법이지만, 실행 빈도가 높지 않다면 문제가 될 일은 없다.

검색 엔진은 독자적인 쿼리 언어를 사용하는 것이 많아 SQL에 익숙한 사람에게는 학습 비용이 많이 든다. 평소 자주 로그를 검색하는 사람은 제쳐두고, 드물게만 텍스트 데이터를 취급하는 경우라면, SQL을 중심으로 하는 데이터 분석의 구조를 그대로 이용하여 검색하는 것이 더 간단하다.

대부분의 NoSQL 데이터베이스가 성능 향상을 위해 색인 작성을 제한하고 있는 것과는 대조적으로, 검색 엔진은 적극적으로 색인을 만듦으로써 데이터를 찾는 것에 특화

되어 있다. 결과적으로 검색 엔진은 데이터의 집계에 적합하며, 특히 비정상적인 상태의 감지 및 보안 체크, 고객 서포트처럼 민첩성이 요구되는 용도에서 최근의 데이터를 보기 위해 사용된다.

검색 엔진은 장기적으로 데이터를 축적하기보다는 실시간 집계 시스템의 일부로 이용된다. 예를 들어, 메시지가 배송된 데이터를 분산 스토리지에 저장하는 한편, 같은 데이터를 검색 엔진에도 전송하여 실시간성이 높은 데이터 처리를 위해 활용한다(그림 4.23).

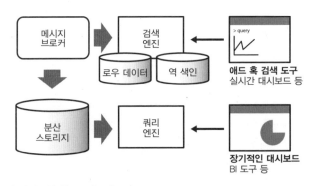

그림 4.23 용도에 따라 배송할 곳 나누기

Elasticssearch

오픈 소스의 검색 엔진으로 인기를 끌고 있는 것이 'Elasticsearch'다. 로그 수집 소프트웨어인 'Logstash', 시각화 소프트웨어인 'Kibana'와 함께 'ELK 스택' 또는 'Elastic 스택'[48]으로 자주 이용된다.

Elasticsearch에는 임의의 JSON 데이터를 저장할 수 있기 때문에 도큐먼트 스토어와 비슷하지만, 아무것도 지정하지 않으면 모든 필드에 색인이 만들어진다는 특징이 있다. 텍스트 데이터에서는 역 색인이 구축된다. 따라서, 간단한 도큐먼트 스토어와 비교하면 쓰기의 부하가 크고, 필요에 따라 명시적으로 스키마를 결정함으로써 색인을 무효로 하는 식의 튜닝이 필요하다.

---

48 ⓤⓡⓛ https://www.elastic.co/jp/products/

Elasticsearch는 자체 쿼리 언어에 의한 고급 집계 기능을 제공하고 있다. 열 지향 스토리지에도 대응하고 있어[49] 그것만으로도 데이터를 집계하기 위한 기반이 된다. 다만, 표준 쿼리 언어는 사람의 힘으로 쓰기에는 너무 복잡하므로, Kibana 같은 프런트 엔드를 이용하거나 프로그램 안에서 호출하는 것이 주요한 사용법이다.

> **TIP** **도큐먼트 스토어로서의 Elasticsearch**
>
> Elasticsearch를 검색 엔진이 아닌 일반 도큐먼트 스토어로서 임의의 스키마리스 데이터를 읽고 쓰는 데 사용하는 경우도 있다.
>
> 특히, 데이터를 자주 집계하는 애플리케이션은 Elasticsearch의 집계 기능이 도움이 된다. 그러나 그 구성을 생각한다면, 어디까지나 검색과 집계를 목적으로 하는 참고용 데이터 스토어로 생각하는 것이 안전하다.

Splunk

오픈 소스는 아니지만, 상용 검색 엔진인 'Splunk(스플렁크)'[50]도 텍스트 데이터를 집계하기 위한 도구로 알려져 있다. Splunk가 자신하는 분야는 비정형 데이터로, 주로 웹 서버나 네트워크 기기 등으로부터 출력되는 로그 파일이나 JSON 파일을 다루어 텍스트 처리를 해야만 분석할 수 있는 데이터다. 예를 들어, 다음과 같은 로그가 있다고 하자.

```
2017-01-01 00:00:00 [INFO] user connected: user1
2017-01-01 00:00:01 [INFO] user connected: user2
2017-01-01 00:00:02 [INFO] user connected: user3
```

Splunk는 검색 엔진이므로 키워드를 입력하면 그것을 포함하는 로그를 찾을 수 있다. 최근의 데이터부터 순서대로 검색되므로 매일 발생하는 각종 이벤트를 빠르게 찾거나 보고서를 작성하는 목적으로 이용된다(그림 4.24).

---

49 'Elasticsearch as a column store'
　　URL https://www.elastic.co/blog/elasticsearch-as-a-column-store/
50 　**URL** https://www.splunk.com/

그림 4.24 Splunk에 의한 검색 결과 표시

Splunk의 재미있는 점은 검색을 실행할 때 텍스트에서 필드가 추출된다. 처음에 키워드 검색을 통해 로그를 찾으면 패턴 매치에 의해 키와 값이 추출된다. 그 결과, 검색할 때마다 데이터가 구조화되게 되어 있어 쿼리를 다시 작성함으로써 어떤 테이블이라도 유연하게 만들어낼 수 있다.

그림 4.25는 앞의 로그 데이터를 사용하여 정규 표현으로 사용자 명을 추출하여 테이블로 출력한 것이다. Splunk는 파이프라인(|)를 사용하여 데이터를 순차적으로 가공한다. 이러한 대화형 쿼리를 사용하여 데이터를 추출, 필터링하면서 최종적으로는 교차 분석 및 시각화까지 하나의 화면에서 실행할 수 있어서 텍스트 데이터를 신속하게 애드 혹 분석할 때 유용하다.

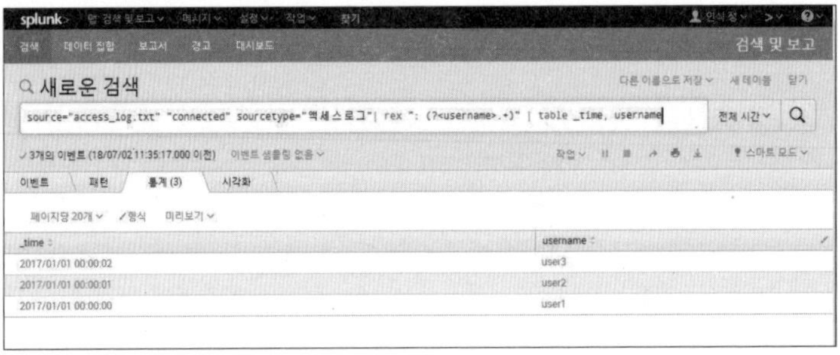

그림 4.25 검색 시에 구조화된 테이블이 만들어진다

스마트 폰에서 보내오는 데이터를 보고 있으면, PC가 탄생한 지 얼마 안 된 1970년대의 데이터와 수백 년 앞의 미래에서 온 데이터가 적지 않게 나와 놀라게 된다. 물론, 정말로 그런 과거나 미래에서의 데이터가 도착한 것은 아니며, 단순히 시계가 미쳐 있어서 발생한 일이다.

메시지 배달의 시점에서 시간의 정확성을 확인하지 않은 채, 보내진 이벤트 시간을 그대로 믿어 버리면 사용할 수 없는 데이터가 다수 포함된다. 필자가 예전에 조사한 결과에서는 이벤트 시간의 99% 이상은 최근 10일 이내의 것이었지만, 나머지 1% 미만의 데이터는 과거에서 미래로 널리 분포하고 있었다. 그렇듯 분명히 시간이 이상한 데이터는 가급적 이른 단계에서 찾아 집계 대상에서 제외한다.

빅데이터의 집계에서는 먼저 대상 데이터를 시간으로 검색한다. 이때 집계 효율성을 높이기 위해 테이블을 시간으로 파티션 분할하는 경우가 있다. 그러나 그 시간이 수백 년이나 분포하고 있으면 분산 스토리지에 대량의 작은 파일이 생성되게 되고, 그것을 읽고 쓰기 위해 대부분 시간이 소요된다. 1% 미만의 손상된 데이터를 위해 쿼리의 실행 성능이 현저하게 악화되기도 한다. 이러한 문제를 미리 방지하기 위해서도 먼 과거나 미래의 시간을 포함한 데이터는 그것을 분산 스토리지에 넣기 전에 제거하는 것이 좋다.

4-5 정리

이 장에서는 '데이터를 모아서 분산 스토리지에 저장'하기까지의 '데이터 수집의 흐름'에 대해 설명하였다. 빅데이터를 효율적으로 집계하려면 '장기적인 데이터 분석'을 가정한 '스토리지'를 마련하는 것이 필수적이며, 데이터를 도입하는 프로세스는 아무래도 복잡하다.

너무 자주 데이터를 복사하면 데이터가 잘게 분열되어 '집계 효율'은 점차 악화된다. '벌크 형의 데이터 전송'이면 한꺼번에 대량의 데이터를 복사하기 때문에 문제가 되지 않지만, **스트리밍 형의 데이터 전송**은 작은 메시지가 대량으로 들어오므로 그것을 정기적으로 모아서 기록하는 데 아이디어가 필요하다.

'다수의 클라이언트'에서 실시간으로 **'데이터를 수집'**하는데 **'메시지 배송 방식'**이 사용된다. **'메시지 브로커'**를 도입함으로써 분산 스토리지에 쓰는 **'속도를 안정화'**할 수 있다. 또한, 메시지를 여러 경로로 **'라우팅'**함으로써 동일한 데이터를 **스트리밍 처리 및 배치 처리 모두에서 사용'**할 수 있다.

메시지 배송에서는 효율을 중시하여 **'트랜잭션 처리를 하지 않는 경우'**가 많으므로 잠재적으로 데이터가 **'중복'**되거나 **'누락'** 될 가능성이 있다. 일반적으로 데이터의 누락을 피하고자 **'at least once'**의 데이터 전송을 하지만, 그렇게 해서 중복된 데이터를 제거하는 것은 사용자의 책임이다. 실제로는 **'약간의 중복은 허용'**한 후에 **'신뢰성이 요구되는 부분에서는 벌크 형의 데이터 전송'**을 하는 것이 일반적이다.

메시지 배송 방식을 사용하지 않고 애플리케이션에서 **'NoSQL 데이터베이스와 같은 분산 스토리지'**에 직접 데이터를 쓰는 방법도 있다. NoSQL 데이터베이스는 데이터의 읽기 및 쓰기는 우수하지만, 대량의 데이터를 집계할 수 없다. **'집계'**를 위해서는 **'쿼리 엔진과 연결하여 애드 혹 분석'**을 하거나 **'정기적으로 데이터를 꺼내 장기적인 데이터 분석을 준비'**한다.

빅데이터의
파이프라인

이 장에서는 빅데이터 파이프라인을 자동화하기 위한 구조에 대해 살펴보겠다.

5.1절에서는 '워크플로 관리'의 개념을 설명한다. 워크플로 관리 도구를 도입하면, 데이터를 관리하는 '태스크'를 정기적으로 실행하므로 오류가 발생한 경우라도 '복구'하기 쉽다. 단, 그러기 위해서는 워크플로를 '멱등'하게 실행하는 것이 필요하다.

5.2절에서는 'DAG'의 내부 표현을 사용한 '워크플로'의 개념을 설명한다. 데이터 플로우와 워크플로를 적재적소에 조합하여 '배치 처리'의 데이터 파이프라인을 만든다.

5.3절에서는 데이터 플로우를 사용한 '스트림 처리'에 대해 설명한다. 스트림 처리의 결과를 나중에 배치 처리에 의해 치환하는 '람다 아키텍처'의 개념도 다룬다.

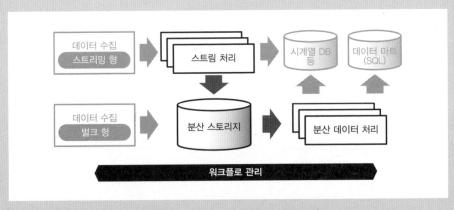

그림 5.A 데이터 파이프라인의 자동화와 워크플로 관리의 주요 관련 분야

5-1 워크플로 관리

정기적인 데이터 관리를 자동화하여 안정된 배치 처리를 실행하기 위해 워크플로 관리 도구를 도입한다.

[기초 지식] 워크플로 관리 — 데이터의 흐름을 일원 관리하기

기업 내의 정형적인 업무 프로세스(신청, 승인, 보고 등)와 같이 정해진 업무를 원활하게 진행하기 위한 구조를 일반적으로 '**워크플로 관리**(workflow management)'라고 한다. 워크플로 관리 기능은 다수의 업무 시스템에 내장되어 있어 매일 매일의 태스크를 관리하는 데 이용되는데, 이 구조가 정기적인 배치 처리의 실행에도 유용하기 때문에 데이터 처리 현장에서도 자주 이용된다.

일상적인 업무에는 수동으로 하는 것과 자동화된 것이 있는데, 여기서는 자동화된 워크플로만을 가정한다. 태스크는 정해진 스케줄에 따라 자동으로 실행되고, 무언가 비정상적 일이 발생한 경우에는 사람이 개입하여 문제를 해결한다.

워크플로 관리 도구

워크플로 관리 도구의 주요 역할은 '정기적으로 태스크를 실행'하고 '비정상적인 상태를 감지하여 그것에 대한 해결을 돕는' 것이다.

기존에는 업무용으로 개발된 워크플로 관리 도구가 그대로 데이터 처리에도 사용되었다. 그러나 요즘에는 데이터 파이프라인의 실행에 특화한 오픈 소스의 워크플로 관리 도구가 여럿 개발되어서 점차 이용자가 늘어나고 있다(표 5.1).

표 5.1 오픈 소스의 워크플로 관리 도구의 예

이름	종류	개발사
Airflow(에어 플로우)	스크립트 형	Airbnb
Azkaban(아즈카반)	선언형	LinkedIn
Digdag(디그더그)	선언형	트레주어 데이터
Luigi(루이지)	스크립트 형	Spotify
Oozie(우지)	선언형	The Apache Software Foundation

워크플로 관리 도구와 태스크

데이터 파이프라인의 실행 과정에서는 데이터를 잇달아 이동하면서 정해진 처리를 반복한다. 이때 실행되는 개별 처리를 '태스크(task)'라고 부른다(그림 5.1). 태스크를 단지 실행하는 것만이라면 특별한 도구 필요 없이 자신이 직접 만든 스크립트를 실행시키는 것만으로도 데이터 파이프라인을 실현할 수 있다.

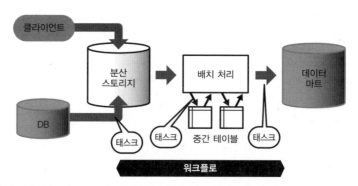

데이터의 이동은 각각 하나의 태스크로 표현된다. 워크플로 관리 도구의 역할은 모든 태스크가 틀림없이 실행되도록 관리하는 데 있다.

그림 5.1 워크플로 관리 도구에 의한 태스크의 실행

기본 기능과 빅데이터에서 요구되는 기능

워크플로 관리를 위해 전용 도구를 사용하는 이유는 태스크 실행에 실패할 수 있기 때문이다. 데이터 파이프라인이 복잡해지거나, 태스크의 수가 증가하면 실패한 태스크를 다시 실행하는 일 또한 점차 어려워진다. 워크플로 관리 도구는 주로 다음과 같은 기능을 제공한다.

- 태스크를 정기적인 스케줄로 실행하고 그 결과 통지하기
- 태스크 간의 의존 관계를 정하고, 정해진 순서대로 빠짐없이 실행하기
- 태스크의 실행 결과를 보관하고, 오류 발생 시에는 재실행할 수 있도록 하기

이러한 기본 기능과 함께, Hadoop에서의 잡(Job)을 손쉽게 호출하거나 집계 결과를 데이터 마트에 기록하는 기능을 제공하는 등 데이터 파이프라인의 모든 태스크를 일원 관리하기 쉽게 한 것이 빅데이터를 위한 워크플로 관리 도구다.

선언 형과 스크립트 형 워크플로 관리 도구의 종류

워크플로 관리 도구에는 크게 두 가지 종류가 있다. 하나는 XML이나 YAML 등의 서식으로 워크플로를 기술하는 타입으로, 이 책에서는 이것을 '**선언형**(declarative)' 도구라고 부른다(리스트 5.1).

리스트 5.1 Oozie에 의한 워크플로 정의의 예(XML)

```
<workflow-app name='wordcount-wf' xmlns="uri:oozie:workflow:0.1">
    <start to='wordcount'/>
    <action name='wordcount'>
        <map-reduce>
            <job-tracker>${jobTracker}</job-tracker>
            <name-node>${nameNode}</name-node>
            <configuration>
                ...
            </configuration>
        </map-reduce>
    </action>
</workflow-app>
```

선언형 도구에서는 미리 제공된 기능만 이용할 수 있는데, 그 범위 안이라면 최소한의 기술로 태스크를 정의할 수 있는 특징이 있다. 누가 작성해도 동일한 워크플로가 되기 때문에 유지 보수성이 높아진다. 동일 쿼리를 파라미터만 바꾸어 여러 번 실행하거나,

워크플로를 단순 반복적으로 자동 생성하는 경우에도 선언형 도구가 사용된다.

다른 하나는 스크립트 언어로 워크플로를 정의하는 유형으로, 이 책에서는 이것을 '**스크립트 형**(scripting)' 도구라고 부른다(리스트 5.2).

리스트 5.2 Airflow에 의한 워크플로 정의 예(파이썬)

```
셀 스크립트의 템플릿 정의
SCRIPT = '''
aws s3 cp --recursive s3://example/logs/{{ ds }}/ .
'''
셀 스크립트를 실행하는 태스크 등록
task = BashOperator(task_id='data_transfer', bash_command=SCRIPT)
```

스크립트 형 도구의 특징은 그 유연성에 있다. 일반적인 스크립트와 동일하게 변수나 제어 구문을 사용할 수 있으므로, 태스크의 정의를 프로그래밍할 수 있다. 스크립트 언어에 의해 데이터 처리를 태스크 안에서 실행하는 것도 가능하다. 예를 들어 파일의 문자 코드를 변환하면서 서버에 업로드하는 식의 태스크는 스크립트 형 도구의 강점이다.

COLUMN **직접 제작한 워크플로 관리 도구**

빅데이터의 워크플로 관리 도구에는 확실한 업계 표준이 없다. 업무용 도구에 익숙한 사람은 그것을 그대로 이용하거나, 소프트웨어 개발에 익숙한 사람은 오픈 소스의 도구를 선택하는 경우가 많다. 데이터 웨어하우스용의 상용 ETL 제품에는 내장형 워크플로 기능이 붙어 있다. 각종 클라우드 서비스에는 그 서비스에 특화한 워크플로 관리 기능이 제공된다.

결국, 워크플로라는 것은 개별 환경에 강하게 의존할 수밖에 없고, 특정 목적에 적합한 것만큼 다른 용도에서는 사용하기 어려울 수 있다. 기존 것에는 만족할 수 없어 새로운 도구를 직접 만드는 사람도 많다. 실제로 일정 수준의 환경이 되면, 최종적으로는 직접 제작한 도구를 만들어 사용하는 경우도 많이 접한다.

ETL 프로세스에는 스크립트 형의 도구, SQL의 실행에는 선언형 도구 등으로 나누어 사용하는 것도 하나의 방법이다. 일반적으로 데이터 수집 과정에서는 무언가 스크립트 처리가 필요한 경우가 많아 스크립트 형의 도구를 사용함으로써 유연하게 워크플로를 조립할 수 있다. 한편, 데이터를 모아 두면 나중에 정형적인 처리만 하게 되므로, 그 이후에 선언형 도구를 사용하는 방법은 간단하다.

> **NOTE** 스크립트 형의 워크플로에 대해서는 다음 장에서 자세히 다룬다.
>
> · 제6장 ➜ 워크플로 관리 도구에 의한 자동화

▌ 오류로부터의 복구 방법 먼저 생각하기

데이터 파이프라인을 매일 동작시키다 보면, 뭔가 예기치 못한 오류가 분명 발생한다. 그것이 일시적인 장애든지 구현상의 버그든지 신속하게 문제를 해결하여 태스크를 재실행해야 한다.

이 대응에 시간을 허비하면 피해가 커진다. 예를 들어 1일의 액세스 로그를 집계하는데 4시간의 배치 처리를 동작시키고 있다고 하자. 만약 이 처리가 실패하여 다시 4시간에 걸쳐 재시도한다면, 그날의 워크플로에 큰 지연이 발생한다. 후속의 태스크 중에는 예정된 시간까지 끝내지 않으면 새로운 문제를 일으키는 것이 있을지도 모른다. 그러면 하나의 실패가 연쇄적으로 확대돼서 결과적으로는 모든 태스크를 처음부터 다시 시작해야 하므로 하루를 낭비하게 된다.

빅데이터를 취급하고 있으면 다양한 오류가 발생한다. 네트워크의 일시적인 장애나 하드웨어의 장애를 비롯하여 스토리지의 용량 부족, 쿼리 증가에 따른 성능 부족 등 일상적인 요인에서 발생하는 것부터 그다지 발생하지 않는 것까지 다양하다. 그 모든 것을 사전에 예상하는 것은 불가능하므로, 미리 예기치 못한 오류가 발생할 가능성을 고려하여 오류 발생 시의 대처 방법을 결정해두는 것이 중요하다.

워크플로 관리에서는 태스크의 실행 순서를 정하는 것과 동시에 오류로부터 어떻게 회복할 것인가라는 계획을 정한다. 무엇인가 문제가 발생해도 신속하게 회복할 수 있도록 오류에 강한 워크플로를 구축하여 매일 반복되는 데이터 처리를 안정적으로 실행할 수 있도록 노력한다.

복구와 플로우의 재실행

오류 중에서는 통신 오류와 같은 몇 차례 반복하면 성공하는 것과 인증 오류와 같이 몇 차례 반복해도 실패하는 것이 있다. 전자의 경우는 잠시 기다리면 끝나지만, 후자의 경우는 수동으로 대처해야 한다. 오류로부터 회복할 때까지 여러 날이 걸리는 경우도 있다. 하드웨어의 교환에 시간이 걸린다든지 아니면 휴일에 발생한 문제를 주 초에 대응하는 것 등이다.

오류에는 수많은 가능성이 있으므로 기본적으로 워크플로 관리에서는 오류로부터 자동 회복할 수 있다는 점은 고려하지 않는다. 대신에 수작업에 의한 '**복구**(recovery)'를 전제한 태스크를 설계한다. 실패한 태스크는 모두 기록하여 그것을 나중에 재실행할 수 있도록 한다(그림 5.2).

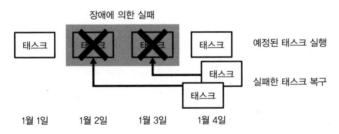

장애가 여러 날 계속된 경우에는 그 기간에 실패한 처리를 재실행해야 한다. 그러기 위해서는 실패한 태스크의 내용을 기록하여 나중에 동일한 태스크를 실행해야 한다.

그림 5.2 일일 배치 처리가 여러 날 정지한 후의 복구 처리

여기서는 워크플로 관리 도구에 의해 실행되는 일련의 태스크를 '**플로우**(flow)'라고 부르기로 하자. 각 플로우에는 실행 시에 고정 파라미터가 부여되어 있다. 일별 배치 처리라면, 특정 날짜가 파라미터가 된다. 동일 플로우에 동일 파라미터를 건네면, 완전히 동일한 태스크가 실행되도록 한다. 이유는 플로우가 도중에 실패해도 나중에 동일 파라미터로 재실행이 가능하기 때문이다. 이것이 복구의 기초다.

대부분의 워크플로 관리 도구는 과거에 실행한 플로우와 그 파라미터를 자동으로 데이터베이스에 기록하게 되어 있다. 그래서 실패한 플로우를 선택하여 재실행하는 것만으로 복구가 완료된다(그림 5.3). 웹 브라우저로 오류의 상세 내용을 확인하고 클릭 한 번으로 재실행할 수 있는 도구를 선택하면 좋을 것이다. 대부분 오류는 일시적인 것이 많아 시간을 두고 재실행하는 것만으로도 해결되는 경우가 많기 때문이다.

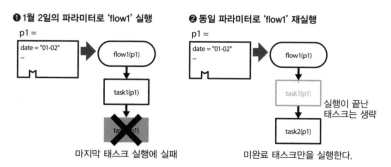

❶ 1월 2일의 파라미터로 'flow1' 실행

p1 =

date = "01-02"
...

flow1(p1)

task1(p1)

마지막 태스크 실행에 실패

❷ 동일 파라미터로 'flow1' 재실행

p1 =

date = "01-02"
...

flow1(p1)

task1(p1)

실행이 끝난 태스크는 생략

task2(p1)

미완료 태스크만을 실행한다.

워크플로 관리 도구 중에는 플로우 만이 아니라 거기에 포함된 모든 태스크 상태를 관리하는 것도 있다. 그런 경우 이미 성공한 태스크는 넘어가고, 미완료된 태스크만을 실행하는 것도 가능하다.

그림 5.3 플로우의 재실행

오픈 소스의 워크플로 관리 도구는 모두 텍스트 파일에 의해 워크플로를 정의한다. 이것은 워크플로를 '버전 관리하기'에 적합하다. 소프트웨어 개발 분야에 있어서 일반적으로는 분산 버전 관리 시스템인 Git를 사용하여 소스 코드를 관리한다. 이처럼 워크플로도 Git 등을 이용하여 버전을 관리하면 좋다.

스크립트나 SQL도 워크플로의 대부분은 본래 텍스트 정보다. 복잡화된 데이터 파이프라인의 구축은 더 이상 시스템 개발과 다른 분야가 아니기 때문에 소프트웨어 개발 분야에서 연마되어 온 버전 관리의 기법을 도입하는 것을 추천한다.

재시도 여러 차례 반복하는 오류는 자동화하고 싶다

여러 번 발생하는 오류에 대해서는 되도록 자동화하여 수작업 없이 복구하고 싶을 것이다. 간단한 것은 태스크 단위의 자동적인 '**재시도**(retry)', 즉 단순한 재실행이다. 곧바로 재시도해도 실패를 반복하는 일이 많기 때문에, 재시도 간격을 5분이나 10분 정도로 두면 성공할 수 있다.

태스크를 재시도하는 것은 간단하지만, '재시도 횟수'에는 주의가 필요하다. 재시도가 적으면, 장애로부터 복구하기 전에 재시도가 종료해 태스크 실행에 실패한다. 반대로 재시도가 너무 많으면, 태스크가 실패하지 않은 것처럼 되기 때문에 중대한 문제가 발생해도 눈치채지 못한다.

어느 정도의 재시도 횟수가 좋은지는 태스크의 성격에 따라 다르다. 이상적으로는 전혀 재시도 없이 모든 오류를 통지하는 것이 좋다. 오류의 원인을 그때마다 조사하여 오류가 일어나지 않도록 대책을 마련하는 것이 가장 좋은 해결책이다.

다만 그렇다 하더라도 예기치 않은 오류는 발생하는 법이기에, 그때에는 무리가 되지 않는 범위에서 수작업으로 복구한다. 로그를 보고 예상외의 문제가 발생하진 않았는지 반드시 확인한다. 오류가 발생해도 데이터 전송에 성공한 경우도 있다. 태스크의 내용에 따라 재시도하면 데이터가 중복되는 경우도 있다. 안이한 재시도는 예상외의 문제를 가져온다.

재시도를 반복해도 문제가 없는 태스크라면, 1회나 2회의 재시도를 실행해도 좋을 것이다. 그러나 그 이상은 태스크의 재시도로 대처하는 것이 아니라 올바른 문제 해결 방법을 찾아야 한다.

백필 일정 기간의 플로우를 연속해서 실행하는 구조

실패한 플로우를 복구하는 다른 하나의 수단은 플로우 전체를 처음부터 다시 실행하는 것이다. 이를 위해 이용할 수 있는 것이 '**백필**(backfill)'의 기능이다.

백필이란 파라미터에 포함된 일시를 순서대로 바꿔가면서 일정 기간의 플로우를 연속해서 실행하는 구조다. 태스크의 실패가 며칠 동안이나 계속된 후에 이를 모두 모아서 재실행하고 싶을 때나 새롭게 만든 워크플로를 과거로 거슬러 올라가 실행하고 싶은 경우에 사용한다(그림 5.4).

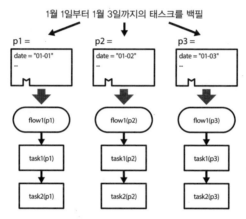

파라미터를 바꾸면서 일정 기간의 태스크를 모두 실행한다. 이용할 도구에 따라서는 이전 회에 실패한 태스크만이 재실행되는 경우도 있다.

그림 5.4 과거의 플로우를 백필하기

백필에 의해 대량의 태스크를 실행할 때에는 성능상의 주의가 필요하다. 예를 들어 새롭게 일별 플로우를 작성했다고 하면, 그것을 백필함으로써 과거 30일간의 데이터를 처리하고 싶다고 생각할지 모르겠다.

하루의 데이터양은 그리 많지 않다고 하더라도 그것의 30배나 되는 데이터를 한 번에 처리하려고 하면 커다란 부하가 걸린다. 그 결과, 평소라면 일어나지 않을 오류가 대량으로 발생할 수도 있다.

대규모의 백필을 실시할 때는 자동적인 재시도는 모두 무효로 하고, 오류는 모두 통지하

는 편이 좋다. 테스트 삼아 조금씩 백필을 실행하여 어떠한 오류가 발생하는지, 오류가 발생하지 않는지를 확인한다. 오류가 자주 발생하면, 실행 속도를 낮춰서 부하를 떨어뜨려야 한다. 마지막에 오류가 난 태스크만을 재실행하면 모든 백필이 완료된다.

멱등한 조작으로 태스크를 기술하기
— 동일 태스크를 여러 번 실행해도 동일한 결과가 된다

복구의 전제로써 기억해야 할 것은 재실행의 안전성이다. 태스크를 도중까지 실행하다가 실패했을 때 그 도중 경과가 사라지지 않고 남아 있으면, 태스크의 재실행에 의해 데이터가 혼재하는 문제가 발생한다. 각 태스크는 원칙적으로 '마지막까지 성공'하거나 '실패하면 아무것도 남지 않음' 이 둘 중 하나만 존재해야 하며, '도중까지 성공'이라는 어정쩡한 상황은 허가하지 않는다.

원자성 조작

예를 들어 SQL을 실행하는 태스크가 있고, 그 안에 INSERT 문을 2회 호출하고 있다고 하자. 만약 첫 번째의 INSERT가 종료한 상황에서 오류가 발생하면, 태스크가 재실행된 때에 동일한 데이터가 다시 쓰이게 될 수 있다(그림 5.5).

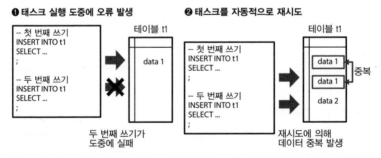

워크플로 관리 도구는 태스크 단위로 재시도를 하므로, 만약 도중까지 쓰여진 데이터가 있으면, 재시도 시에 중복이 발생한다. 이 문제를 회피하려면, 트랜잭션을 시작하여 한 번에 COMMIT(커밋) 해야 한다. 그러나 분산 스토리지는 트랜잭션에 대응하지 않는 경우가 많으므로, 그런 경우는 태스크를 안전하게 재실행할 수 없다.

그림 5.5 태스크를 재실행하면 데이터가 중복된다

이 문제를 회피하는 하나의 방법은 각 태스크가 시스템에 변경을 가하는 것을 한 번만 할 수 있도록 하는 것이다. 트랜잭션 처리에 대응한 데이터베이스라면, 여러 번의 쓰기를 한 번의 트랜잭션으로 실행할 수 있지만, 그렇지 않다면, 쓰기가 필요한 수만큼 태스크를 나누도록 한다. 이를 일반적으로 '**원자성 조작**(atomic operation)'이라고 부르며, 워크플로에 포함된 태스크를 모두 원자성 있는 조작으로 구현함으로써, 재시도 시의 안정성을 높일 수 있다.

단, 원자성 조작인 경우에도 문제를 일으킬 가능성이 있다. 태스크 구현상의 버그 등으로 원자성 조작 직후에 문제가 발생하면, 원자성 조작 자체는 성공하고 있음에도 워크플로 관리 도구는 그것을 오류로 여기는 경우가 있기 때문이다.

예를 들어, 데이터베이스에 데이터를 로드하는 태스크가 있다고 하자. 네트워크 경유로 로드 명령을 발행하고, 그 직후에 통신이 끊어져 오류가 발생했다고 하자. 이 경우, 로드 명령이 취소될지 아니면 실행이 계속될지는 데이터베이스를 조작해봐야 안다. 워크플로 관리 도구는 오류의 내용에는 관여하지 않으므로, 만약 로드 명령이 계속 실행되고 있다면, 재시도에서 중복이 발생한다.

그러한 아주 작은 가능성도 허가하지 않을 때는 원자성 조작에 의존한 플로우를 만들어서는 안 된다. 적어도 워크플로 관리 도구에 의한 자동적인 재시도는 피하고, 오류의 내용을 반드시 확인한 뒤에 수동으로 복구해야 한다.

멱등한[51] 조작 추가와 치환

더욱 확실한 것은 '동일한 태스크를 여러 번 실행해도 동일한 결과'가 되도록 하는 것이다. 이것을 '**멱등한 조작**(idempotent operation)'이라 부른다. SQL이라면 '테이블을 삭제한 후에 다시 만들기'가 멱등한 조작의 예다(리스트 5.3).

이러한 태스크라면, 도중에 오류가 발생해 재실행을 해도 다시 한번 테이블을 만드는 부분부터 시작하므로 중복이 발생하지 않는다.

---

51 멱등성(멱등법칙)에 대한 내용은 아래의 웹사이트를 참고하길 바란다.
　 https://ko.wikipedia.org/wiki/멱등법칙

각 태스크를 어떻게 멱등하게 할지 생각하는 것은 이용자의 책임이다. 원칙적으로 항상 데이터를 덮어써야 한다. 일반적으로 워크플로의 각 태스크는 '추가(append)' 또는 '치환(replace)' 중 하나를 실시한다. 예를 들어 분산 스토리지에 파일을 업로드한다면, 매번 새로운 파일명을 만들 경우는 데이터를 추가하는 것이고, 동일 파일명으로 덮어쓰기 하면 치환하는 것이다.

리스트 5.3 SQL에 있어서의 멱등한 테이블 작성의 예

```
테이블 't1'이 만약 있다면 삭제한다.
DROP TABLE IF EXISTS "t1";
테이블 't1'을 작성한다.
CREATE TABLE "t1" (...);
테이블 't1'에 데이터를 쓴다.
INSERT INTO "t1" ...;
```

추가를 반복하면 데이터가 중복되지만, 치환은 반복해도 결과가 변하지 않으므로 멱등하다고 할 수 있다. 즉, 멱등한 태스크를 만들기 위해서는 태스크에 부여된 파라미터를 잘 이용해 고유의 이름을 생성하고, 여러 번 실행해도 항상 치환이 시행되도록 설계하면 된다. 그렇지 않으면 멱등한 태스크가 되지 못하므로 자동으로 복구하는 것이 어려운 플로우가 된다.

멱등한 추가

그러나 현실에서는 항상 멱등한 태스크를 구현할 수 없다. 예를 들어 SQL에 의한 테이블 쓰기에는 그 날의 데이터만을 INSERT 문으로 기존 테이블에 추가하고 싶을 때도 있다. 이 경우 그 태스크는 원자성을 갖고 실행할 수 있지만, 그냥 그대로는 멱등하지는 않다(그림 5.6 ❶).

과거의 모든 데이터를 치환하면 멱등하게 되긴 하지만, 그러면 부하가 커진다. INSERT의 앞에서 기존의 데이터를 삭제(DELETE)하면 간접적으로 데이터를 치환하게 되지만, 일반적으로 테이블로부터 일부의 데이터만을 삭제하는 것은 비효율적이며, 예기치 못한 성능 저하가 발생할 가능성도 있으므로 주의가 필요하다.

그래서 준비한 것이 '테이블 파티셔닝' 사고방식이다. 예를 들면, 테이블을 1일마다 또는 1시간마다 파티션으로 분할하고, 파티션 단위로 치환하도록 한다(그림 5.6 ❷).

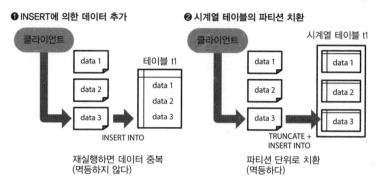

그림 5.6 파티션을 치환하기

| COLUMN | 태스크 내부에서의 재시도 제어 |

재시도만으로는 해결하기 어려운 것이 '오류가 어느 만큼 계속되는지 알지 못하는' 경우다. 특히 제3자의 서비스로부터 API로 데이터를 취득하는 경우, 서비스의 유지 보수로 장시간 정지하거나, API의 호출 제한에 걸리는 일도 있다.

그러한 '예기되는 오류'에 대해서는 워크플로 관리 도구의 재시도에 의존하는 것이 아니라 태스크 내부에서 명시적으로 대처해야 한다. 워크플로 관리 도구는 오류의 종류를 구별하지 않으므로, 예기되는 오류와 예상외의 오류가 혼재되면 정말로 중요한 문제를 놓쳐버리고 만다.

지수 백오프
대다수의 데이터 전송 도구와 클라이언트 라이브러리에는 재시도 횟수를 세세하게 제어하기 위한 옵션이 있다. 태스크의 내부에서 재시도를 제어함으로써, 오류 발생 그 자체를 회피한다. 특히 여러 시간 동안의 재시도가 예상되는 경우는 그 오류만을 대상으로 재시도 제어를 한다. 재시도 횟수를 늘림과 동시에, 조금씩 재시도 간격을 넓혀나가기 위해서 **지수 백오프**(exponential backoff)를 유효하게 한다.

리스트 C5.1은 파이썬으로 구현된 태스크 안의 한정된 조건에서만 재시도하는 예다. 재시도 간격을 배수로 증가시키면서 최대 7회, 약 1분간의 재시도를 반복하고, 그래도 실패할 경우에는 태스크를 오류로 간주한다. 이렇게 해서 오류의 발생 확률을 낮춤으로써, 워크플로 관리 도구에는 예상외의 문제만이 통지되도록 한다.

타임 아웃

그와는 달리 태스크가 아무리 기다려도 끝나지 않아서 문제가 되는 경우도 있다. 예를 들면, 시스템의 자원 부족으로 실행 시간이 보통보다 늘어나 오류는 발생하지 않았으나 실행이 멈춰 있는 경우다. 이러한 문제를 감지하려면 워크플로 관리 도구 측에서 타임아웃을 지정하는 편이 확실하다.

이용하는 도구에 따라 태스크마다 예상되는 실행 시간과 종료 예정 시간을 설정하여 그 시간이 넘으면 통지해주는 것도 있다. 그 태스크가 만족해야 하는 기준을 정한다는 의미에서 워크플로 관리에서의 'SLA(Service Level Agreement)'라고 부른다.

리스트 C5.1 파이썬에 의한 지수 백오프

```python
from retry import retry

# SomeError가 발생한 경우에는 재시도를 반복한다.
# (재시도 간격을 1초, 2초, 4초… 로 증가시키면서 최대 7회 실행)
@retry(exceptions=SomeError, tries=7, delay=1, backoff=2)
def get_something():
    return make_call('https://api.example.com/...')


def my_task1():
    res = get_something()   # 재시도가 필요한 처리
    ...
```

파티션의 모든 데이터를 삭제하는 데에는 TRUNCATE 문이나 INSERT OVERWRITE 문 등의 효율 좋은 명령을 사용할 수 있다. 그러면 태스크 단위의 멱등성을 유지하면서 보기에는 하나의 시계열 테이블에 데이터가 추가되는 듯한 워크플로를 만드는 것이 가능하다.

테이블 파티셔닝의 구현은 시스템에 따라 전혀 다르기 때문에 실제로는 이용하는 시스템에 맞추어 플로우를 조립할 필요가 있다.

예를 들어, Hive라면 표준으로 파티셔닝에 대응하고 있는데, Amazon Redshift에는 파티셔닝의 개념이 없어, 동일한 것을 하려면 UNION ALL을 사용한 뷰를 작성해야 한다[52].

---

52 'Use Time-Series Tables - Amazon Redshift'
   URL http://docs.aws.amazon.com/redshift/latest/dg/c_best-practices-time-series-tables.html

태스크를 멱등으로 구성하는 것이 어렵다면, 그것을 포기하고 원자성을 지닌 추가만으로 운용한다. 그 경우, 태스크를 재실행하면 데이터가 중복될 가능성이 있으므로, 자동적인 재시도는 반드시 무효로 하고, 오류 발생 시에는 수작업으로 복구하는 편이 좋다.

원자성을 지닌 추가

복잡한 플로우에서는 하나의 테이블에 몇 번이고 데이터를 써넣을 때가 있다. 그 경우에는 추가를 반복하는 것이 아니라 중간 테이블을 만들어 처리한 후, 마지막에 목적 테이블에 한 번에 추가하는 것이 안전하다(그림 5.7). 이렇게 하면 만약 플로우의 실행 도중에 문제가 발생해도 어정쩡하게 데이터가 쓰이는 일이 없으며, 최악의 경우라도 중간 테이블을 삭제하여 다시 한번 처음부터 재실행할 수 있다.

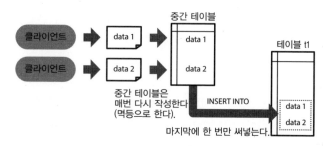

그림 5.7 중간 테이블을 만들어 마지막에 추가한다

이것을 SQL로 기술하면 리스트 5.4와 같이 된다. 전반 부분(태스크 1)에서는 중간 테이블을 만들기 위해 테이블을 치환하고 있으므로, 이 부분은 멱등이다. 그러나 마지막의 INSERT 문(태스크 2)만은 단순한 추가로 되어 있어, 전체로서는 멱등하지 않다. 단, 마지막의 쓰기는 1회만 실시되므로, 이것은 원자성을 지닌 조작이 된다. 그러므로 플로우가 실패한 경우에는 아무것도 쓰이지 않아 실패한 태스크를 재실행하면 복구가 완료된다.

리스트 5.4 추가를 원자성을 갖게 함으로써 중복 리스크를 줄인다

```
태스크 1: 중간 테이블의 작성(치환)
DROP TABLE IF EXISTS "t1";
CREATE TABLE "t1" (...);
INSERT INTO "t1" ...;          여러 번으로 나누어 데이터 기록
INSERT INTO "t1" ...;     ...

태스크2: 대상의 테이블에 모아서 써넣는다(추가)
INSERT INTO "target_table"
SELECT * FROM "t1";
```

워크플로 전체를 멱등으로 하기

데이터 파이프라인을 안정적으로 운용하기 위해서는 거기에 포함된 태스크나 플로우를 가능한 한 멱등으로 해야 한다(그림 5.8). 데이터 수집(Data Ingestion)의 파이프라인에서는 테이블 파티셔닝을 도입함으로써 파티션 단위의 치환이 가능하다. 벌크 형의 데이터 전송에 대해서도 워크플로 관리 도구에서 날짜와 시간을 파라미터로 전달함으로써 치환 형의 태스크를 구현할 수 있다.

데이터 마트를 구축하는 플로우에서도 되도록 추가는 삼가고 테이블마다 치환하도록 한다. 그 과정에서 만들어진 중간 테이블도 가능한 한 치환하는 것이 바람직하지만, 성능상의 이유 등으로 추가해야 할 경우도 있다.

각 태스크를 멱등으로 하는 것이 이상적이지만, 필수는 아니다. 최종적으로 워크플로가 안정적으로 실행되고 있는 한, 태스크가 멱등이지 않아도 동작에 지장은 없다. 추가가 문제시되는 것은 재시도 시에 중복의 가능성이 있기 때문이며, 그 점만 주의하면 일반적인 운용으로 문제 될 일은 없다.

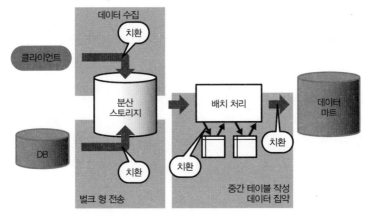

그림 5.8 데이터 파이프라인 전체를 멱등으로 하기

단, 어떤 이유로 한 번 성공한 태스크를 취소하여 다시 한번 재실행해야 할 때도 있다.
예를 들어, 데이터 자체에 문제가 발견돼서 수정하는 경우다. 멱등한 태스크는 그런
상황에도 안전하게 재실행할 수 있지만, 추가가 포함되어 있으면 그렇게는 할 수 없다.

재실행의 안전성을 높이기 위해서는 적어도 각 플로우가 전체로서 멱등하게 되도록 구
현해야 한다. 예를 들어 처음에 중간 테이블을 초기화하는 태스크를 실행하고, 그다음
부터 추가의 태스크를 계속 실행한다. 그렇게 하면 플로우 전체를 처음부터 재실행해
도 안전하다. 모든 플로우가 그런 구현이 되어 있다면, 안심하고 워크플로를 재실행할
수 있다.

태스크 큐 — 자원의 소비량 컨트롤하기

워크플로 관리 도구에서 요구되는 다른 하나의 커다란 역할은 외부 시스템의 부하 컨
트롤이다. 태스크의 크기나 동시 실행 수를 변화시킴으로써 자원의 소비량을 조정하
여 모든 태스크가 원활하게 실행되도록 한다.

여기서는 예로 파일 서버로부터 분산 스토리지로의 파일 전송에 대해 생각해보자. 2메
가바이트의 압축이 안 된 텍스트 파일이 전부 1만 개라면, 그 합계는 20기가바이트나

된다. 이것 중에 하나의 파일을 압축해서 전송하는 데 5초가 걸린다고 하자. 이것을 단순히 1만 번 반복하면 약 14시간이다. 이 태스크를 워크플로 관리 도구에서 실행해 보자.

처음에 고려할 것은 병렬화다. 데이터 전송에 8코어 서버를 이용할 수 있다고 하자. 우선 단순하게 하나의 파일을 하나의 태스크로 고려할 수 있다. 각 태스크는 파일 서버로부터 파일을 추출하여 압축하고 분산 스토리지로 전송한다. 이런 일련의 절차는 셸 스크립트화하여 워크플로 관리 도구 안에서 호출할 수 있다.

이 경우, 파일의 수만큼 태스크를 실행하게 된다. 너무 대량의 태스크를 동시 실행하면 서버에 과부하가 걸리므로 어느 정도 제한을 해야 한다. 이때 사용할 수 있는 것이 '**잡 큐**(job queue)', 또는 '**태스크 큐**(task queue)'라 불리는 구조다(그림 5.9). 모든 태스크는 일단 큐에 저장되고 일정 수의 워커 프로세스가 그것을 순서대로 꺼내면서 병렬화가 실현된다. 지금의 경우 8개의 워커를 기동하면, 8개가 병렬로 태스크 실행될 수 있다.

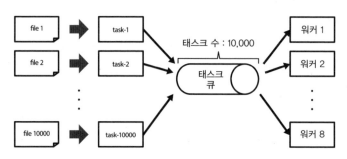

그림 5.9 태스크 큐를 사용하여 병렬 실행하기

병목 현상의 해소

그러나 실제로는 8코어의 서버에 대해 8개의 워커로는 너무 부족하다. 각 태스크는 CPU를 사용할 뿐만 아니라 디스크 I/O나 네트워크 I/O도 소비한다. 워커의 수를 늘리면 좀 더 실행 속도를 높일 수 있다. 8코어의 서버라면 20개 정도의 태스크를 동시에 실행해도 문제없을 것이다.

워커를 너무 증가시키면, 어디선가 병목 현상이 발생해서 성능의 향상이 한계점에 도달하거나 오류가 발생하기 시작한다. 이것은 워크플로를 실행하는 서버의 내부적인 요인과 외부적인 요인으로 나뉜다. 전자의 경우는 표 5.2와 같은 대책으로 개선할 수 있다.

표 5.2 워크플로 실행 시에 자주 발생하는 문제(서버의 내부적인 요인)

증상	대책
CPU 사용률 100%	CPU 코어 수를 늘린다. 서버를 증설한다.
메모리 부족	메모리를 증설한다. 스왑 디스크를 추가한다. 태스크를 작게 분할한다.
디스크 넘침	각 태스크가 임시 파일을 삭제하고 있는지 확인한다. 디스크를 증설한다.
디스크 I/O의 한계	SSD 등의 고속 디스크를 사용한다. 여러 디스크로 분산한다.
네트워크 대역의 한계	고속 네트워크를 사용한다. 데이터의 압축률을 높인다
통신 오류나 타임 아웃	시스템 상의 한계일 가능성이 있다. 서버를 분리한다.

그러나 후자의 경우에는 그 문제를 제거할 수 없다. 예를 들어 파일 복사에서 오류가 발생한다면, 파일 서버 측의 성능 한계일지도 모른다. 그렇다면 워커를 늘리는 것은 역효과를 일으키므로, 문제가 발생하지 않는 정도로 워커를 줄일 필요가 있다. 마찬가지로 분산 스토리지로의 쓰기 빈도가 너무 높아서 오류가 발생한다면, 쓰기 빈도를 줄이도록 생각해야 한다.

태스크 수의 적정화 너무 크거나 너무 작지 않은 정도로 잘 분할하기

처음부터 '하나의 파일 전송을 하나의 태스크'로 고려한 것이 문제였다. 작은 태스크를 다수 실행하면 오버헤드만 커져서 실행 시간이 증가하고 오류 발생률을 높이는 요인이 된다. 하나의 파일을 5초에 처리할 수 있다면, 수백 개의 파일 정도를 모아서 하나의 태스크로 하는 것이 적정한 크기다.

태스크에는 날짜와 시간이 파라미터로 건네진다는 점을 기억하자. 각 태스크는 지정된 시간의 데이터를 모아서 처리하도록 구현한다. 예를 들어 파일이 1년 걸려서 만들어진 것이라면, 그림 5.10과 같이 태스크를 1일마다 나눔으로써 생성되는 태스크의 수는

365개까지 줄일 수 있다.

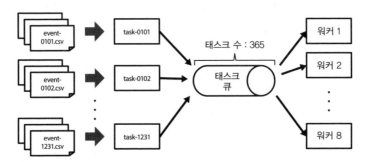

하나의 태스크가 1일의 데이터를 처리하도록 하여 과거 365일에 대해 백필을 실행한다. 하나의 태스크가 30개 정도의 파일을 읽어 들이므로, 그것들을 모아서 전송할 때 더욱 효율을 높일 수 있다.

그림 5.10 태스크를 1일 단위로 분할하기

태스크를 크게 하면, 그것을 효율적으로 실행할 수 있는 여지가 발생한다. 작은 파일을 모아서 하나의 파일로 하거나, 여러 파일을 한 번에 업로드하는 명령어를 사용할 수 있다. 그러한 태스크를 좀 더 많은 워커로 동시에 실행함으로써 전체로서 처리 효율을 최대화할 수 있는 조합을 발견한다.

이러한 최적화 프로세스는 Hadoop과 같은 분산 시스템을 이용할 경우에도 변하지 않는다. 태스크가 너무 클 경우에는 나누고, 너무 작을 경우에는 하나로 모음으로써 각 태스크가 적절한 크기가 될 수 있도록 조정한다. 그다음에 여러 태스크를 동시에 실행하도록 워커의 수를 늘려 두면, 한정된 계산 자원을 낭비하지 않고 활용할 수 있다.

결과적으로 워크플로 관리 도구에 등록된 태스크는 모두 너무 크지도 않고, 너무 작지도 않은 적당한 크기로 분할된 다수의 태스크가 여러 워커로부터 호출되고 있는 상태가 된다. 만약 부하 상승 등으로 지연 및 오류가 발생하면 태스크의 크기를 바꾸거나 자원을 증설해서 문제를 해결한다. 이렇게 데이터 파이프라인 전체가 원활하게 실행되도록 제어하는 것도 워크플로 관리 도구의 역할이다.

배치 형의 데이터 플로우

복잡한 텍스트 처리나 다단계의 데이터 파이프라인을 만들기 위해서 프로그래밍 언어로 데이터 처리를 구현하고 싶은 때도 있다. 이 절에서는 DAG를 사용한 배치 형의 분산 데이터 처리의 사고방식에 관해 설명한다.

MapReduce의 시대는 끝났다 — 데이터 플로우와 워크플로

분산 스토리지로의 데이터 전송이 완료되면, 거기서부터는 분산 시스템의 프레임워크를 사용할 수 있다. 이때 SQL만으로 데이터를 처리하는 것이 아니라, 프로그래밍 언어를 사용하여 데이터 파이프라인을 작성하고 싶은 경우도 있다.

이전부터 MapReduce를 사용한 데이터 처리에서는 MapReduce 프로그램을 워크플로의 태스크로 등록함으로써 다단계의 복잡한 데이터 처리를 할 수 있었다. 그 후 기술적인 발전에 따라 현재는 다단계의 데이터 처리를 그대로 분산 시스템의 내부에서 실행할 수 있게 되었다. 이제부터는 이것을 '**데이터 플로우**(data flow)'라고 지칭하며, 외부 도구에 의존하는 워크플로와는 구별해서 설명하겠다(표 5.3).

최근 몇 년간의 경향으로서는 배치 처리와 스트림 처리가 하나로 통합되어 통일된 프레임워크로부터 양쪽이 모두 실행되었다. 이 분야는 지금도 발전 단계에 있지만, 이후에는 아무리 복잡한 데이터 파이프라인이라도 단일 프로그램으로 실행하는 일이 많아질 수 있다.

표 5.3 데이터 플로우를 위한 프레임워크

명칭	개발원
Google Cloud Dataflow	Google
Apache Spark	The Apache Software Foundation
Apache Flink	The Apache Software Foundation

MapReduce의 구조

한때 빅데이터의 대표적인 기술이었던 MapReduce. 이젠 과거의 기술로 간주되어 새롭게 사용되는 일은 없어졌다. 구글은 차세대 기술로 'MillWheel'이라는 프레임워크를 개발하여 클라우드 서비스인 Google Cloud Dataflow의 내부에서도 이것을 이용하고 있다[53]. Hadoop에서는 Tez가 개발되고 있으며, Spark도 MapReduce를 대체할 프레임워크로 인기를 끌고 있다.

하지만 MapReduce의 개념 자체는 지금도 접하게 될 기회가 많으므로, 여기서는 간단히 그 구조를 알아보자. 예를 들어, 텍스트 파일에 포함된 단어를 세는 처리를 고려해보자(그림 5.11).

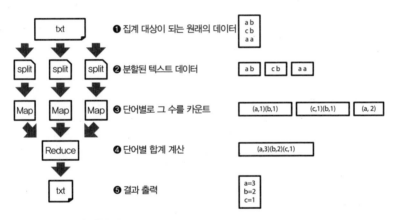

그림 5.11 MapReduce의 실행 예

데이터 처리를 분산하고 싶으므로, 파일을 일정 크기로 나누어 작은 데이터인 스플릿(split)을 만든다(그림 5.11 ❷). 첫 단계는 '나눈 데이터를 읽어 들여 그중에 포함된 단어를 카운트'하는 일이다(그림 5.11 ❸). 하나하나의 처리는 독립적이므로 다수의 컴퓨터에 분산할 수 있다.

---

53 'Cloud Platform at Google I/O – new Big Data, Mobile and Monitoring products'
(URL) http://googledevelopers.blogspot.jp/2014/06/cloud-platform-at-google-io-new-big.html

분산 처리의 결과는 마지막에 집계해야 한다. 여러 컴퓨터가 같은 단어를 센 경우도 있으므로, 다음 단계에서는 '단어별로 그 수의 합계'를 구한다(그림 5.11 ❹).

분할된 데이터를 처리하는 첫 번째 단계를 'Map'(그림 5.11 ❸), 그 결과를 모아서 집계하는 두 번째 단계를 'Reduce'(그림 5.11 ❹)라고 부른다. 이렇게 Map과 Reduce를 반복하면서 목적하는 결과를 얻을 때까지 계속해서 데이터를 변환해 나가는 구조가 MapReduce다.

MapReduce는 그 구조상 Map과 Reduce의 하나의 사이클이 끝나지 않으면 다음 처리로 이동하지 않는다. 복잡한 데이터 처리에서는 Map과 Reduce를 여러 번 반복하지 않으면 원하는 결과를 얻을 수 없으므로, 하나의 사이클에서 다음 사이클로 이동할 때까지의 대기 시간이 적지 않게 발생한다.

특히, 애드 혹 데이터 분석에서 요구되는 지연이 적은 집계는 MapReduce로 실현하는 것이 어렵다. 'Map과 Reduce를 반복한다'는 사고방식은 지금도 유효하지만, 초기 MapReduce의 구현은 쓸데없는 것이 많아서 더 이상 시대에 맞지 않는 설계가 되어 버렸다.

MapReduce를 대신할 새로운 프레임워크 — DAG에 의한 내부 표현

새로운 프레임워크에 공통으로 들어가는 것이 'DAG(directed acyclic graph)'라 불리는 데이터 구조다(그림 5.12). 한국어로는 '방향성 비순환 그래프'라 불린다.

DAG 그 자체는 어떤 새로운 기술이 아니라 수학과 컴퓨터 알고리즘에서 사용되는 데이터 모델의 하나다. DAG는 다음과 같은 성질을 갖고 있다.

- 노드와 노드가 화살표로 연결된다(방향성).
- 화살표를 아무리 따라가도 동일 노드로는 되돌아오지 않는다(비순환).

데이터 플로우에서는 실행해야 할 일련의 태스크를 DAG에 의한 데이터 구조로 표현한다. 그림 안의 화살표는 태스크의 실행 순서를 나타내고 있으며, 그 의존 관계를 유지하면서 실행 순서를 알맞게 정하면 모든 태스크를 빠짐없이 완료할 수 있다. 이후에는 이것을 얼마만큼 높은 효율로 실행할 수 있는지의 문제가 남는다.

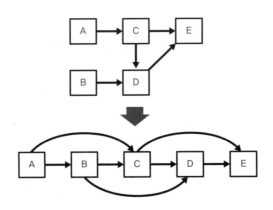

노드와 노드는 한 방향의 화살표로 연결되는데, 화살표를 아무리 따라가도 같은 노드로는 되돌아오지 않는다. DAG의 노드를 다시 나열하면, 화살표의 순서 관계를 유지하면서 하나의 순열로 할 수 있다(위상 정렬-Topological Sort). 실행해야 할 태스크를 DAG로 정의하면 태스크 간의 의존 관계를 유지하면서 실행 순서를 결정하는 것이 가능하다.

그림 5.12 DAG의 예

기존의 MapReduce도 Map과 Reduce의 두 종류의 노드로 이루어진 간단한 DAG라고 생각할 수 있다. 단, 하나의 노드에서 처리가 끝나지 않으면 다음 처리로 진행할 수 없으므로 비효율적이다.

한편, 데이터 플로우에서는 DAG를 구성하는 각 노드가 모두 동시 병행으로 실행된다. 처리가 끝난 데이터는 네트워크를 거쳐 차례대로 전달되어 MapReduce에 존재했던 대기 시간을 없앤다.

Spark에 있어서의 DAG

DAG는 시스템의 내부적인 표현이며, 이용자가 그 존재를 의식할 일은 거의 없다. 데이터 플로우에 국한되지 않고, Hive on Tez나 Presto와 같은 쿼리 엔진에서도 DAG는 채택되어 있다. 그래서 SQL로부터 DAG의 데이터 구조가 내부적으로 자동 생성된다. 한 편 Spark와 같은 데이터 플로우의 프레임워크에서는 프로그래밍 언어를 사용하여 더욱 직접 DAG의 데이터 구조를 조립한다.

리스트 5.5는 Spark에서 데이터 처리를 하는 파이썬 스크립트의 예다. 이것은 내부적으로는 그림 5.13과 같은 DAG를 생성한다. 각 노드는 그 이름이 나타내듯이 Map과 Reduce에 상당한 처리를 하고 있어 처리 내용이 늘어남에 따라 DAG도 보다 복잡한 것이 된다.

리스트 5.5 단어를 세는 Spark 프로그램

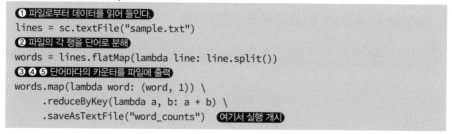

```
❶ 파일로부터 데이터를 읽어 들인다.
lines = sc.textFile("sample.txt")
❷ 파일의 각 행을 단어로 분해
words = lines.flatMap(lambda line: line.split())
❸ ❹ ❺ 단어마다의 카운터를 파일에 출력
words.map(lambda word: (word, 1)) \
     .reduceByKey(lambda a, b: a + b) \
     .saveAsTextFile("word_counts")   여기서 실행 개시
```

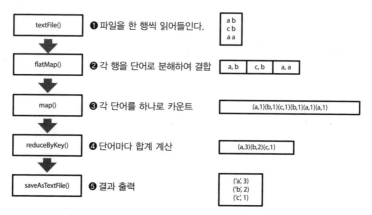

그림 5.13 Spark와 관련된 DAG의 예

DAG에 의한 프로그래밍의 특징이 '**지연 평가**(lazy evaluation)'다. 프로그램의 각 행은 실제로는 DAG의 데이터 구조를 조립하고 있을 뿐, 거기서 특별히 뭔가를 처리하지는 않는다. 먼저 DAG를 구축하고 그 후에 명시적 혹은 암묵적으로 실행 결과를 요구함에 따라 마침내 데이터 처리가 시작된다.

MapReduce처럼 Map과 Reduce를 하나씩 실행하는 것이 아니라, 먼저 데이터 파이프라인 전체를 DAG로 조립하고 나서 실행에 옮김으로써 내부 스케줄러가 분산 시스템에 효과적인 실행 계획을 세워주는 것이 데이터 플로우의 장점이다.

데이터 플로우와 워크플로를 조합하기

데이터 플로우에서 프로그래밍할 수 있게 되면, 데이터의 입출력을 모두 하나의 DAG로 기술할 수 있다. 그렇게 하면 워크플로 관리 도구를 사용하지 않아도 임의의 데이터 파이프라인을 실행할 수 있지 않을까 생각할지도 모르겠으나, 그렇게 간단한 일이 아니다. 실제로는 양쪽 모두가 보완 관계이며, 잘 나누어서 사용해야 한다.

예를 들어 태스크를 정기적으로 실행하거나, 실패한 태스크를 기록하여 복구하는 것은 데이터 플로우에서 할 수 없다. 그러기 위해서는 역시 워크플로 관리가 필요하다. 따라서, 데이터 플로우의 프로그램도 다시 워크플로의 일부로서 실행되는 하나의 태스크로 고려할 수 있다.

분산 시스템 안에서만 실행되는 데이터 처리라면, 그것은 하나의 데이터 플로우로 기술할 수 있다. 예를 들어 중간 테이블을 만들고 그것을 다음의 쿼리로 읽어 들인다면, 다른 태스크로 분리할 필요가 없다. 그와는 달리 분산 시스템의 외부와 데이터를 주고받을 경우는 언제 어떠한 오류가 발생할지 모르므로 복구를 고려해서 워크플로 안에서 실행하는 것이 바람직하다.

데이터를 읽어들이는 플로우

데이터 플로우로부터 읽어 들일 데이터는 성능적으로 안정된 분산 스토리지에 배치하도록 한다. 특히 플로우가 완성될 때까지의 개발 중에는 동일 데이터를 여러 번 읽어 들여 테스트하므로 분산 스토리지에 복사된 데이터만을 이용한다. 그렇지 않으면 외부의 데이터 소스에 여러 번 접속하게 돼서 성능 문제를 일으킬지도 모른다(그림 5.14).

외부의 데이터 소스에서 데이터를 읽어 들일 때는 벌크 형의 전송 도구로 태스크를 구현한다(그림 5.15 ❶). 데이터 소스에서의 읽기 속도는 아무래도 한계가 있어 데이터 플로우를 사용한다고 해도 빨라진다고 단언할 수 없다. 그것보다도 오류의 발생에 대해 확실하게 대처하여 복사를 끝내는 것이 선결 과제다. 그러기 위해서 태스크 실행에는 워크플로 관리 도구를 사용하는 것이 적합하다.

데이터의 복사만 완료하면, 거기서부터는 데이터 플로우의 전문 분야다(그림 5.15 ❷). 텍스트 데이터의 가공이나 열 지향 스토리지로의 변환 등의 부하가 큰 처리는 데이터 플로우로서 실행할 수 있다. 거기까지를 하나의 태스크로 구현하면, 정기적으로 데이터를 읽어 들이기 위한 워크플로가 완성된다.

❶ 데이터 소스에 액세스하면 성능 문제를 일으키기 쉽다.

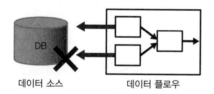

❷ 분산 스토리지에 복사함으로써 안정적으로 사용한다.

그림 5.14 데이터는 복사한 다음에 이용한다

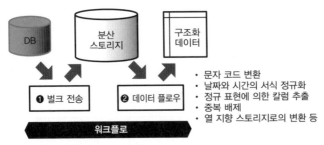

외부 데이터 소스로부터의 읽어들이기에서는 어떤 오류가 발생할 지 예측할 수 없다. 그러한 부분에서는 워크플로를 이용하고 데이터 플로우에서는 안정된 분산 스토리지만을 이용한다.

그림 5.15 데이터를 읽어들이는 플로우

데이터를 써서 내보내는 플로우

데이터의 집계 결과를 외부 시스템에 써서 내보내는 경우에는 완전히 반대의 관계가 성립한다. 데이터 플로우 안에서 대량의 데이터를 외부에 전송하는 것은 피하는 편이 무난하다. 쓰기 작업에 오랜 시간이 걸리면, 아무리 기다려도 실행이 완료되지 않고 자원을 계속해서 소비하거나, 최악의 경우에는 쓰기 작업에 실패하여 처음부터 데이터 처리를 재실행해야 할 수도 있다.

데이터 플로우의 출력은 CSV 파일과 같이 취급하기 쉬운 형식으로 변환하여 일단 분산 스토리지에 써넣는다(그림 5.16 ❶). 보관만 끝마치게 되면 데이터 플로우의 역할은 끝이다. 남은 자원을 사용해 다음 태스크를 실행하는 것이 가능하다.

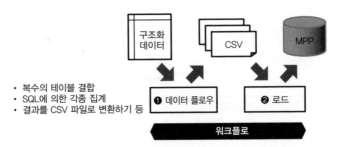

외부 시스템으로의 데이터 전송에는 어떤 오류가 발생할 지 예측할 수 없다. 데이터 플로우에서는 CSV와 같은 파일을 만들기만 하도록 하고, 그것을 워크플로 안에서 전송한다.

그림 5.16 데이터를 써서 내보내는 플로우

외부 시스템에 데이터를 전송하는 것은 워크플로의 역할이다. 벌크 형의 전송 도구를 사용하여 태스크를 구현하거나 외부 시스템 쪽에서 파일을 읽어 들이도록 지시한다(그림 5.16 ❷). 예를 들어 데이터 마트로 MPP 데이터베이스를 이용한다면, 분산 스토리지로부터 파일을 로드하는 명령어를 발행할 수 있다.

데이터 플로우와 SQL을 나누어 사용하기
— 데이터 웨어하우스의 파이프라인과 데이터 마트의 파이프라인

위와 같은 데이터 입출력에 더하여 SQL에 의한 쿼리의 실행까지를 조합시킴으로써 배치형의 데이터 파이프라인이 완성된다. 모든 처리를 데이터 플로우로 구현하고 싶은 경우는 별개로 하고, 주로 데이터 분석을 목적으로 할 경우에는 SQL로 쿼리를 실행시키는 일이 많을 것이다. 그것을 호출하는 것도 워크플로의 업무다.

SQL을 MPP 데이터베이스에서 실행하는 경우와 분산 시스템상의 쿼리 엔진에서 실행하는 경우를 나누어서 고려해보자. 전자는 전형적인 '데이터 웨어하우스의 파이프라인', 후자가 '데이터마트의 파이프라인'이다.

데이터 웨어하우스를 구축할 경우에는 그림 5.17 ❶과 같이 로드되는 데이터를 만드는 부분까지가 데이터 플로우의 역할이다. 비구조화 데이터를 가공하여 CSV 파일 등을 만들어 분산 스토리지에 써넣는다. 그 이후의 태스크 실행이나 SQL에 의한 쿼리의 실행은 워크플로에 맡긴다.

쿼리 엔진을 사용하여 데이터 마트를 구축할 경우에는 그림 5.17 ❷와 같이 구조화 데이터를 만드는 부분까지가 데이터 플로우의 역할이다. 분산 스토리지 상의 데이터를 매일 반복되는 배치로 가공하여 열 지향의 스토리지 형식으로 보관해둔다. 쿼리 엔진을 사용한 SQL 실행이나 그 결과를 데이터 마트에 써서 내보내는 것은 워크플로에서 실행한다.

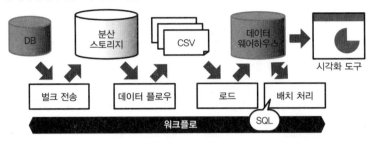

❶ 데이터 웨어하우스의 파이프라인

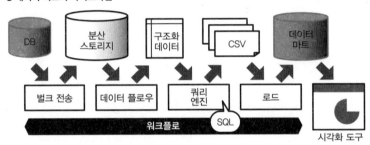

❷ 데이터 마트의 파이프라인

그림 5.17 데이터 플로우와 SQL을 워크플로부터 실행하기

대화식 플로우 애드 혹 분석의 파이프라인

애드 혹 데이터 분석에서는 이것과는 또 다른 파이프라인이 된다. 원래 애드 혹 분석에서는 많은 데이터 처리를 수작업으로 시행하므로 워크플로는 필요하지 않다(그림 5.18).

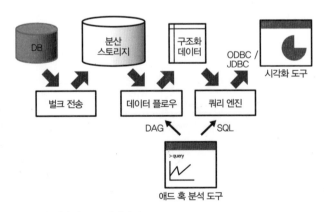

그림 5.18 쿼리 엔진에서 대화식으로 집계하기

아직 구조화되어 있지 않은 데이터를 애드 혹으로 분석할 때에는 데이터 플로우가 매우 유용하다. 로우 데이터(원시 데이터)에 직접 접속하여 스크립트 언어를 사용하여 그 자리에서 데이터를 가공, 집계할 수 있다. 데이터를 구조화하는 부분까지 끝내면 그 후의 집계는 고속 처리가 가능한데, 쿼리 엔진에 의한 SQL의 실행과 비교해도 손색이 없는 처리 속도를 얻을 수 있다.

분석하고 싶은 데이터가 이미 구조화되어 있는 경우는 쿼리 엔진을 사용해 그것을 참조한다. 커맨드라인(command line)이나 노트북 안에서 SQL을 실행하는 것도 가능한데, 시각화 도구와 쿼리 엔진을 직접 접속하는 경우도 있다. 이것에는 ODBC와 JDBC 드라이버가 사용된다.

단, 쿼리 엔진과 시각화 도구와의 조합은 무수히 많이 존재하여 아직은 안정적인 접속을 할 수 없는 경우도 많다. 안정적인 워크플로 운용을 추구할 경우에는 실적이 있는 RDB와 MPP 데이터베이스를 데이터 마트로 하는 편이 확실하다.

5-3 스트리밍 형의 데이터 플로우

데이터의 실시간 처리를 높이려면, 배치 처리와는 전혀 다른 데이터 파이프라인이 필요하다. 이 절에서는 DAG를 사용한 스트림 처리 구조에 관해서 설명한다.

배치 처리와 스트림 처리로 경로 나누기

배치 처리를 중심으로 하는 데이터 파이프라인의 결점은 데이터가 분석할 수 있게 될 때까지 시간이 걸린다는 것이다. 집계 효율을 높이기 위해 열 지향 스토리지를 만들려고 하면, 데이터를 모아서 변환하는 데 아무래도 일정 시간이 필요하다. 보다 실시간에 가까운 데이터 처리에서는 그러한 과정을 모두 생략한 별개의 계통으로 파이프라인을 만든다.

여기서 말하는 '실시간'이란 대체로 '이벤트 발생에서 몇 초 후에는 결과를 알 수 있는 것'을 가리킨다. 좀 더 시간이 걸리는, 예를 들어 1시간 후에 알아도 된다면, 배치 처리로도 할 수 있으므로 스트림 처리는 필요 없다. 스트림 처리를 도입하는 것은 민첩성이 요구되는 경우에 한정된다.

실시간성이 높은 데이터 처리 시스템은 예전부터 여러 가지가 있으며, 예를 들어 표 5.4와 같은 것이 사용되고 있다. 이 시스템들은 '빅데이터'라는 말이 사용되기 전보다도 이전에 대량의 데이터를 처리하고 있었으며, 각각의 전문 분야에서 잘 동작하고 있다.

표 5.4 실시간성이 높은 데이터 처리 시스템의 예

명칭	설명
시스템 모니터링	서버와 네트워크의 상태를 감시하고, 그 시간 추이를 그래프로 표시한다.
로그 관리 시스템	운영체제(OS)의 시스템 이벤트나 로그 파일을 검색해서 비정상적인 상태라면 경고를 생성한다.
복합 이벤트 처리 (Complex Event Processing, CEP)	다수의 업무 시스템으로부터 보내온 이벤트 데이터를 자동 처리한다.

한편, 이 책에서 생각하는 이벤트 데이터, 예를 들어 수백만 대 이상의 스마트 폰에서 보내오는 메시지를 처리하려고 하면 그대로는 바로 사용할 수 없다. 앞 장에서 실시간 메시지 전달 방식으로 메시지 플로우를 중심으로 하는 데이터의 흐름을 다루었다. 그렇게 받은 데이터를 분산 스토리지에 보관하는 부분부터 시작하는 것이 배치 처리라고 한다면, 분산 스토리지를 거치지 않고 처리를 계속하는 것이 **스트림 처리**(streaming processing)다(그림 5.19).

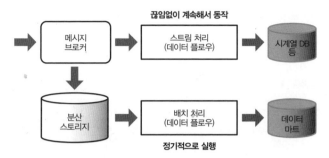

배치 처리에서는 도달한 데이터를 우선 분산 스토리지에 보관하고, 그것을 정기적으로 추출함으로써 데이터 처리를 한다. 데이터가 영속적으로 보존되기 때문에 몇 번이고 재실행할 수 있다. 장기적인 데이터 분석을 예상하여 집계 효율이 높은 열 지향 스토리지를 구축할 수 있다.

스트림 처리에서는 데이터가 도달하는 것과 거의 동시에 처리가 시작된다. 처리 내용은 미리 정해 둘 필요가 있으며, 과거로 거슬러 올라가 재실시하는 것은 고려하지 않는다. 처리한 결과는 시계열 데이터에 적합한 데이터 스토어에 보관하거나, 기존 실시간 시스템에 전송한다.

그림 5.19 배치 처리와 스트림 처리

배치 처리와 스트림 처리는 서로 결점을 보완하는 관계다. 배치 처리는 대체로 1년 이상의 장기적인 데이터 분석을 예상한 스토리지를 구축하는 부분부터 시작한다. 그래서 모아둔 데이터를 한 번에 처리하지 않으면 효율이 떨어지므로, 1시간마다 비교적 큰 단위로 데이터를 처리한다. 그러므로 배치 처리의 사이클이 올 때까지는 데이터를 볼 수 없어 실시간 집계에는 적합하지 않다.

스트림 처리는 실시간성이 우수하지만, 과거의 데이터를 취급하는 데에는 부적합하다. 처리 내용을 변경하면 새롭게 도달한 데이터에는 적용되지만, 이미 처리가 끝난 과거 데이터까지는 변경되지 않는다. 앞으로 도달할 데이터에만 흥미가 있다면 스트림 처리가 적합하지만, 과거 데이터를 집계하고 싶다면 배치 처리 쪽이 우수하다.

배치 처리와 스트림 처리 통합하기

스트림 처리를 위한 프레임워크는 여러 가지가 있는데, 이 책은 배치 처리와 마찬가지로 DAG에 의한 데이터 플로우를 기술하는 것에 관해 설명한다. 배치 처리에서는 먼저 데이터가 있고, 그것을 작게 나눠서 DAG에 흘려 넣는다. 한편 스트림 처리에서는 끊임없이 데이터가 생성되며, 그것이 DAG 안에 흘러들어옴에 따라 처리가 진행된다(그림 5.20).

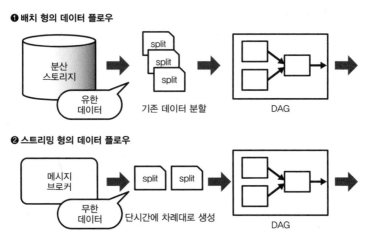

❶ 배치 형의 데이터 플로우

분산 스토리지 → 유한 데이터 / 기존 데이터 분할 → DAG

❷ 스트리밍 형의 데이터 플로우

메시지 브로커 → 무한 데이터 / 단시간에 차례대로 생성 → DAG

그림 5.20 스트림 처리와 배치 처리의 차이

배치 처리와 같이 실행 시에 데이터양이 정해지는 것을 '**유한 데이터**(bounded data)'라고 하고, 스트림 처리와 같이 제한이 없이 데이터가 보내지는 것을 '**무한 데이터**(unbounded data)'라고 한다. 이 둘은 서로 성질의 차이는 있지만, 데이터를 작게 분할해서 DAG에서 실행한다는 점에서는 같다.

그래서 DAG를 사용한 데이터 플로우에서는 배치 처리와 스트림 처리를 동일하게 프로그래밍하는 것이 가능하다. 예를 들어, 스트림 처리를 위한 DAG를 약간 손봐서 분산 스토리지 상의 과거 데이터, 즉 유한 데이터를 읽어 들이도록 하면 그것으로 배치 처리도 할 수 있다.

Spark 스트리밍의 DAG

구체적인 예로 Spark의 프로그래밍 모델을 살펴보자. Spark는 원래 배치 처리를 위한 분산 시스템이었다. 그런데, 'Spark 스트리밍(Spark Streaming)'이라 불리는 기능이 통합됨으로써 현재는 스트림 처리까지 투명하게 취급하는 프레임워크가 되었다.

리스트 5.6은 Spark 스트리밍에서 스트림 처리를 하는 파이썬 스크립트다. 앞서 기술한 배치 처리의 스크립트(리스트 5.5)와 비교하면, 데이터를 읽고 쓰는 초기화 부분에 차이가 있을 뿐, 데이터 처리의 중심부(Map 처리와 Reduce 처리)는 똑같다는 것을 알 수 있다.

리스트 5.6 단어를 세는 Spark 스트리밍 프로그램

```
1초마다 스트림 처리를 한다.
sc = SparkContext("local[2]", "NetworkWordCount")
ssc = StreamingContext(sc, 1)
TCP 포트 9999로부터 데이터를 읽어 들인다.
lines = ssc.socketTextStream("localhost", 9999)
입력의 각 행을 단어로 분해한다.
words = lines.flatMap(lambda line: line.split())
단어별 갯수를 콘솔에 출력한다.
words.map(lambda word: (word, 1)) \
    .reduceByKey(lambda a, b: a + b) \
    .pprint()
스트림 처리를 시작한다.
ssc.start()
```

배치 처리는 데이터의 처리가 끝나면 종료되는데, 스트림 처리는 프로그램을 정지할 때까지 끝없이 실행이 계속된다. 배치 처리와 스트림 처리에서는 달성하고 싶은 목적이 다르므로, 실제로는 양쪽에서 같은 코드를 동작시키는 일이 그다지 없을 수도 있다. 그렇지만 이렇게 하나의 프레임워크에서 통합적인 데이터 처리를 기술할 수 있다는 점이 데이터 플로우의 장점이다.

COLUMN 스트림 처리에 의한 1차 집계

데이터양이 너무 많아서 그 모두를 저장하고 싶지 않은 경우에는 데이터양을 삭감하기 위한 스트림 처리를 사용할 수 있다. 예를 들어 확실히 불필요한 데이터가 전송되었다면, 먼저 그것을 제외함으로써 스토리지 사용량을 줄일 수 있다. 또는, 1초마다 통곗값만을 기록하고 싶은 경우에는 그 집계를 스트림 처리에 맡길 수 있다.

반대로 1만 대의 디바이스로부터 1초마다 데이터를 수집하면, 생성되는 데이터는 1일에 8억 건이 넘는다. 그 모두를 남겨두고 싶은 것이 아니라면, 처음에 스트림 처리한 결과만을 보관하면 된다. 예를 들어 통계적인 데이터 분석에만 흥미 있다면, 요약 테이블을 만드는 것과 마찬가지로 분석에 필요한 영역만을 남겨두고 1초마다 데이터를 집계하면 좋다.

스트림 처리의 결과는 메시지 브로커에 다시 작성해서 재이용할 수 있다. 그 후에는 삭감된 데이터를 일반 메시지 전송과 마찬가지로 한편에선 배치 처리를 위해 분산 스토리지에 보관하고, 다른 쪽에서는 실시간 보고서를 위해 시계열 데이터베이스 등에 전송할 수 있다(그림 C5.1).

분산 스토리지에도 성능상이나 비용상의 한계가 있다. 데이터양이 너무 많아서 그 한계를 넘어선다면, 스트림 처리를 사용하여 현실적인 흐름량으로 줄이는 것이 하나의 선택이 될 것이다.

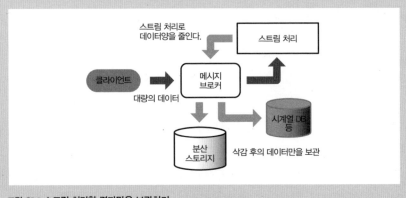

그림 C5.1 스트림 처리한 결과만을 보관하기

스트림 처리의 결과를 배치 처리로 치환하기
— 스트림 처리의 두 가지 문제에 대한 대처

스트림 처리에는 잠재적인 두 가지 문제가 있다. 하나는 '틀린 결과를 어떻게 수정할 것인가?'다. 프로그램의 버그나 일시적인 장애 등에 의해 예기치 못한 결과가 된 경우에 과거의 결과를 수정하고 싶을 때가 있다. 그러나 스트림 처리는 원칙적으로 새롭게 도달한 데이터를 처리할 뿐이므로, '시간을 되돌린다'는 개념은 기본적으로 없다.

다른 하나는 '늦게 전송된 데이터 취급'이다. 앞 장에서도 언급한 것처럼 메시지 배송에는 지연이 발생하는 법인데, 그것을 이벤트 시간으로 집계하면 문제가 발생한다. 집계가 종료한 후에 도착한 데이터도 있으므로 스트림 처리의 결과는 본질적으로 부정확해질 수밖에 없다.

이런 문제들에 대한 전통적인 대처 방법은 스트림 처리와는 별개로 배치 처리를 실행시켜 후자의 결과가 옳다고 하는 것이다. 이것은 정기적인 보고서에서도 자주 사용된다. 예를 들어 일별 보고서를 속보 값으로 하고, 월별 보고서를 확정값으로 분류해서 작성하는 식이다. 스트림 처리의 결과도 배치 처리의 결과가 나올 때까지의 잠정 값으로 이용하는 한 문제 없다.

람다 아키텍처 배치 레이어, 서빙 레이어, 스피드 레이어

이것을 발전시킨 방법으로 '**람다 아키텍처**(lambda architecture)'가 있다. 람다 아키텍처에서는 데이터 파이프라인을 그림 5.21과 같이 3개의 레이어로 구분한다. 모든 데이터는 반드시 '**배치 레이어**(batch layer)'에서 처리한다. 과거의 데이터를 장기적인 스토리지에 축적하고, 여러 번이고 다시 집계할 수 있게 한다. 배치 레이어는 대규모 배치 처리를 실행할 수 있는 반면에, 1회 처리에는 긴 시간이 걸린다.

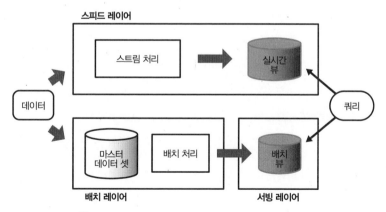

그림 5.21 람다 아키텍처[54]

---

54 비고 (URL) http://lambda-architecture.net/

배치 처리 결과는 '**서빙 레이어**(serving layer)'를 통해서 접근하다. 여기에 응답이 빠른 데이터베이스를 설치하여 집계 결과를 바로 추출하도록 한다. 서빙 레이어에서 얻어진 결과를 '**배치 뷰**(batch view)'라고 한다. 배치 뷰는 정기적으로 업데이트되지만, 실시간 정보를 얻을 수 없다.

그러므로 다른 경로로 스트림 처리를 하기 위해 '**스피드 레이어**(speed layer)'를 설치한다. 스피드 레이어에서 얻은 결과를 '**실시간 뷰**(realtime view)'라고 한다. 실시간 뷰는 배치 뷰가 업데이트될 동안까지만 이용되고, 오래된 데이터는 순서대로 삭제된다.

마지막으로, 배치 뷰와 실시간 뷰 모두를 조합시키는 형태로 쿼리를 실행한다. 예를 들면, 최근 24시간의 집계 결과는 실시간 뷰를 참고하여 그 이전의 데이터에는 배치 뷰를 사용할 수 있다. 이 조합에 의해 배치 처리와 스트림 처리의 결점을 보완하고자 하는 것이 람다 아키텍처다.

람다 아키텍처의 장점은 실시간 뷰의 결과는 나중에 배치 뷰로 치환된다는 것이다. 스트림 처리의 결과는 일시적으로만 사용되고, 잠시 기다리면 배치 처리에 의해 올바른 결과를 얻을 수 있다. 그 때문에 스트림 처리가 정확하지 않아도 길게 보면 문제가 없다. 배치 처리만 안정되게 동작하고 있다면 '스트림 처리를 다시 실행할 필요가 없다'는 것이 람다 아키텍처의 개념이다.

카파 아키텍처

람다 아키텍처의 문제점으로는 나쁜 개발 효율을 들 수 있다. 스피드 레이어와 배치 레이어는 모두 똑같은 처리를 구현하고 있으므로 번거롭다. 그 때문에 람다 아키텍처를 단순화한 '**카파 아키텍처**(kappa architecture)'가 선택될 수도 있다[55].

카파 아키텍처에서는 람다 아키텍처로부터 배치 레이어나 서빙 레이어를 완전히 제거하고, 스피드 레이어만을 남긴다. 대신에 메시지 브로커의 데이터 보관 기간을 충분히

---

55 '카파(k)'는 그리스 문자로 '람다(λ)'의 바로 앞문자다. 람다 아키텍처를 단순화했다는 점에서 이러한 이름이 되었다고 한다. URL: http://kappa-architecture.com/

길게 하여 무슨 문제가 일어났을 때는 메시지 배송 시간을 과거로 다시 설정한다. 그러면 과거의 데이터가 다시 스트림 처리로 흘러 들어 실질적으로 재실행이 이루어진다. 스트림 처리의 내용이 멱등으로 되어 있으면 출력 데이터가 덮어씌워져 새로운 결과로 다시 쓰인다. 즉, 배치 처리와 같은 과거 데이터의 일괄 처리를 스트림 처리만으로 실행할 수 있다.

카파 아키텍처의 문제점은 부하가 높아진다는 것이다. 스트림 처리의 데이터 플로우에 대량의 과거 데이터를 흘려보내면, 평상시와 비교해 몇 배 또는 몇십 배의 계산 자원을 일시적으로 소비하게 된다. 그러나 클라우드 서비스 보급에 의해 그러한 자원을 확보하는 것이 어렵지 않게 되었으므로 필요에 따라서는 '스트림 처리를 다시 하는 것이 간단하다'는 것이 카파 아키텍처의 생각이다.

▎아웃 오브 오더의 데이터 처리

배치 처리에만 의존하는 것이 아니라 스트림 처리로 올바른 집계 결과를 얻기 위한 노력도 계속되고 있다. 그때 문제가 되는 것은 늦게 도달하는 메시지, 즉 프로세스 시간과 이벤트 시간의 차이다. 이것은 기술적으로는 '아웃 오브 오더(out of order)'의 데이터 문제라고 불린다. 여기서는 그 개요만을 간단히 설명한다.

> **NOTE** 아웃 오브 오더인 데이터 처리에 대해서는 다음의 블로그와 논문에서 자세히 다루고 있다.
>
> - 'The world beyond batch: Streaming 101'
>   **URL** https://www.oreilly.com/ideas/the-world-beyond-batch-streaming-101/
>
> - 'The Dataflow Model: A Practical Approach to Balancing Correctness, Latency, and Cost in Massive-Scale, Unbounded, Out-of-Order Data Processing'
>   **URL** https://research.google.com/pubs/pub43864.html

원래 데이터의 모습은 '이벤트 시간'으로 얻을 수 있다

앞서 기술하였듯이, 스트림 처리란 기본적으로 프로세스 시간에 의한 실시간 데이터 처리다. 데이터가 도달한 순간에 집계를 시작하므로 시간에 대해 특별한 조작을 하지 않는 한 그 출력은 프로세스 시간과 연관된 것이 된다. 그리고 이 성질이 예기치 못한 혼란을 일으킨다.

예를 들어 유지 보수 등의 이유로 스트림 처리를 일시적으로 멈춘다고 하자. 재기동 후에 쌓여 있던 데이터 처리가 재개되는데, 그 양상을 대시보드 등으로 시각화하면, 흘러드는 데이터양은 돌연 변화가 있는 듯이 보일 수 있다. 실제로 보내진 데이터양은 변함이 없지만, 스트림 처리에 있어 시스템상의 이유로 인해 집계 결과가 변한 것처럼 보인다.

같은 현상은 메시지 배송의 경로상의 어디에서도 일어날 수 있다. 어디선가 지연이 발생할 때마다 스트림 처리의 결과가 요동치게 된다면 어떤 것을 믿어야 할지 모른다. 결국, 프로세스 시간으로 집계하는 한 원래 데이터의 모습은 알 수 없다. 그러므로 데이터가 처음에 생성된 시간, 즉 '이벤트 시간'으로 집계해야 올바른 결과를 얻을 수 있다.

이벤트 시간 윈도윙

스트림 처리에서는 종종 시간을 일정 간격으로 나누어 '**윈도우**(window)'를 만들고 그 안에서 데이터 집계를 한다. 예를 들어 과거 1시간의 이벤트 수 추이를 그래프로 만들고 싶으면, 데이터를 1분 간격인 60개의 윈도우로 나누어 각각의 윈도우로 이벤트 수를 센다.

이벤트 시간에 의해 윈도우를 나누는 것을 '**이벤트 시간 윈도윙**(event-time windowing)'이라고 말한다. 이벤트 시간으로 보면, 메시지가 배송된 데이터는 무작위 순으로 나열된, 즉 '아웃 오브 오더' 상태이므로, 이것을 적절히 순서를 바꿔 집계 결과를 업데이트해야 한다(그림 5.22).

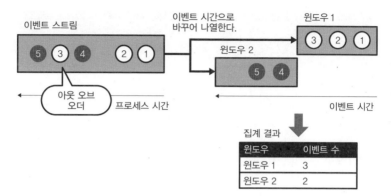

집계 시점에서의 윈도우 상태에 근거하여 최신의 집계 결과가 출력된다. 데이터가 늦게 도달한 경우에는 과거 윈도우의 결과가 업데이트된다. 그 때문에 모든 윈도우의 정확한 상태를 일정 시간 계속 보관할 필요가 있다.

그림 5.22 아웃 오브 오더인 이벤트의 집계

그 때문에 과거 이벤트의 상태를 보관하면서, 데이터가 도달할 때마다 해당하는 윈도우를 재집계할 필요가 있다. 데이터를 무한히 계속 보관할 수는 없으므로 일정 이상 늦게 온 데이터는 무시할 필요도 있다. 이벤트 시간 윈도잉을 위해서는 이런 것을 고려하면서 DAG를 기술하게 된다(리스트 5.7).

리스트 5.7 Google Cloud Dataflow의 윈도우의 예[56]

```
PCollection<KV<String, Integer>> scores = input
  2분 간격의 윈도우 생성
  .apply(Window.into(FixedWindows.of(Duration.standardMinutes(2)))
                  집계 결과를 출력하는 타이밍(트리거)을 설정
            .triggering(
              AtWatermark()
                .withEarlyFirings(AtPeriod(Duration.standardMinutes(1)))
                .withLateFirings(AtCount(1))))
  .apply(Sum.integersPerKey());
```

---

56 출처: 'The world beyond batch: Streaming 102'
　　 URL https://www.oreilly.com/ideas/the-world-beyond-batch-streaming-102/

이 장에서는 '빅데이터의 데이터 파이프라인'을 구축할 때의 기술로 '워크플로'와 '데이터 플로우'의 개념에 관해서 설명하였다.

'워크플로 관리 도구'는 여러 시스템에 명령하기 위한 '사령탑' 같은 역할을 하며, '각종 태스크의 스케줄 실행' 및 '오류로부터의 복구'를 돕는다.

빅데이터의 '집계'에는 '장애'가 발생할 수도 있다. 만일에 경우에 곤란해지지 않도록 가능한 한 '멱등한 태스크'를 구현하는 등 평소 '복구 가능한 워크플로'를 작성하는 것이 중요하다. 그렇지 않으면 트러블 때마다 시간을 빼앗겨 생산적인 활동을 할 수 없다.

워크플로 관리 도구는 '외부 시스템에 영향을 미치는 부하를 조정하는 역할'도 담당한다. '태스크의 크기'나 '동시 실행 수'를 잘 제어해서 '안정적인 태스크 실행'과 '자원의 유효한 활용'을 양립하도록 한다. 워크플로에 등록하는 모든 태스크는 너무 크지도 작지도 않도록 적절히 나눈다. 그렇게 함으로써 높은 효율로 실행할 수 있고 오류 발생 시의 영향 또한 작게 억제할 수 있다.

분산 스토리지에 데이터를 넣은 후에는 '데이터 플로우'가 등장한다. 이전이라면 워크플로 관리가 필요했던 복잡한 데이터 파이프라인이라도 'DAG'라는 형태로 플로우를 기술함으로써 '분산 시스템의 내부에서 높은 효율로 실행'할 수 있다. '배치 형의 데이터 플로우를 스크립트화'해두면 '데이터의 구조화'나 '데이터 마트의 구축'이라는 프로세스를 '단순 태스크로 워크플로에서 호출'할 수 있다.

'실시간 데이터 처리'를 위해서는 '스트리밍 형의 데이터 플로우'를 실행할 수 있다. 단, 스트림 처리는 잘못된 집계를 다시 하는 것이 어려워 필연적으로 '배치 처리'와 조합시켜 '2 계통의 데이터 처리'를 하게 된다. 이것은 일반적으로 '람다 아키텍처'로 알려져 있는데, 시스템을 복잡하게 하는 요인이 되므로 아무래도 꼭 필요로 하지 않는 한 '스트림 처리의 도입'에는 신중해야 한다.

이 책에서 다룬 각종 분산 시스템을 정리하면, 그림 5.B와 같다. 이것은 어디까지나 하나의 예이며, 실제로는 좀 더 단순한 구성도 있고, 반대로 좀 더 복잡한 시스템이 될 수도 있다. 어찌 되었건 간에 '**데이터 파이프라인의 안정적인 운용**'을 위해서는 '**워크플로 관리가 필수적**'이므로, 우선은 '**워크플로 관리 도구**'를 제대로 사용하여 '**안정성**'을 높이는 것이 중요하다.

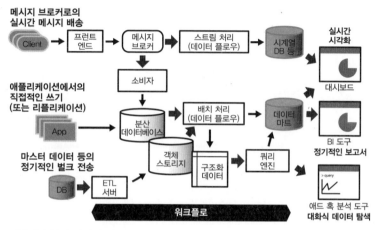

그림 5.B 빅데이터 분석 기반의 예

빅데이터
분석 기반의
구축

이 장에서는 몇 가지 오픈 소스 소프트웨어를 사용하여 실제로 데이터를 처리하는 예제 코드를 실행한다.

6.1절에서는 '주피터'와 'Spark'에 의한 대화식 애드 혹 분석의 예를 다룬다. 분산 스토리지로 'MongoDB'를 이용하고, JSON 데이터를 가공, 집계, 시각화하는 흐름을 살펴본다. 6.2절에서는 6.1절과 같은 것을 'Hive'와 'Presto'를 사용하여 재구축한다. 하나하나의 데이터 처리를 멱등한 태스크로 구현함으로써 나중에 워크플로에 포함할 수 있도록 한다. 6.3절에서는 6.2절에서 작성한 태스크를 워크플로의 일부로 실행할 수 있도록 한다. 워크플로 관리 도구의 예로 'Airflow'의 사용법에 관해 설명한다. 6.4절에서는 클라우드 서비스를 이용한 빅데이터의 파이프라인에 관해 설명한다. 구체적으로는 '아마존 웹 서비스(Amazon Web Services)' '구글 클라우드 플랫폼(Google Cloud Platform)', '트레주어 데이터(Treasure Data)', 이 세 가지 클라우드 서비스의 특징과 이 책에서 다룬 각종 기술과의 관계에 관해서 설명한다.

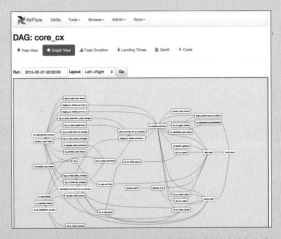

Airflow를 사용하면, 워크플로를 DAG로 정의함으로써 태스크의 실행 순서를 유지하면서 다수의 태스크를 병행해서 실행할 수 있다.

그림 6.A Apache 에어플로(인큐베이팅)[57]

---

57   ⓊⓇⓁ https://github.com/apache/incubator-airflow/

6-1 스키마리스 데이터의 애드 혹 분석

애드 혹 데이터 분석에서는 데이터 처리를 조금씩 대화식으로 실행할 수 있는 소프트웨어를 선호한다. 이 절에서는 그 예로 JSON에 의한 스키마리스 데이터를 집계하는 절차에 관해서 설명한다.

> **NOTE** 이 절에서는 다음과 같은 소프트웨어에 관해서 설명한다.
>
> - 데이터 소스 → Twitter 스트리밍 API
> - 분산 스토리지 → MongoDB 3.4.6
> - 분산 데이터 처리 → Apache Spark 2.2.0
> - 데이터 정형 → pandas 0.20.3
> - 대화식 콘솔 → 주피터 Console 5.1.0

스키마리스 데이터 수집하기

스키마리스 데이터의 구체적인 예로 Twitter에 흘러가는 트윗을 분석해보자. 데이터 수집 방법으로는 '스트리밍 APIs'[58]를 사용하여 샘플링된 데이터를 실시간으로 수집하고 그것을 MongoDB에 보관한다.

각 트윗은 리스트 6.1과 같이 들쭉날쭉한 JSON 데이터로 되어 있다. 요즘에는 이처럼 JSON 데이터를 수집하여 처리하는 예가 너무나도 많다. 이제 수집한 데이터를 대화식으로 가공해 시각화할 때까지의 절차를 살펴보자.

---

58 'Streaming APIs – Twitter Developers'
　　URL https://dev.twitter.com/streaming/overview/

리스트 6.1 Twitter 스트리밍 API로부터 수집한 데이터의 내용(일부)

```
{
  "contributors": null,
  "coordinates": null,
  "created_at": "Sun Apr 23 10:27:12 +0000 2017",
  "entities": {
    "hashtags": [
      {"indices": [123, 130], "text": "bigdata"}
    ],
    ...
  },
  ...
}
```

테스트 환경의 구축

대다수의 분산 시스템은 자바로 구현되어 있으므로, 우선 JDK가 설치되어 있는지 확인한다. 터미널.app(Terminal 애플리케이션)로부터 다음의 명령어를 실행한다. 만약 설치되어 있지 않다면 화면의 지시를 따라서 Oracle(오라클)의 웹사이트에서 다운로드한다.

```
$ java -version  # 자바의 버전 확인
java version "1.8.0_131"  ←1.8 이후의 버전 필수
Java(TM) SE Runtime Environment (build 1.8.0_131-b11)
Java HotSpot(TM) 64-Bit Server VM (build 25.131-b11, mixed mode)
```

이에 더하여 macOS용의 패키지 관리 시스템으로 'Homebrew'[59]를 설치하여 파이썬의 실행 환경을 준비한다. 여기서는 파이썬 2.7을 사용하고 있다[60].

```
$ brew install python2  # 파이썬 설치
$ python2 --version
Python 2.7.13  ←버전은 2.7 사용
```

---

59 (URL) https://brew.sh/
60 파이썬 3에서도 대부분의 도구가 동작하지만, 가끔 동작하지 않는 것도 있으므로 사용 시 주의가 필요하다. 예를 들어, 파이썬 3.6의 배포 때에는 호환성이 없는 변경이 있어서 Apache Spark가 동작하지 않는 일이 있었다(현재는 수정 완료).

그다음에는 MongoDB를 설치한다. 여기서는 리스트 6.2의 스트립트를 실행한다. 이것으로 1초마다 수십 트윗이 흘러들어 MongoDB에 저장되므로, 1일 정도 동작시켜 두면 수백만 트윗이 모인다.

```
$ brew install mongodb  # MongoDB 설치
$ brew services start mongodb  # MongoDB 시작
=> Successfully started `mongodb` (label: homebrew.mxcl.mongodb)

$ pip2 install pymongo requests_oauthlib tqdm  # 파이썬 패키지 설치
$ python2 twitter-streaming.py  # 리스트 6.2의 스크립트를 실행
3243tweets [01:22, 43.42tweets/s]
```

리스트 6.2 **Twitter 스트리밍 API를 호출하는 스크립트(twitter-streaming.py)**

```
import datetime
import json
import pymongo
import requests_oauthlib
import tqdm

# Twitter Developers 사이트에서 API 키 발행
consumer_key = '****'
consumer_secret = '****'
access_token_key = '**-**'
access_token_secret = '****'

# Twitter 스트리밍 API 실행
twitter = requests_oauthlib.OAuth1Session(
  consumer_key, consumer_secret, access_token_key, access_token_secret)
uri = 'https://stream.twitter.com/1.1/statuses/sample.json'
r = twitter.get(uri, stream=True)
r.raise_for_status()

# 샘플링된 트윗을 MongoDB에 보관
mongo = pymongo.MongoClient()
for line in tqdm.tqdm(r.iter_lines(), unit='tweets', mininterval=1):
    if line:
        tweet = json.loads(line)
        # 데이터 수신 시의 타임 스탬프 추가
        tweet['_timestamp'] = datetime.datetime.utcnow().isoformat()
        mongo.twitter.sample.insert_one(tweet)
```

대화식 실행 환경의 준비

수집한 데이터를 대화식으로 보는 환경을 마련한다. 우선 Jupyter Notebook을 기동한다.

```
$ pip2 install pandas jupyter   # pandas와 Jupyter 설치
$ jupyter-notebook   # Jupyter Notebook 기동
```

웹 브라우저가 열리므로, < New > 로부터 새로운 노트북을 작성한다(그림 6.1). MongoDB
의 클라이언트 라이브러리를 사용하면 원시 데이터를 참고할 수 있는데, 그냥 그대로
는 보기 안 좋으므로 pandas를 사용하여 표 형식으로 변환한다.

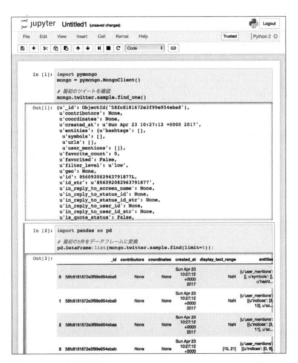

그림 6.1 노트북에서 MongoDB의 내용 확인하기

다음은 지면상 이유로 노트북이 아닌 단말에서 실행할 수 있는 주피터 콘솔(console)을
사용한다.

```
$ jupyter-console    # 주피터 Console 기동
Jupyter console 5.1.0
...

In [1]: import pandas as pd
     : import pymongo
     :
     : mongo = pymongo.MongoClient()   # MongoDB에 접속
```

pandas로 데이터 프레임(1.3절 참고)을 만드는 데는 몇 가지 방법이 있는데, 복잡한 데이터를 추출할 때에는 자신이 직접 함수를 정의한다.

파이썬의 클라이언트 라이브러리만 있으면 특별히 어려운 것은 없다. 다음과 같이 yield 문을 발행하는 제네레이터 함수를 정의하고 사전 형식(연상 배열)의 객체를 건네는 것으로 간단히 구현할 수 있다.

```
MongoDB로부터 레코드를 읽어들이는 제네레이터 함수
In [2]: def tweets(*args, **kwargs):
     :     for tweet in mongo.twitter.sample.find(*args, **kwargs):
     :         if 'delete' not in tweet:
              흥미가 있는 필드만을 yield한다.
     :             yield {
     :                 'created_at': tweet['created_at'],
     :                 'text': tweet['text'],
     :             }
     :
제네레이터를 사용한 데이터 프레임 작성
In [3]: pd.DataFrame(tweets({'lang': 'en'}, limit=2))
Out[3]:
                      created_at                                        text
0  Sun Apr 23 10:27:12 +0000 2017        having funny convo with kevin :)
1  Sun Apr 23 10:27:12 +0000 2017  If people talk about you behind your...
```

데이터 분석 환경 가상화하기 Docker

각종 소프트웨어를 OS에 직접 설치하는 것이 아니라, 가상 머신을 작성한 후에 그 안에 환경을 준비하는 것도 가능하다. 가상 머신을 이용하면 컴퓨터를 바꾸어도 환경을 옮기는 것이 간단하며, 프로젝트마다 환경을 전환하기가 쉽고, 팀 전원이 같은 환경을 공유할 수 있는 장점이 있다.

최근에는 컨테이너형의 가상화 시스템으로 'Docker'[61]가 인기를 얻고 있다. macOS라면 'Docker for Mac'[62]을 사용하는 것이 편리하다. 주피터 프로젝트에서는 공식적으로 Docker 이미지[63]가 준비되어 있어 명령어 하나로 컨테이너를 기동할 수 있다.

자신이 커스터마이즈한 이미지를 만드는 것도 어렵지 않다. 여기서는 Jupyter Notebook을 시작하기 위한 최소 구성에 관해 설명한다. 우선 적당한 디렉터리(여기서는 'project 1')를 작성하고, 'Dockerfile'(리스트 C6.1)과 'start.sh'(리스트 C6.2)의 두 개 파일을 준비한다.

리스트 C6.1 Docker 이미지의 설정 파일(project 1/Dockerfile)

```
FROM python:2.7   # 파이썬 2.7의 이미지 사용

RUN pip install jupyter   # 파이썬 패키지 설치
RUN pip install pandas

WORKDIR /app   # 아래의 기동 스크립트 실행
ADD start.sh /app/
CMD ["bash", "/app/start.sh"]
```

다음으로 그림 C6.1과 같이 작성해서 새로운 Docker 이미지를 작성하고, docker run 명령어로 컨테이너를 기동한다. 처음에는 패스워드를 요구하므로 로그인에 사용할 패스워드를 등록한다. 그리고 웹 브라우저에서 'http://localhost:8888/'을 열어서 앞에서 등록한 패스워드를 입력하면 새로운 노트북을 열 수 있다.

여기서는 –volume 옵션을 사용하여 호스트 컴퓨터와 디스크를 공유하고 있다. 그렇게 하면 노트북이 호스트 상에 보존될 수 있으므로 컨테이너를 정지해도 노트북이 사라지지 않는다.

---

61 URL https://www.docker.com/

62 URL https://www.docker.com/docker-mac/

63 URL https://github.com/jupyter/docker-stacks/

리스트 C6.2 Jupyter Notebook의 기동 스크립트(project 1/start.sh)

```bash
#!/bin/bash

# 주피터의 설정 파일
JUPYTER_CONFIG=/root/.jupyter/jupyter_notebook_config.py

# 로그인 용의 패스워드 보존
PASSWORD=`python -c 'from notebook.auth import passwd;print(passwd())'`
mkdir -p /root/.jupyter
echo "c.NotebookApp.password = '$PASSWORD'" > $JUPYTER_CONFIG

# 주피터 노트북을 기동
jupyter notebook --no-browser --allow-root --ip 0.0.0.0 \
  --notebook-dir $NOTEBOOK_DIR
```

```
프로젝트의 디렉터리로 이동
$ cd project1
$ ls
Dockerfile        start.sh
Docker 이미지 작성
$ docker build -t jupyter-notebook .
Sending build context to Docker daemon  3.072kB
Step 1/6 : FROM python:2.7
...
Successfully tagged jupyter-notebook:latest
컨테이너 기동
$ docker run -it --rm \
  --publish 8888:8888 \        포트 번호 지정
  --volume /Users:/Users \     공유 디렉터리를 마운트
  --env NOTEBOOK_DIR=~/project1 \   노트북을 보관하는 장소
  jupyter-notebook
Enter password: ********   패스워드 등록
Verify password: ********
...
[I NotebookApp] The Jupyter Notebook is running at: http://0.0.0.0:8888/
```

그림 C6.1 Jupyter Notebook을 Docker에서 기동하기

Spark에 의한 분산 환경 — 데이터양이 늘어도 대응 가능하게 하기

데이터양이 증가해도 대응할 수 있도록 여기서는 Spark를 사용하여 분산 처리한다. 다음과 같이 pyspark를 실행하면, 파이썬으로 대화식의 Spark를 실행할 수 있다.

```
$ mkdir ~/adhoc; cd ~/adhoc  # 작업용 디렉터리 작성
$ brew install apache-spark  # Apache Spark 설치
프런트 엔드로 주피터 Console 이용(노트북이라면 'jupyter-notebook'을 지정)
$ export PYSPARK_DRIVER_PYTHON=jupyter-console
Spark를 기동하고 MongoDB 용의 패키지 추가('2.2.0'은 Spark의 버전에 맞춘다)
$ pyspark --packages org.mongodb.spark:mongo-spark-connector_2.11:2.2.0
...
In [1]: spark   Spark 세션 정보에 액세스하기 위한 변수
Welcome to
      / __/__  ___ _____/ /__
     _\ \/ _ \/ _ `/ __/  '_/
    /__ / .__/\_,_/_/ /_/\_\   version 2.2.0
      /_/

Using Python version 2.7.13 (default, Jul 18 2017 09:17:00)
SparkSession available as 'spark'.
```

Spark는 마스터/슬레이브 형의 분산 시스템으로 클라이언트로부터 마스터에 명령을 보냄으로써 프로그램을 실행한다. 클라이언트를 '**드라이버 프로그램**(driver program)'이라고 부르며, 주피터와 조합시키면 대화식 데이터 처리를 실행하기 쉬워진다.

드라이버 프로그램은 지시할 뿐이므로, 노트북 컴퓨터처럼 성능이 안 좋은 장비에서도 실행할 수 있다. 실제 환경에서는 데이터 센터의 Spark 클러스터에 접속하는데, 아무런 지정을 하지 않아도 로컬 호스트에서 Spark 프로세스가 기동하므로 멀티 코어를 활용해 병렬 처리를 실행할 수 있다.

MongoDB의 애드 혹 집계

MongoDB로부터 데이터를 읽어들이려면, 다음과 같이 해서 Spark 세션을 통해 '**데이터 프레임**(data frame)'을 작성한다.

```
MongoDB로부터 데이터 프레임 작성
In [2]: df = (spark.read
      :        .format("com.mongodb.spark.sql.DefaultSource")
      :        .option("uri","mongodb://localhost/twitter.sample")
      :        .load())
```

Spark에 있어서 데이터 프레임은 pandas의 데이터 프레임과 마찬가지로 표 형식의 데이터를 추상화한 객체다. 데이터 프레임을 통해서 집계용 메소드를 호출함으로써, 외부 데이터를 마치 하나의 테이블처럼 취급할 수 있다.

Spark의 데이터 프레임은 pandas와는 달리, 작성한 직후는 아무런 처리도 하지 않는다. 데이터 로그가 지연되어 실제로 무언가의 처리를 요구할 때까지는 메모리상에서 DAG가 조립될 뿐이다.

Spark SQL을 사용하면 데이터 프레임을 SQL로 집계할 수 있다. 그러기 위해서는 다음과 같이 뷰를 작성한 후에 쿼리를 발생시킨다.

```
데이터 프레임을 일시적인 뷰로 등록
In [3]: df.createOrReplaceTempView('tweets')
언어별 트윗 수의 상위 3건 표시
In [4]: query = '''
      : SELECT lang, count(*) count
      : FROM tweets WHERE delete IS NULL GROUP BY 1 ORDER BY 2 DESC
      : '''
      : spark.sql(query).show(3)
+----+------+
|lang| count|
+----+------+
|  en|911106|
|  ja|492068|
|  ar|270199|
+----+------+
only showing top 3 rows
```

명시적으로 데이터의 캐시를 지정하지 않는 한, 쿼리를 실행할 때마다 항상 최신의 데이터가 읽어 들여진다. 쿼리의 실행 속도가 어느 정도가 될지는 스토리지의 성능에 의존한다. MongoDB의 경우 열 지향 스토리지처럼 칼럼 단위의 읽기에 최적화되어 있지는 않으므로, 그대로는 고속 집계에는 적합하지 않다. 최적화를 위해서는 한 차례 데이터를 추출해야 한다.

텍스트 데이터의 가공 스크립트 언어의 활용

데이터 처리에 Spark를 사용하는 최대 장점은 스크립트 언어에 의한 프로그래밍이다. 여기서는 단순한 예로 영어 트윗에 포함된 모든 단어를 세어보자. 다음과 같이 해서 트윗을 추출한다.

```
영어 트윗과 투고 시간을 모두 취득
In [5]: query = '''
      : SELECT from_unixtime(timestamp_ms / 1000) time, text
      : FROM tweets WHERE lang = 'en'
```

Spark SQL의 실행 결과는 데이터 프레임이므로 이것을 다시 다음 처리에 전달한다. 여기서는 텍스트 데이터를 처리하고 싶으므로, 다음과 같이 파이썬 함수를 정의한다.

```
In [6]: from pyspark.sql import Row
      :
      : 트윗을 단어로 분해하는 제네레이터 함수
      : def text_split(row):
      :     for word in row.text.split():
      :         yield Row(time=row.time, word=word)
```

Spark에서는 데이터 프레임의 1행의 레코드가 Row라는 객체에 보관되어 있다. 그것을 가공해서 다시 다음의 Row 객체를 만듦으로써 차례대로 데이터를 변환한다. 위와 같이 제네레이터 함수를 정의하면, 하나의 레코드로부터 복수의 레코드를 생성할 수 있다.

순서대로 동작을 따라가 보자. 다음과 같이 단계적으로 코드를 실행함으로써, 트윗을 단어로 분해한 새로운 데이터 프레임이 만들어지는 것을 알 수 있다.

```
'.rdd'로 원시 레코드 참조
In [7]: en_tweets.rdd.take(1)
```

```
Out[7]: [Row(time=u'2017-04-23 19:27:12',
              text=u'having funny convo with kevin :)')]
```
flatMap()에 제네레이터 함수 적용
```
In [8]: en_tweets.rdd.flatMap(text_split).take(2)
Out[8]:
[Row(time=u'2017-04-23 19:27:12', word=u'having'),
 Row(time=u'2017-04-23 19:27:12', word=u'funny')]
```
toDF()를 사용해 데이터 프레임으로 변환
```
In [9]: en_tweets.rdd.flatMap(text_split).toDF().show(2)
+-------------------+------+
|               time|  word|
+-------------------+------+
|2017-04-23 19:27:12|having|
|2017-04-23 19:27:12| funny|
+-------------------+------+
only showing top 2 rows
```

Spark 프로그램에 있어서의 DAG 실행

Spark는 데이터 프레임을 토대로 'RDD(Resilient Distributed Dataset)'라 불리는 로우 레벨
(low level)의 데이터 구조로 되어 있다. 이것을 사용하면 MapReduce와 마찬가지로 임의
의 함수를 Map과 Reduce로 적용할 수 있다.

위의 예에서는 flatMap() 안에서 텍스트를 분해하기 위해 파이썬 함수를 실행하고 그
출력으로부터 다음의 데이터 프레임을 만들고 있다.

여기에 파이프라인에 이름을 붙이고, 이와 더불어 Spark SQL로 집계해보자.

분해한 단어로 이루어진 뷰 'words'를 작성
```
In [10]: words = en_tweets.rdd.flatMap(text_split).toDF()
       : words.createOrReplaceTempView('words')
```
단어별 카운트의 상위 3건을 표시
```
In [11]: query = '''
       : SELECT word, count(*) count
       : FROM words GROUP BY 1 ORDER BY 2 DESC
       : '''
       : spark.sql(query).show(3)
+----+------+
|word| count|
+----+------+
```

```
|   RT|503576|
|  the|224968|
|   to|207564|
+----+------+
only showing top 3 rows
```

이렇게 해서 조립된 Spark의 데이터 파이프라인은 내부적으로는 하나의 DAG로 실행된다. 개념적으로는 그림 6.2와 같은 이미지다.

그림 6.2 Spark에 의한 데이터 파이프라인

지연 평가가 있기 때문에, 이렇게 DAG는 마지막에 show()가 호출된 단계에서 데이터 소스로부터의 로드가 시작된다. 몇 번이고 이것을 반복하는 것은 효과가 나쁘므로, 어느 정도 정리한 상태에서 다음과 같이 해서 물리적인 테이블로 보관한다. 그 결과, 구조화된 데이터가 열 지향 스토리지에 변환되어 그 후의 집계가 큰 폭으로 최적화된다.

```
분해한 단어를 테이블로 보관
In [12]: words.write.saveAsTable('twitter_sample_words')
초기 설정에서는 'spark-warehouse'에 파일이 작성된다.
In [13]: !ls -R spark-warehouse
twitter_sample_words

spark-warehouse/twitter_sample_words:
_SUCCESS
part-00000-c791588a-3f0f-4943-9e3d-7bdc72450065.snappy.parquet
```

데이터를 집계해서 데이터 마트 구축하기

데이터를 집계하는 준비가 다 되었으므로, 다음은 시각화에 적합한 데이터 마트를 만든다. 여기서는 다음의 몇 가지 선택지가 있다.

- Spark에 ODBC/JDBC로 접속하기
- MPP 데이터베이스에 비정규화 테이블 만들기
- 데이터를 작게 집약하여 CSV 파일에 출력하기

여기서는 단순히 CSV 파일을 만든다. 예로 트윗 되어 있는 단어의 시간 변화를 그래프로 만들어보자. 데이터양이 너무 많으면 시각화에 시간이 걸리므로, 우선은 레코드 수를 확인한다. 다음과 같이 1시간마다 요약을 집계하면(3.3절을 참고), 원래 1,200만 건 이상 있었던 레코드를 260만 건 정도까지 줄일 수 있다.

```
모든 레코드 수 확인
In [1]: spark.table('twitter_sample_words').count()
Out[1]: 12053835
1시간마다 그룹화하여 집계
In [2]: query = '''
      : SELECT substr(time, 1, 13) time,    선두 13 문자: 'YYYY-MM-DD HH'
      :        word,
      :        count(*) count
      : FROM twitter_sample_words GROUP BY 1, 2
      : '''
      : spark.sql(query).count()
Out[2]: 2637877
```

카디널리티의 삭감 시각화 프로세스에 효과가 있다

그러나 이래서는 충분한 삭감이라고 말할 수 없다. 제3장에서 봤듯이, '카디널리티가 높은 칼럼'이 데이터 제약의 방해가 된다. 즉, 'word' 칼럼의 값이 너무 많지 않은 것이 문제다. 다음과 같이 쿼리를 실행하면, 그다지 사용되지 않는 단어가 얼마나 있는지 알 수 있다.

```
등록 횟수가 적은 단어의 수를 조사한다.
In [3]: query = '''
      : SELECT t.count, count(*) words
      : FROM (
      :   단어별 카운트
      :   SELECT word, count(*) count FROM twitter_sample_words GROUP BY 1
      : ) t
      : GROUP BY 1 ORDER BY 1
      : '''
      : spark.sql(query).show(3)
+-----+-------+
|count|  words|
+-----+-------+
|    1|1028536|
|    2| 131763|
|    3|  54379|
+-----+-------+
only showing top 3 rows
```

한 번만 등장한 단어로도 100만 건 이상 있는 것 같다. 이러한 것은 시각화해봐야 의미 없으므로 정리해서 그룹화해두자. 단어를 분류하기 위한 새로운 디멘전 테이블을 만든다. 다음은 등장 횟수가 1,000 이하의 단어를 'COUNT = …'이라는 이름의 카테고리로 분류한다.

```
단어를 카테고리로 나누는 디멘전 테이블
In [4]: query = '''
      : SELECT word, count,
      :        IF(count > 1000, word, concat('COUNT=', count)) category
      : FROM (
      :   SELECT word, count(*) count FROM twitter_sample_words GROUP BY 1
      : ) t
      : '''
      : spark.sql(query).show(5)
+--------------------+-----+---------+
|                word|count| category|
+--------------------+-----+---------+
|               those| 4415|    those|
|https://t.co/sLVs...|    1|  COUNT=1|
|              online|  906|COUNT=906|
|               still| 9909|    still|
|                hope| 3870|     hope|
+--------------------+-----+---------+
```

```
only showing top 5 rows
```

```
In [5]: spark.sql(query).createOrReplaceTempView('word_category')
```

COLUMN **pandas로부터 CSV 파일 이외의 출력**

CSV 파일 이외에도 pandas의 데이터 프레임을 출력하기 위해 각종 라이브러리를 이용할 수 있다. RDB를 데이터 마트로 하려면 'sqlalchemy'[64]를 사용한다(리스트 C6.3). 구글 스프레드시트로 출력하고 싶다면 'df2gspread'[65] 등을 이용할 수 있다(리스트 C6.4).

리스트 C6.3 RDB로의 출력

```python
import sqlalchemy
engine = sqlalchemy.create_engine('mysql://localhost/twitter_db')
result.to_sql('word_summary', engine, if_exists='replace')
```

리스트 C6.4 Google 스프레드시트로의 출력

```python
from df2gspread import df2gspread as d2g
d2g.upload(result, 'Twitter Analysis', 'word_summary')
```

이 테이블을 결합하여 데이터를 집약해보니 레코드 수가 4만 건 정도까지 줄어들었다. 이 정도로 작게 되었다면 충분하다.

1시간마다 카테고리별로 그룹화하여 집계
```
In [6]: query = '''
      : SELECT substr(a.time, 1, 13) time, b.category, count(*) count
      : FROM twitter_sample_words a
      : LEFT JOIN word_category b ON a.word = b.word
      : GROUP BY 1, 2
      : '''
      : spark.sql(query).count()
Out[6]: 43007
```

---

64 (URL) https://www.sqlalchemy.org/
65 (URL) https://github.com/maybelinot/df2gspread/

일반적으로 시각화에 사용하는 디멘전이 늘어날수록 그 조합의 수도 커진다. 그러나 이렇게 카디널리티를 낮추면 얼마든지 집계 결과는 작게 된다. 이것은 나중에 나올 시각화 프로세스에서 중요하다.

CSV 파일의 작성 spark-csv 라이브러리, pandas의 데이터 프레임

Spark에서 집계 결과를 CSV에 출력하려면 몇 가지 방법이 있다. 하나는 표준 spark-csv 라이브러리를 사용하는 것이다.

```
In [7]: (spark.sql(query)
    :          .coalesce(1)                              ( 출력 파일은 하나로 한다. )
    :          .write.format('com.databricks.spark.csv')  ( CSV 형식 )
    :          .option('header', 'true')                  ( 헤더 있음 )
    :          .save('csv_output'))                       ( 출력 디렉터리 )

In [8]: !ls csv_output/    ( 출력 파일 확인 )
_SUCCESS
part-00000-d972a20d-755d-4f9c-ac78-01b08d9901b5.csv
```

이 방법은 Spark 클러스터 상에서 실행되기 때문에, 대량의 데이터를 작성하는 데는 좋지만, 이번처럼 작게 집약한 데이터를 보관하기에는 과하다. 이 정도의 데이터라면, 집계 결과를 pandas의 데이터 프레임으로 하는 편이 간단하다.

```
( pandas의 데이터 프레임으로 변환 )
In [9]: result = spark.sql(query).toPandas()
( 데이터 프레임 확인. 'time'이 도중에 끊겨 있다. )
In [10]: result.head(2)
Out[10]:
            time category   count
0  2017-04-24 12  COUNT=5    4919
1  2017-04-24 13  COUNT=9    2734
```

pandas의 데이터 프레임으로 해두었다면, 그 후에는 일반적인 스몰 데이터로 처리할 수 있다. 파일 출력하기 전에 기대한 결과를 얻을 수 있는지 화면상에서 확인해두자. 이번의 경우 'time' 칼럼의 값이 시간 부분에서 도중에 끊겨 있음을 알 수 있다.

Spark SQL로 돌아와 쿼리를 수정해도 좋지만, 이 정도라면 pandas로 가공해도 어렵지 않다. 다음과 같이 마지막 처리를 마쳤다면 그것을 CSV로 보관한다.

```
표준화된 시간형으로 변환
In [11]: import pandas as pd
    : result['time'] = pd.to_datetime(result['time'])
    : result.head(2)
Out[11]:
                time category  count
0 2017-04-24 12:00:00  COUNT=5   4919
1 2017-04-24 13:00:00  COUNT=9   2734
변형 후의 데이터 프레임을 보관
In [12]: result.to_csv('word_summary.csv', index=False, encoding='utf-8')
```

BI 도구로 데이터 시각화하기

애드 혹 분석의 과정에서는 이상과 같은 일련의 대화적인 데이터 처리를 노트북 안에서 실행할 수 있다. 데이터 집약만 되어 있다면, 그것을 시각화하는 것은 어렵지 않다. 수만 레코드 정도라면 스프레드시트에서 여는 것도 가능하지만, BI 도구를 사용하면 레코드 수가 좀 더 증가해도 대응할 수 있다.

일부러 노트북을 사용하지 않아도 BI 도구에서 MongoDB나 데이터 웨어하우스 등에 직접 연결하는 것도 가능하지만, 그것으로 생각한 대로의 시각화가 가능할 지는 별개의 문제. 가공하지 않은 데이터를 그대로 시각화하려 해도 생각대로 되지 않는 일이 자주 생긴다.

BI 도구로 시행착오를 거쳐 데이터를 가공하는 것보다 시각화하기 쉬운 데이터를 노트북에서 만드는 편이 생산적이다. 그림 6.3은 필자의 작업 중인 디스크 톱 화면이다. 한 편에서는 노트북을 열어서 CSV 파일을 작성하고 다시 한번 시각화를 위한 BI 도구를 연다.

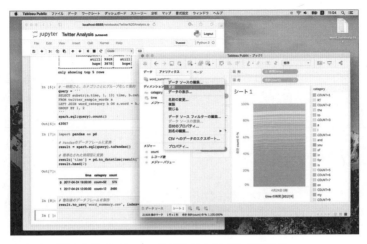

그림 6.3 노트북과 BI툴(여기서는 'Tableau Pulbic'을 서로 번갈아 갱신한다)

시각화의 결과가 맘에 안 들거나 좀 더 자세히 조사하고 싶은 경우에는 노트북으로 돌아와 다시 데이터 처리를 한다. 그리고 다시 BI 도구로 읽어 들여 시각화 처리를 반복한다.

탐색적 데이터 분석에서는 이러한 시행착오의 결과가 노트북에 축적된다. 신경이 쓰인 데이터를 확인하는 것만으로 끝나는 경우도 있지만, 시각화의 결과를 메일 등으로 공유하는 일도 있다. 그중에서도 특히 중요한 것, 예를 들어 계속 모니터링하고 싶은 숫자가 나온다면 그 절차를 워크플로화하는 것을 검토한다.

COLUMN **데스크톱 형의 BI 도구와 웹 형 BI 도구**

BI 도구에는 컴퓨터에 직접 설치하는 데스크톱형과 서버에 설치하는(또는 클라우드 서비스로서 제공되는) 웹 애플리케이션 형의 두 종류가 있다. 어느 것을 사용할지는 사용자의 취향에 달렸지만, 적어도 애드 혹 분석에는 데스크톱형이 적합하다고 생각한다.

데이터를 시각화할 때는 다음과 같은 현상으로 고심하는 사람도 많을 것이다.

- 그래프 표시에 시간이 상당히 걸리지만 왜 느려졌는지 원인을 모르는 경우
- 색깔로 구분하려 했으나 수백 개로 나뉘어 제대로 표시되지 않는 경우

이러한 문제로 진행이 안 되는 것은 시간 낭비다. 시각화라는 것은 이미지 처리이며, 이것은 필연적으로 데스크톱형의 도구가 우수하다. 어떤 그래프가 만들어질지 예상조차 할 수 없는 애드 혹 분석에서는 되도록 데스크톱에서 작업함으로써 쓸데없는 문제를 피할 수 있다.

네트워크에 의한 지연

시각화가 느려지는 원인에는 쿼리 실행에 시간이 걸리거나 그래프의 렌더링이 느리거나 하는 경우도 있지만, 의외로 알아채기 어려운 것이 네트워크 대역폭이다. 예를 들어, 쿼리의 결과가 수백 메가바이트나 된다고 하면, 대역폭이 20Mbps인 경우 데이터의 전송만으로 몇 분간 기다려야 한다. 이런 경우라면, 데이터의 집계가 아무리 빨리 끝났다고 해도 의미가 없다.

근본적으로 그래프 표시를 하는데 수백 메가바이트의 데이터 전송이 필요하다는 것이 잘못됐다. 제대로 설계된 보고서라면, 그런 쿼리를 실행하는 것이 없을 것이지만, 애드 혹 데이터 분석에서는 미처 생각하지 못한 비효율적인 쿼리가 실행되는 일도 있다.

데이터 마트를 처음에 작게 집약하는 것은 이러한 잠재적인 문제를 제거하기 위한 하나의 목적이 있기 때문이다. 데이터를 BI 도구에 가져오게 되면 더 이상 네트워크 통신은 발생하지 않는다. 그에 따라 시각화의 성능이 안정화 돼서 데이터를 살펴본다는 본래의 작업에 집중하기 쉬워진다.

대시보드와 보고서 작성

애드 혹 데이터 분석을 위해서가 아니라 시각화의 결과를 네트워크 경유로 공유하는 것이 목적이라면, 웹 형의 BI 도구를 도입하는 것이 최적이다. 항상 최신 정보를 확인하고 싶은 대시보드나 워크플로의 일환으로 보고서 작성을 자동화하고 싶은 경우에도 웹 형의 도구가 사용된다.

예를 들어, 이 책에서 예로 든 BI 도구인 Tableau Desktop이라면, 작성한 대시보드를 업로드해 사내에서 공유하기 위한 온라인 서비스 'Tableau Online'이 제공된다(그림 C6.2). 또는 'Google Data Studio(구글 데이터 스튜디오)'[66]처럼 처음부터 웹 브라우저에서만 사용하는 BI 도구도 있다. 용도에 따라 자신에게 맞는 것을 선택하자.

---

66 URL https://cloud.google.com/data-studio/

노트북에 의한 시각화의 공유

노트북에 의한 애드 혹 분석이 중심이 된다면, 'Plotly'[67]와 같이 Jupyter Notebook에 대화식 그래프를 넣어서 그것을 온라인상에서 공유할 수 있는 서비스도 있다. 또는 'Apache Zeppelin(아파치 제플린)'[68]과 같이 처음부터 대화식의 시각화 기능을 지닌 웹 형 노트북도 개발되고 있다.

시각화 도구에는 상당히 많은 선택지가 있어, 어떤 것을 추천하면 좋을지 참으로 곤란하다. 결국은 자신이 사용하는 데 익숙한 것을 사용하는 것이 가장 좋으므로, 그러한 것을 찾을 때까지는 직접 여러 가지를 테스트해보는 것이 좋다.

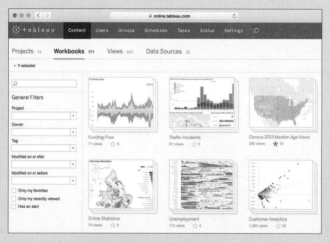

※ URL https://www.tableau.com/ko-kr/products/cloud-bi/

그림 C6.2 Tableau Online의 대시보드 리스트

---

67 URL https://plot.ly/python/offline/
68 URL https://zeppelin.apache.org/

ETL 프로세스로부터 데이터 마트의 작성에 이르는 '데이터 파이프라인'은 매일매일의 데이터 처리의 중심이 되는 프로세스다. 이 절에서는 Hive와 Presto를 사용한 배치형의 데이터 처리에 관해서 설명한다.

> **NOTE** 이 절에서는 다음의 소프트웨어에 대해서 설명한다.
>
> - 벌크 형 데이터 전송 → Embulk 0.8.17
> - 분산 시스템   → Hadoop 2.8.0
> - 데이터 구조화   → Hive 2.1.1
> - 쿼리 엔진   → Presto 0.181

일일 배치 처리를 태스크화하기

정기적으로 데이터를 전송하고 그것을 집계한 후 데이터 마트를 만드는 전형적인 데이터 파이프라인을 고려한다. 데이터 소스는 MongoDB를 이용한다. 장기적인 데이터 분석을 위해 Hive로 열 지향 스토리지를 만들고, 그것을 Presto로 집계한다. 큰 흐름으로는 그림 6.4와 같이 3개의 태스크로 구성한다. 데이터양이 늘어도 집계 효율이 떨어지지 않도록 1일 단위로 파티셔닝된 시계열 테이블을 만든다.

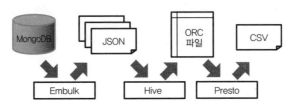

그림 6.4 **Hadoop을 중심으로 하는 데이터 파이프라인의 예**

▌[태스크 1] Embulk에 의한 데이터 추출

MongoDB로부터 데이터를 추출하기 위해 여기서는 오픈 소스의 벌크 전송 도구인 'Embulk'[69]를 사용한다. 실제로는 Embulk를 사용하지 않아도 MongoDB 전용의 커맨드라인 도구를 사용하거나, Hive로부터 MongoDB에 직접 접속해도 상관없지만, 여기서는 어디까지나 한 예로 범용적인 데이터 전송의 절차를 고려한다.

> **NOTE** Embulk에 대해서는 다음의 기사 등을 참고하기 바란다.
>
> • '이거라면 사용할 수 있다! 빅데이터 분석 기반의 에코 시스템'의 제3회 '스트리밍 처리와 배치 처리에 의한 데이터 집계 Embulk편'
> **URL** http://gihyo.jp/dev/serial/01/bigdata-analysis/0003/[70]

Embulk를 설치하고, 리스트 6.3을 실행한다. 여기서는 추출한 데이터를 JSON 형식으로 로컬 디스크에 쓰고 있다.

```
$ mkdir ~/batch; cd ~/batch   # 작업 디렉터리 작성
$ brew install embulk   # Embulk 설치
$ embulk gem install embulk-input-mongodb embulk-formatter-jsonl
                              # MongoDB 용의 플러그인 설치

리스트 6.3의 셸 스크립트 실행
$ bash extract.sh 2000-01-01 2100-01-01
...
2017-04-25 08:58:33.909 +0900 [INFO] (embulk-output-executor-0):
 Writing local file '/tmp/twitter_sample_2000-01-01/000.00.json.gz'
...
데이터 확인
$ gzcat /tmp/twitter_sample_2000-01-01/000.00.json.gz | head -1
{"record":{"_id":"...","text":"...","timestamp_ms":"...","lang":"..."}}
```

---

69 **URL** http://www.embulk.org/
70 **역주** 위는 일본어 페이지이다. 읽고 사용하기 불편하다면 아래의 개인 블로거 자료를 추천한다.
　　URL https://jungwoon.github.io/bigdata/2017/08/31/Embulk_Setup/

리스트 6.3 데이터를 추출하는 셸 스크립트(extract.sh)

```bash
#!/bin/bash

# 추출하는 시간의 범위(파라미터)
START="$1"
END="$2"

cat >config.yml <<EOF
in:
  # MongoDB로부터 지정한 날짜의 레코드 추출
  type: mongodb
  uri: mongodb://localhost:27017/twitter
  collection: sample
  query: '{ "_timestamp": { \$gte: "${START}", \$lt: "${END}" }}'
  projection: '{ "timestamp_ms": 1, "lang": 1, "text": 1 }'
out:
  # JSON 파일로 출력
  type: file
  path_prefix: /tmp/twitter_sample_${START}/
  file_ext: json.gz
  formatter:
    type: jsonl
  encoders:
  - type: gzip
EOF

# 출력 디렉터리의 초기화
rm -rf /tmp/twitter_sample_${START}
mkdir /tmp/twitter_sample_${START}

# 데이터 추출 실행
embulk run config.yml
```

벌크 형의 데이터 전송은 정기적으로 실행되므로, 태스크의 파라미터로 시간의 범위를 부여하도록 한다. 여기서는 명령어의 인수로 2000-01-01부터 2100-01-01의 범위를 건네고 있는데, 실제로는 1일씩의 범위로 실행한다. 이 파라미터는 나중에 워크플로 관리 도구에서 설정한다.

지정된 기간의 데이터를 추출하고, 그것을 지정된 장소로 써냄으로써 이 태스크의 실행은 멱등하게 된다. 실제로 스크립트를 실행해보면 파라미터만 같다면 몇 번을 실행해도 결과가 덮어쓰여지는 것을 알 수 있다. 워크플로에서는 되도록 이렇게 각 태스크를 멱등하게 구현하도록 주의한다.

여기서는 추출한 데이터를 로컬 디스크에 써넣고 있는데, 실제 환경에서는 별도의 분산 스토리지에 전송하거나 Hive로부터 안정적으로 읽어낸다.

[태스크 2] Hive에 의한 데이터 구조화

다음으로 Hive를 셋업한다(리스트 6.4). 참고로 초기 설정에서는 로컬 디스크의 /user/hive/warehouse에 Hive의 테이블이 만들어지므로, 미리 디렉터리를 작성해둔다. 나중에 Presto로도 집계할 수 있도록 Hive 메타 스토어 서비스를 기동한 채로 둔다.

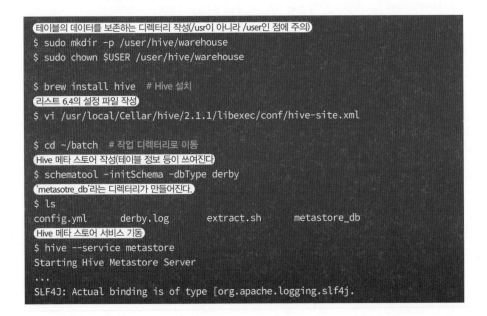

```
테이블의 데이터를 보존하는 디렉터리 작성(/usr이 아니라 /user인 점에 주의)
$ sudo mkdir -p /user/hive/warehouse
$ sudo chown $USER /user/hive/warehouse

$ brew install hive   # Hive 설치
리스트 6.4의 설정 파일 작성
$ vi /usr/local/Cellar/hive/2.1.1/libexec/conf/hive-site.xml

$ cd ~/batch   # 작업 디렉터리로 이동
Hive 메타 스토어 작성(테이블 정보 등이 쓰여진다)
$ schematool -initSchema -dbType derby
'metasotre_db'라는 디렉터리가 만들어진다.
$ ls
config.yml      derby.log      extract.sh      metastore_db
Hive 메타 스토어 서비스 기동
$ hive --service metastore
Starting Hive Metastore Server
...
SLF4J: Actual binding is of type [org.apache.logging.slf4j.
```

리스트 6.4 Hive의 설정

```
파일: /usr/local/Cellar/hive/2.1.1/libexec/conf/hive-site.xml
(파일의 장소는 Hive의 버전에 맞춘다)
<configuration>
  <property>
    <name>hive.metastore.uris</name>
    <value>thrift://localhost:9083</value>
  </property>
```

태스크 1에서 작성한 JSON 파일을 변환해보자. Hive로 시계열 테이블을 만들려면, 리스트 6.5처럼 파티셔닝을 유효로 한 테이블을 만든다. 그리고 INSERT OVERWRITE TABLE 문으로 파티션을 덮어씀으로써 태스크가 멱등하게 된다.

```
리스트 6.5의 쿼리 실행
$ hive -f load.hql -d START=2000-01-01
...
Loading data to table default.twitter_sample_words partition (pt=2000-01-01)
MapReduce Jobs Launched:
Stage-Stage-1:  HDFS Read: 0 HDFS Write: 0 SUCCESS
Total MapReduce CPU Time Spent: 0 msec
OK
Time taken: 127.7 seconds
물리적인 디렉터리로 파티션이 생성되어 있다.
$ ls /user/hive/warehouse/twitter_sample_words
pt=2000-01-01
```

리스트 6.5 Hive에 의한 데이터 구조화 쿼리(load.hql)

```
JSON 파일을 읽어들이기 위한 라이브러리(실제로는 1행)
ADD JAR /usr/local/Cellar/hive/2.1.1/\
libexec/hcatalog/share/hcatalog/hive-hcatalog-core-2.1.1.jar;

JSON 파일을 읽어들이기 위한 외부 테이블
CREATE TEMPORARY EXTERNAL TABLE twitter_sample(
  record struct<timestamp_ms:string, lang:string, text:string>
)
ROW FORMAT SERDE 'org.apache.hive.hcatalog.data.JsonSerDe'
STORED AS TEXTFILE LOCATION '/tmp/twitter_sample_${START}/';

출력 테이블(파티션 분할, ORC 형식)
CREATE TABLE IF NOT EXISTS twitter_sample_words(
```

```
  time timestamp, word string
)
PARTITIONED BY(pt string) STORED AS ORC;
```

> 날짜 지정으로 파티션 덮어쓰기

```
INSERT OVERWRITE TABLE twitter_sample_words PARTITION (pt='${START}')
SELECT from_unixtime(cast(record.timestamp_ms / 1000 AS bigint)) time, word
FROM twitter_sample
LATERAL VIEW explode(split(record.text, '\\s+')) words AS word
WHERE record.lang = 'en' ORDER BY time;
```

쿼리에 건넬 파라미터(여기서는 'START')를 바꿈으로써 매일 새로운 파티션이 만들어져 그에 따라 시간으로 파티션이 분할된 시계열 테이블이 완성된다. 출력 테이블의 'time' 칼럼에는 Twitter의 타임 스탬프(timestamp_ms)를 보관하여 마지막으로 'ORDER BY'로 정렬한다. 이것이 이벤트 시간에 의해 데이터가 정렬되어서 조건절(Predicate) 푸쉬다운에 의한 최적화를 기대할 수 있다.

[태스크 3] Presto에 의한 데이터 집계

마지막으로 Presto를 셋업한다(리스트 6.6). Presto는 서버/클라이언트 형의 시스템이므로 처음에는 Presto 서버를 기동해 둔다. Hive 메타 스토어 서비스가 동작하고 있다면, Presto에서 Hive로 작성한 테이블로 접속할 수 있다.

```
$ brew install presto   # Presto 설치
```
> 리스트 6.6의 설정 파일 작성
```
$ vi /usr/local/Cellar/presto/0.181/libexec/etc/catalog/hive.properties
```
> Presto 서버 기동(http://localhost:8000/)
```
$ presto-server run
...
2017-04-25T15:12:48.115+0900    INFO    main
 com.facebook.presto.server.PrestoServer ======== SERVER STARTED ========
```

리스트 6.6 Presto로부터 Hive 메타 스토어 참고하기

파일: /usr/local/Cellar/presto/0.181/libexec/etc/catalog/hive.properties
```
connector.name=hive-hadoop2
hive.metastore.uri=thrift://localhost:9083
```

설정에 문제가 없다면, 다음과 같이 해서 Presto의 쿼리를 실행할 수 있다. 1대의 컴퓨터로도 1,000만 건이 넘는 테이블을 수초 만에 집계할 수 있다.

```
$ presto   # Presto 서버에 접속
 Hive 메타 스토어를 이용
presto> use hive.default;
 테이블 리스트 표시
presto:default> show tables;
        Table
----------------------
 twitter_sample_words
(1 rows)

Query 20170427_174323_00002_in7fv, FINISHED, 1 node
Splits: 18 total, 18 done (100.00%)
0:01 [1 rows, 37B] [1 rows/s, 53B/s]
 쿼리 실행
presto:default> SELECT word, count(*) count FROM twitter_sample_words
             -> GROUP BY 1 ORDER BY 2 DESC LIMIT 3;
 word | count
------+--------
 RT   | 503576
 the  | 224916
 to   | 207536
(3 rows)

Query 20170427_174410_00003_in7fv, FINISHED, 1 node
Splits: 51 total, 51 done (100.00%)
0:07 [12.1M rows, 34.6MB] [1.63M rows/s, 4.65MB/s]
```

Presto는 애드 혹 데이터 분석에서 사용되는 대화식 쿼리 엔진으로 워크플로 안에서 호출해도 문제없다. 이 장 앞부분에서 Spark로 실행한 것과 같은 쿼리를 Presto 용으로 고치면 리스트 6.7과 같다.

```
리스트 6.7의 쿼리 실행
$ bash aggregate.sh 2000-01-01 2100-01-01
결과 확인
$ head -3 word_summary.csv
"time","category","count"
"2017-04-24 19:00:00.000","COUNT=99","396"
"2017-04-24 19:00:00.000","COUNT=205","205"
```

리스트 6.7 데이터를 집계하는 스크립트(aggregate.sh)

```bash
#!/bin/bash

# 집계하는 시간의 범위(파라미터)
START="$1"
END="$2"

cat >query.sql <<EOF
# 뷰 대신에 WITH 구문을 사용한다.
WITH word_category AS (
  SELECT word,
         if(count > 1000, word,
            concat('COUNT=', cast(count AS varchar))) category
  FROM (
    SELECT word, count(*) count FROM twitter_sample_words
    WHERE time BETWEEN DATE '${START}' AND DATE '${END}'
    GROUP BY 1
  ) t
)

# 1시간마다 요약 집계
SELECT date_trunc('hour', a.time) time, b.category, count(*) count
FROM twitter_sample_words a
LEFT JOIN word_category b ON a.word = b.word
WHERE a.time BETWEEN DATE '${START}' AND DATE '${END}'
GROUP BY 1, 2;
EOF

# Presto로 쿼리를 실행하고, 결과를 CSV 파일로 출력
presto --catalog hive --schema default -f query.sql \
  --output-format CSV_HEADER > word_summary.csv
```

Presto에 의한 데이터 집계는 열 지향 스토리지를 만드는 것과 비교해 훨씬 고속이므로, 장기간의 집계를 다시 실행해도 그다지 시간이 걸리지 않는다. 따라서, 증분으로 데이터를 집계하는 것이 아니라, 매일 데이터 마트를 다시 만드는 편이 간단하다. 예를 들어 과거 30일간의 추이를 보고 싶다면, 매일 30일만큼의 데이터를 읽어 들여 결과를 치환함으로써 태스크가 멱등이 된다.

리스트 6.7에서는 CSV 파일을 만드는 부분에서 태스크를 종료하고 있는데, 실제로는 그것을 분산 스토리지에 전송하거나 BI 도구에 읽어 들임으로써 최종적인 데이터 파이 프라인이 완성된다. 이것으로 이후에는 파라미터를 교체해서 매일 실행하도록 하면 자 동화가 완성된다.

6-3 워크플로 관리 도구에 의한 자동화

데이터 파이프라인을 자동화하려면, 오류 발생 시의 복구를 염두에 두고 워크플로를 설계한다. 이 절에서는 Airflow를 사용한 정기적인 배치 처리의 실행에 관해서 설명 한다.

> **NOTE** 이 절에서는 다음의 소프트웨어에 대해서 설명한다.
>
> • 워크플로 관리 → Apache Airflow 1.8.0

▌ Airflow — 스크립트 형의 워크플로 관리

워크플로 관리 도구의 예로 여기서는 오픈 소스인 'Apache Airflow'[71]에 대해서 설명한 다. Airflow는 파이썬으로 워크플로를 기술하는 스크립트 형의 도구이며, 유사한 소프

---

71 URL https://airflow.incubator.apache.org/

트웨어 중에서는 비교적 새로운 프로젝트다. 앞으로 사양이 크게 변할 가능성도 있지만, 스크립트 형의 워크플로 관리가 어떠한 것인지 알아보는 데 참고가 될 것이다.

우선 Airflow를 셋업한다. 홈 디렉터리에 'airflow'라는 서브 디렉터리가 만들어지고 거기에 SQLite의 데이터베이스가 작성된다.

```
$ pip2 install airflow[hive]  # Airflow와 Hive 플러그인 설치
$ airflow initdb  # 데이터베이스 초기화(SQLite를 이용)
...
DB: sqlite:////Users/me/airflow/airflow.db
...
Done.
관리 콘솔 기동(http://localhost:8081/)
$ airflow webserver -p 8081
...
Running the Gunicorn Server with:
Workers: 4 sync
Host: 0.0.0.0:8081
```

airflow webserver 명령어에 의해 워크플로의 관리 콘솔이 되는 웹 서버가 기동한다. 지정한 주소를 웹 브라우저로 열면, 그림 6.5의 화면이 표시된다. 많은 예제 코드가 등록되어 있으므로 그것들을 보고 돌려보는 것만으로도 감을 잡을 것이다. 이 관리 화면은 워크플로의 운용이 시작된 후에 이용하므로 개발 중에는 필요 없다.

그림 6.5 Airflow의 관리 화면

워크플로의 정의

Airflow에 의한 워크플로는 여러 태스크로 이루어진 DAG의 형태로 정의한다. 처음에 태스크 간의 의존 관계를 정의해두면, 그 실행 순서는 시스템에 의해서 자동으로 결정된다. 워크플로는 파이썬 스크립트로 기술한다. 전형적으로는 리스트 6.8과 같은 내용이다.

의존 관계가 없는 태스크는 동시에 병렬로 실행된다. 의존 관계가 있는 태스크는 앞의 태스크가 완료할 때까지는 실행되지 않는다. 태스크의 실행 결과는 데이터베이스에 기록되고, 실패한 태스크를 재실행하면 그에 의존하고 있는 태스크 실행도 재개된다.

Airflow는 그 설계 사상으로 모든 태스크를 시간과 관련지어 보존한다. 각 DAG에는 그것을 어떤 스케줄로 실행할지 반드시 지정한다. 각 태스크에는 '데이터 처리의 대상이 되는 시간'이 파라미터로 전달된다. 예를 들어 2001-01-01이라는 날짜가 전해지면 그것이 언제 실행되었는지에 관계없이, 전달된 날짜의 데이터를 처리하도록 한다. 이것이 태스크를 올바로 재실행하기 위한 기초가 된다.

리스트 6.8 **Airflow에 의한 워크플로의 정의(airflow/dags/dag_sample.py)**

```
import datetime
from airflow import DAG

(DAG의 설정)
dag = DAG(
    'dag_sample',
    schedule_interval='@daily',
    start_date=datetime.datetime(2017, 1, 1))

(태스크의 정의)
task1 = ...
task2 = ...
task3 = ...

(태스크의 의존 관계(실행 순서))
task1 >> task2 >> task3
```

태스크의 정의

태스크를 만들기 위한 클래스를 'Operator(오퍼레이터)'라고 부른다. Airflow에는 많은 플러그인이 있으며 Hive나 MySQL 등의 쿼리를 실행하기 위한 Operator가 제공되고 있다. 생각하는 Operator가 없다고 해도, 표준 Operator인 BashOperator와 PythonOperator 두 가지를 사용하면 실질적으로는 어떤 클래스라도 실행할 수 있다.

워크플로로부터 호출되는 태스크는 종종 셸 스크립트로서 실행되는데, 그것을 실행하는 것이 BashOperator다. 셸 스크립트는 외부 파일로 준비할 수도 있어 리스트 6.9처럼 문자열로 스크립트에 삽입할 수도 있다.

태스크를 파이썬 함수로 구현하고 싶으면 PythonOperator를 사용한다. 이때 실행되는 함수는 직렬화(serialized)되어 지연 평가되므로 되도록 리스트 6.10처럼 글로벌 스코프(global scope)로 정의하도록 한다.

리스트 6.9 셸 스크립트를 실행하는 태스크의 정의

```
from airflow.operators.bash_operator import BashOperator

# 셸 스크립트 정의
PRINT_HELLO = '''
echo "Hello at {{ ts }}"
'''

# 셸 스크립트를 호출하는 태스크 작성
hello = BashOperator(
    task_id='hello',
    bash_command=PRINT_HELLO,
    dag=dag)
```

리스트 6.10 파이썬 함수를 실행하는 태스크의 정의

```
import logging
from airflow.operators.python_operator import PythonOperator

# 함수 정의
def print_world(**context):
    logging.info("World at %s", context['ts'])
```

```
함수를 호출하는 태스크 작성
world = PythonOperator(
    task_id='world',
    python_callable=print_world,
    provide_context=True,
    dag=dag)

'hello'의 뒤에서 실행
hello >> world
```

각 태스크에 전달되는 실행 시의 파라미터를 '**컨텍스트**(context)'라고 부른다. BashOperator
라면 컨텍스트의 값은 {{ name }}과 같은 서식으로 참고할 수 있다. 시간 외에도 표 6.1
과 같은 변수가 컨텍스트로 주어진다.

표 6.1 컨텍스트로 주어지는 변수(일부)

변수	예	설명
ds	2017-01-01	실행 대상이 되는 날
ds_nodash	20170101	ds에서 –(하이픈)을 뺀 문자열
yesterday_ds	2016-12-31	실행의 대상이 되는 날의 전날
tomorrow_ds	2017-01-02	실행의 대상이 되는 날의 다음 날
ts	2017-01-01T00:00:00	실행의 대상이 되는 날짜와 시간
ts_nodash	20170101000000	ts에서 –(하이픈)을 뺀 문자열

워크플로를 터미널로부터 실행하기

Airflow의 스크립트를 그대로 파이썬 스크립트로 실행해도 DAG의 오류 체크가 시행
될 뿐이며 태스크 그 자체는 실행되지 않는다. 워크플로로 동작시키려면 단말로부터
airflow 명령어를 호출한다.

airflow test

우선은 airflow test 명령어로 개별 태스크를 테스트한다. 테스트의 결과는 데이터베이

스에 기록되지 않으므로 납득할 때까지 몇 번이고 반복한다.

```
DAG 명, 태스크 명, 날짜와 시간을 부여하여 테스트한다.
$ airflow test dag_sample hello 2017-01-01
...
[2017-04-27 15:50:22] {bash_operator.py:65} INFO - Running command:
echo "Hello at 2017-01-01T00:00:00"
[2017-04-27 15:50:22] {bash_operator.py:73} INFO - Output:
[2017-04-27 15:50:22] {bash_operator.py:77} INFO - Hello at 2017-01-01T00:00:00
```

명령어의 인수에는 DAG나 태스크의 이름과 함께 날짜와 시간을 지정한다. 여기에 전달된 날짜와 시간을 스크립트 안에서 사용함으로써, 태스크를 멱등하게 반복 실행할 수 있게 구현한다.

COLUMN **파이썬 스크립트를 워크플로에 삽입하기**

애드 혹 분석을 위해 파이썬을 사용하는 사람이라면, 노트북으로 실행한 내용을 그대로 워크플로에 삽입하고 싶어할지도 모르겠다. PythonOperator를 사용하면 간단해 보이지만, 여기에는 주의가 필요하다.

워크플로를 구현하는 경우, '각 태스크는 내부 상태를 갖게 하지 않는다'라는 원칙이 있다. 주어진 파라미터만을 사용해서 데이터를 읽어 들이고 처리한 결과는 외부 스토리지에 써넣는다. 노트북처럼 일시 변수를 사용해 데이터를 차례로 건네는 것은 고려하지 않는다.

워크플로에서는 태스크의 안정적인 실행이 중요시되고, 오류로부터의 복구를 가정하여 멱등한 처리를 구현한다. 애드 혹 분석의 단계에서는 그러한 일은 일절 고려하지 않으므로, 워크플로는 전혀 별개의 구현이라고 생각하는 편이 좋겠다. 그래도 어떻게든 코드를 공유하고 싶은 경우에는 독립된 스크립트로 구현하거나, 적어도 외부 모듈로 분산해야 할 것이다.

리스트 C6.5에서는 라이브러리화된 데이터 처리의 로직을 PythonOperator로부터 호출하고 있다. 그 경우에도 컨텍스트에 의존하는 데이터의 읽고 쓰기는 워크플로 측에서 구현하여 라이브러리 측의 독립성을 유지하도록 한다. 이것에 따라 데이터 처리의 로직을 공유하면서 워크플로로서의 멱등성을 확보하는 것이 가능하다.

리스트 C6.5 데이터 처리를 독립한 라이브러리로서 분산한다

```
데이터 처리의 라이브러리
from data_analysis import do_something

태스크로 실행되는 함수
def python_task(**context):
    지정된 데이터를 읽어 들인다.
    df = read_data(context['ds'])
    데이터 처리 실행(컨텍스트 비의존)
    df = do_something(df)
    CSV 파일로 보존
    with open('/tmp/{}.csv'.format(context['ds']), 'w') as f:
        f.write(df.to_csv().encode('utf-8'))

함수를 호출하는 태스크
PythonOperator(
    task_id='python_task',
    python_callable=python_task,
    provide_context=True,
    dag=dag)
```

airflow backfill

DAG에 포함되는 모든 태스크를 실행하려면, airflow backfill 명령어를 이용한다. 이 경우 태스크의 실행 결과는 데이터베이스에 기록되고 실행 순서도 의존 관계에 따라서 결정된다.

airflow backfill에서는 시간의 시작부터 종료까지의 범위를 지정할 수 있다. 그 범위 내에서 실행 가능한 태스크가 먼저 선택되고 차례로 실행에 옮겨진다. 예를 들어 다음과 같이 2일만큼의 태스크를 실행하면, 다른 태스크에 의존하지 않는 'hello'가 먼저 실행되고, 그것을 완료한 후에 'world'가 시작된다.

```
지정된 기간의 태스크를 모두 실행한다.
$ airflow backfill dag_sample -s 2017-01-01 -e 2017-01-02
...
[2017-04-27 17:53:15] ... airflow run dag_sample hello 2017-01-01...
...
```

```
[2017-04-27 17:53:21] ... airflow run dag_sample hello 2017-01-02...
...
[2017-04-27 17:53:28] ... airflow run dag_sample world 2017-01-01...
...
[2017-04-27 17:53:34] ... airflow run dag_sample world 2017-01-02...
...
[2017-04-27 17:53:41] {jobs.py:2023} INFO - Backfill done. Exiting.
```

Airflow에 의한 워크플로의 개발에서는 이렇게 airflow 테스트를 통해 개별 태스크를 동작 확인하고, 제대로 동작하는 것이 확인되면 airflow backfill로 과거의 데이터를 처리한다. 마지막으로, 스케줄러에 의한 정기적인 실행을 유효로 하여 계속적인 운용에 들어간다.

스케줄러를 기동하여 DAG를 정기 실행하기

Airflow의 초기 설정은 개발용이므로, 실제 운용 환경을 가정해서 설정 변경한다. 특히, SQLite에서는 태스크를 병렬 실행(멀티 프로세스화)할 수 없기 때문에, 리스트 6.11처럼 MySQL로 전환한다.

```
Airflow의 설정 변경(리스트 6.11)
$ vi ~/airflow/airflow.cfg
$ brew install mysql   # MySQL 설치
$ brew services start mysql
Airflow 용의 데이터베이스 작성
$ mysqladmin -uroot create airflow
$ pip2 install MySQL-python
$ airflow resetdb
```

리스트 6.11 airflow.cfg의 설정 변경하기

```
[core]
로컬 호스트의 MySQL에 접속
sql_alchemy_conn = mysql://root@localhost/airflow

멀티 프로세스에 대응한 실행 엔진 이용
executor = LocalExecutor
```

```
예제 DAG를 읽어들이지 않도록 하기
load_examples = False

[scheduler]
스크립트를 다시 읽어들이는 간격(초)
min_file_process_interval = 5
```

Airflow로 태스크의 스케줄 실행을 시작하려면, 우선 airflow scheduler 명령어로 스케줄러를 기동한다.

```
$ airflow scheduler
[2017-04-27 18:57:05,549] {init.py:57} INFO - Using executor LocalExecutor
...
[2017-04-27 18:57:41,221] {jobs.py:1440} INFO - Heartbeating the executor
[2017-04-27 18:57:41,221] {jobs.py:1450} INFO - Heartbeating the scheduler
...
```

스케줄러는 데이터베이스의 상태를 정기적으로 점검하고, 그다음으로 실행 가능한 태스크를 찾는다. 태스크가 발견되면 그것이 워크 프로세스에 전달돼서 실행에 들어간다. 스케줄러를 멈추면 워크 프로세스도 멈추기 때문에 스케줄러는 항시 기동해둔다.

오류로부터의 복구

스케줄러에 의한 태스크 실행과 오류로부터의 복구 상황을 확인하기 위해 리스트 6.12의 워크플로를 실행해보자. 모든 태스크가 무작위로 오류를 발생시키고 있다.

리스트 6.12 실패하는 태스크를 포함하는 워크플로(random_errors.py)

```
# airflow/dags/random_errors.py

import datetime
import random
from airflow import DAG
from airflow.operators.python_operator import PythonOperator

'2017-04-20' 이후 매일 실행
dag = DAG(
    'random_errors',
    schedule_interval='@daily',
```

```
        start_date=datetime.datetime(2017, 4, 20))

일정 확률로 실패하는 태스크
def random_error():
    if random.random() < 0.30:
        raise RuntimeError()

a = PythonOperator(task_id='A', python_callable=random_error, dag=dag)
b = PythonOperator(task_id='B', python_callable=random_error, dag=dag)
c = PythonOperator(task_id='C', python_callable=random_error, dag=dag)
d = PythonOperator(task_id='D', python_callable=random_error, dag=dag)

태스크 A와 태스크 B가 끝나면 태스크 C 실행
a >> c
b >> c
태스크 C가 끝나면 태스크 D 실행
c >> d
```

파일을 airflow/dags 디렉터리에 추가하여 다음의 명령어를 실행하면, 지정한 스케줄(여기서는 2017년 4월 20일 이후 매일)에 따라 DAG의 실행이 유효하게 된다. 스케줄러를 기동하고 있으면, 태스크가 순서대로 실행되어 가는 모습을 확인할 수 있다.

```
DAG의 스케줄 실행을 유효로 하기
$ airflow unpause random_errors
...
Dag: <DAG: random_errors>, paused: 0
```

DAG의 start_date로 지정한 날짜가 과거인 경우, 그날부터 현재까지의 태스크가 자동으로 백필된다. 미래의 날짜를 지정한 경우에는 그날이 지날 때 실행이 시작된다. 잠시 기다린 후에 관리 화면을 열면, 그림 6.6과 같이 다수의 태스크가 실행되어 오류가 발생했음을 알 수 있다.

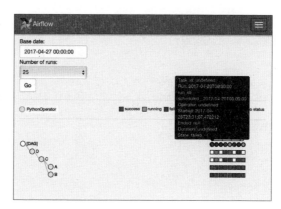

그림 6.6 태스크의 상태를 리스트로 표시하기

태스크 A나 태스크 B는 다른 태스크에 의존하고 있지 않으므로, 둘 다 처음에 반드시 실행된다. 태스크 C나 태스크 D가 실행될지는 그 전의 태스크가 성공했는지 여부에 달려 있다. 그날의 태스크가 모두 성공하면 DAG의 상태도 성공하지만, 오류가 된 태스크가 하나라도 있으면 그 이후의 태스크는 실행되지 않은 채 DAG가 실패한다.

초기 설정에서는 태스크가 재시도되지 않은 채 1회의 오류로 실패로서 취급된다. 관리 화면으로부터 오류인 태스크를 클릭하면, 그 태스크의 상태를 클리어할 수 있다. 그러면 스케줄러는 그것을 감지하고 그 상태에서 실행이 재개된다. 기본적으로는 그 조작을 반복하고, 모든 태스크가 성공하도록 지켜본다.

스케줄의 설정

Airflow의 스케줄 설정은 좀 특수하므로, 여기서 자세히 설명한다. 모든 DAG에는 적어도 실행 간격(schedule_interval)과 시작 시간(start_date)을 지정해야 한다. 일반적인 cron 형식(CRON format), 또는 '@daily'나 '@hourly'처럼 생략형을 지정할 수 있다(리스트 6.13).

리스트 6.13 DAG를 실행하는 스케줄의 예

```
매일 '00:30'에 실행('2017-01-01 00:30:00' 시작)
dag1 = DAG(
    'daily_job',
    schedule_interval='30 00 * * *',
    start_date=datetime.datetime(2017, 1, 1, 0, 30, 0))

1시간마다 실행('2017-01-01 00:00:00' 시작)
dag2 = DAG(
    'hourly_job',
    schedule_interval='@hourly',
    start_date=datetime.datetime(2017, 1, 1, 0, 0, 0))
```

Airflow에 있어서 고유한 주의사항으로는 DAG의 경우 스케줄 된 간격이 '끝날 때' 실행해야 한다. 예를 들어, @daily의 스케줄이라면, 1월 1일의 태스크가 실행되는 것은 다음 날 1월 2일이 되는 순간이다.

그때 컨텍스트의 시간('ds'나 'ts' 등)은 1월 1일을 표시하므로 컨텍스트와 실행 시간에는 1일의 차이가 있다.

이 규칙은 이해해두면 합리적이다. 예를 들어 1월 1일의 데이터가 'events-0101'이라는 파일에 보관되어 있다면, 그 데이터를 읽어 들이는 것은 다음 날인 1월 2일 후부터다. Airflow의 태스크에는 컨텍스트로 항상 '처리해야 할 데이터의 시간'이 전달된다는 점을 고려하면, 이 시간의 차이를 설명할 수 있다.

start_date도 컨텍스트의 시간을 나타내고 있으므로, 그 시간부터 실행이 시작되었다는 뜻은 아니다. 위의 예라면, 'daily_job'이 처음에 실행되는 시각은 '2017년 1월 2일 00:30'이며, 그때 'ts'의 값으로 '2017-01-01 T00:30:00'이 건네진다.

TIP 워크플로의 업데이트

Airflow에 새롭게 DAG를 등록하려면, airflow/dags 디렉터리에 스크립트를 추가하기만 하면 된다. 웹 관리 화면과 스케줄러도 스크립트를 정기적으로 다시 읽어 들이게 되어 있어, 잠시 기다리면 추가, 갱신된 파일이 반영된다. 따라서, 워크플로의 배치는 파일을 치환하는 것만으로 완료되며, 프로세스를 재기동할 필요가 없다.

태스크가 소비하는 자원 제어하기

Airflow의 스케줄러가 동시 실행하는 태스크 수의 상한은 설정 파일에 정해져 있으며, 그 이상의 태스크가 등록되면 빌 때까지 보류된다. 그 때문에 원칙적으로 각 태스크의 실행 시간은 그다지 길어지지 않도록 해서 항상 여유 있는 상태를 유지하도록 한다.

LocalExecutor에서는 모든 DAG의 모든 태스크가 공통의 워커 군에서 실행된다. 동시 실행되는 태스크가 증가하게 되면, 일부의 태스크가 시스템 자원을 너무 사용해서 문제가 되는 경우가 있다. 예를 들어, 대량의 메모리를 소비하는 태스크가 여럿 실행돼서 메모리가 부족해지는 경우도 있다.

그러한 경우에는 태스크의 동시 실행을 제한하기 위해 '**자원 풀**(resource pool)'의 구조를 사용한다[72]. 예를 들어 외부 서비스의 API가 오류를 반환하는 경우에는 동시 실행을 늘리면 늘릴수록 문제가 악화되므로 자원 풀을 사용하여 적절히 제어하는 것도 중요하다.

수초 만에 종료하는 작은 태스크나 수천을 넘는 대량의 태스크 실행은 Airflow에는 적합하지 않다. 그러한 처리는 적절히 모아서 하나의 태스크로 하는 편이 확실하다. BashOperator나 PythonOperator를 잘 사용하면, 태스크를 적절히 모을 수 있다.

태스크의 분산 처리   원격으로 워커 실행하기

CPU나 디바이스를 혹사할 때는 데이터 처리의 실행도 Airflow에는 적합하지 않다. 그러한 처리는 분산 시스템에 맡기고 Airflow는 그 실행 관리를 철저히 해야 한다. 그렇다고는 해도 벌크 형의 데이터 전송 등 워크플로의 일부로 실행하고 싶은 커다란 태스크가 있을 수도 있다. 그런 경우는 Airflow의 워커를 분산할 수 있다.

Airflow에서는 분산 처리를 위해 CeleryExecutor[73]나 MesosExecutor[74] 등의 구조가 준

---

72 URL https://airflow.apache.org/concepts.html#pools
73 분산 처리에 'Celery'가 사용되고 있다. URL http://www.celeryproject.org/
74 분산 처리에 'Mesos'가 사용되고 있다. URL http://mesos.apache.org/

비되어 있다. 이 경우 태스크는 일단 외부의 큐에 등록되어 원격의 워커에서 실행된다. 태스크를 차례로 발행해서 순서대로 처리해 나가는 타입의 데이터 처리에 적합하다.

> **TIP** **일시적인 디렉터리**
>
> BashOperator는 셸 스크립트를 실행할 때 매회 일시적인 작업 디렉터리를 생성하고, 그 안에서 스크립트가 실행된다. 작업 디렉터리는 태스크가 종료되면 파기되므로, 스크립트 안에서 만든 일시적인 파일은 삭제할 필요가 없다. 한편, 지워지면 곤란한 파일은 외부의 객체 스토리지 등에 보관한다.

Hadoop의 데이터 파이프라인을 실행하기

앞 절에서 스크립트화한 Hadoop의 데이터 파이프라인을 Airflow로 워크플로화한 것이 리스트 6.14다. 기본적으로는 각 태스크가 처리하는 시간의 범위를 Airflow의 컨텍스트로부터 취득하도록 변경했을 뿐이다.

각 스크립트는 이미 멱등되어 있으므로, 이 태스크들은 이미 안전하게 재실행할 수 있다. 처음 2개의 태스크는 컨텍스트로 주어진 날의 데이터만을 전송한다. Presto로 데이터를 집약하는 마지막 태스크만은 과거 30일만큼의 데이터를 매번 다시 집계하도록 시간의 범위를 설정하고 있다.

리스트 6.14 데이터 파이프라인의 실행(airflow/dags/twitter_sample.py)

```
import datetime
from airflow import DAG

from airflow.operators.bash_operator import BashOperator
from airflow.operators.hive_operator import HiveOperator

# DAG의 정의
dag = DAG(
    'twitter_sample',
    schedule_interval='@daily',
    start_date=datetime.datetime(2017, 1, 1))
```

```
Task 1: Extract
(리스트 6.3의 스크립트 수정)
EXTRACT = '''
# 추출하는 시간의 범위 지정
START='{{ ds }}'
END='{{ tomorrow_ds }}'


<생략>

# 데이터 추출 실행
embulk run config.yml
'''
```

여기서는 DAG의 설정을 2017년 1월 1일부터 매일(@daily) 실행하도록 하고 있다. 이로써 스케줄 실행을 유효로 하면 2017년 1월 1일부터 현재까지 1일 간격의 백필이 자동 실행된다. 그 후는 매일 0시가 되면 실행이 시작되어 전날 분의 데이터를 MongoDB로부터 읽어 들이는 태스크가 실행된다.

```
Task 2: Load & Transform
(리스트 6.5의 스크립트를 수정)
LOAD = '''
STORED AS TEXTFILE LOCATION '/tmp/twitter_sample_{{ ds }}/';

<생략>

# 날짜 지정으로 파티션을 덮어씀
INSERT OVERWRITE TABLE twitter_sample_words PARTITION (pt='{{ ds }}')
...
'''

Task 3: Aggregate
(리스트 6.7의 스크립트 수정)
AGGREGATE = '''
# 집계하는 시간의 범위 지정
START='{{ macros.ds_add(ds, -30) }}'
END='{{ tomorrow_ds }}'

<생략>

# Presto로 쿼리 실행
presto --catalog hive --schema default -f query.sql ...
```

```
' ' '
```

태스크의 정의
```
task1 = BashOperator(task_id='extract', bash_command=EXTRACT, dag=dag)
task2 = HiveOperator(task_id='load', hql=LOAD, dag=dag)
task3 = BashOperator(task_id='aggregate', bash_command=AGGREGATE, dag=dag)
```

태스크의 의존 관계
```
task1 >> task2 >> task3
```

 6-4 클라우드 서비스에 의한 데이터 파이프라인

빅데이터를 위한 분산 시스템은 자신이 직접 구축, 유지, 보수하는 것이 아니라 클라우드 서비스를 사용하는 경우가 많아지고 있다. 이 절에서는 몇 가지 클라우드 서비스의 특징과 그 차이점에 대해서 예를 들어 설명한다.

> **NOTE** 이 절에서는 다음의 클라우드 서비스에 의한 데이터 파이프라인에 대해서 설명한다.
>
> • 아마존 웹 서비스
> • 구글 클라우드 플랫폼
> • 트레주어 데이터

데이터 분석과 클라우드 서비스의 관계

이 책에서는 지금까지 주로 오픈 소스 소프트웨어를 중심으로 한 기술 해설에 주력하였다. 하지만 실제 데이터 분석 기반을 구축할 때에는 기존의 클라우드 서비스를 이용하는 일이 많을 수 있다. 도저히 데이터를 외부에 갖다 놓을 수 없다거나 자사에서 데이터 센터를 보유하고 있을 경우를 제외하고는 이젠 클라우드 없이 데이터를 살펴보는 일은 상상할 수 없다고 하는 사람들이 많아졌다.

빅데이터를 다루는데 필요한 시스템 자원은 매일 변동하며, 일시적으로 평소의 몇 배나 되는 처리 능력이 요구되는 경우도 꽤 있다. 예를 들어 장시간의 배치 처리 도중에 실패하여 다시 처음부터 재실행해야 하는 경우, 적어도 지연된 시간을 되찾으려면 보통 때보다 2배의 자원을 확보해야 하는 일도 있다. 그러기 위해서는 클라우드 서비스처럼 언제라도 자원을 증감할 수 있는 환경이 필요하다.

또는, 시스템을 관리하는 엔지니어가 없는 경우도 있다. 빅데이터의 처리에는 많은 기술이 관련되어 있기 때문에, 그 모든 것을 자신이 직접 유지, 보수하는 것이 아니라 그 분야의 전문가에게 맡기고 싶을 때도 있다.

본래의 목적은 데이터를 살펴보는 데 있으므로, 클라우드 서비스를 활용해서 조금이라도 관리의 수고를 줄이자는 것이다.

빅데이터의 클라우드 서비스에서는 이 책에서 예로 든 기술이 처음부터 서비스 일부로 포함되어 있으므로 기본적으로는 이용자가 초기 설정하는 것만으로 끝나게 되어 있다. 물론, 그렇다고 해서 아무것도 안 해도 된다는 뜻은 아니다. 결국, 데이터 파이프라인 전체의 동작에 최종적으로 책임을 지는 것은 이용자다. 그렇기 때문에 각 기술의 역할을 이해하고 그것들을 올바르게 사용해야 한다.

서비스에 따라서 제공 내용에도 차이가 있다. 하드웨어는 보수되지만, 그 위에서 동작하는 소프트웨어는 직접 관리해야 하는 경우도 있다. 또는, 반대로 어느 정도의 장애 대응과 확장성의 확보까지 서비스 일부로 제공되는 것도 있다. 후자는 '풀 매니지드 형 (full managed)' 서비스라고 한다.

다음 페이지부터 몇 가지 클라우드 서비스를 예로 들면서 이 책에서 설명한 각종 기술이 현실 세계에서 어떠한 형태로 사용되는지 설명한다.

아마존 웹 서비스

'아마존 웹 서비스(AWS)'는 2009년에 시작한 'Amazon Elastic MapReduce(EMR)'를 시작으로 빅데이터 분야에서 예전부터 이용되고 있는 클라우드 서비스다[75]. AWS에서는 기능마다 서비스가 나누어져 있어 이용자는 거기서 자신에게 필요한 것만을 선택해 그것들을 서로 연결함으로써 시스템을 구축한다. 이 책에서 예로 든 각종 기술과 AWS 서비스와의 주요 관계를 표 6.2에 정리하였다.

표 6.2 아마존 웹 서비스의 빅데이터 관련 서비스(일부)

서비스 명	역할
Amazon S3	객체 스토리지
Amazon DynamoDB	NoSQL 데이터베이스
Amazon EMR	Hadoop&Spark
Amazon Athena	쿼리 엔진(Presto)
Amazon Elasticsearch	검색 엔진
Amazon Kinesis	메시지 브로커
Amazon Kinesis Streams	스트림 처리
Amazon Redshift	MPP 데이터베이스
Amazon QuickSight	BI 도구

특히 이용할 기회가 많은 'Amazon Redshift'는 데이터 웨어하우스를 위한 MPP 데이터베이스다. Redshift는 스토리지와 계산 노드가 일체화되어 있어 보존할 데이터양이 늘어나면 그것에 맞추어서 노드를 확장할 필요가 있다. 즉, 전통적인 데이터 웨어하우스 제품과 같은 구조여서 이용 빈도가 적은 데이터를 대량으로 보존해두는 데에는 그다지 적합하지 않다.

장기적인 데이터 보존에는 분산 스토리지인 'Amazon S3'를 이용할 수 있다. S3 상의 데

---

[75] 'Big Data Solutions - Amazon Web Services(AWS)'
URL https://aws.amazon.com/big-data/

이터는 기본적으로는 COPY 명령에 의해 Redshift에 로드하는데, 'Redshift Spectrum' 이라 불리는 기능을 이용하면, S3 상의 파일을 Redshift에서 직접 편집할 수 있다.

AWS의 특징은 서비스가 기능마다 세세히 나누어져 있어 조합의 자유도가 높지만, 전체를 제대로 연결하는 데는 어느 정도의 지식과 기술이 요구된다. 그림 6.7은 AWS 상에 데이터 파이프라인을 구축하는 한 예다. 여기서 굵은 화살표는 서비스 간의 데이터 흐름을 나타내는데, 이 하나하나에 대해서 이용자가 직접 초기 설정하거나 워크플로 안에서 API를 호출할 필요가 있다. 그리고 거기서 발생한 문제에 대해서는 직접 해결해야 한다.

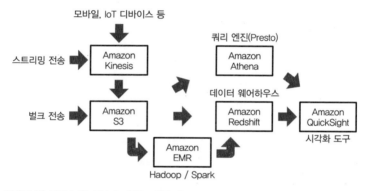

그림 6.7 아마존 웹 서비스의 데이터 파이프라인 예

이것은 '전체 구성을 직접 설계하고 싶다'는 엔지니어에게 있어서는 좋은 점이지만, '되도록 전문가에게 맡기고 싶다'는 사람에게는 너무 복잡한 경향이 있다. Redshift만 사용하는 간단한 구성이라면 문제가 될 일이 없지만, 복잡한 데이터 파이프라인을 구축하려면 충분한 준비가 필요하다. 일반적으로는 그 분야에 익숙한 엔지니어를 배치하거나 전문 업자 등에게 의뢰하는 경향이 있다.

구글 클라우드 플랫폼

'구글 클라우드 플랫폼(GCP)'은 전세계의 데이터를 날마다 처리하고 있는 구글의 소프트웨어와 기본시설을 활용하여 대규모 데이터 처리를 실행할 수 있는 강점이 있다[76]. 그중에서도 유명한 'Google BigQuery'는 2011년에 서비스를 개시하여 Amazon Redshift(2012년 개시)와 비교해도 긴 역사를 갖고 있다. 이 책에서 예로 든 각종 기술과 GCP 서비스의 주요 관계를 표 6.3에 정리하였다.

BigQuery는 풀 매니지드 형의 데이터 웨어하우스 서비스이며, Amazon Redshift와는 달리 분산 스토리지와 쿼리 엔진이 분리된 아키텍처로 되어 있다(277페이지 칼럼 'Amazon Redshift와 Google BigQuery의 차이점' 참고).

표 6.3 구글 클라우드 플랫폼의 빅데이터 관련 서비스(일부)

서비스 명	역할
Google Cloud Storage	객체 스토리지
Google Cloud Datastore	NoSQL 데이터베이스
Google Cloud Dataproc	Hadoop & Spark
Google Cloud Dataflow	데이터 플로우(배치, 스트리밍)
Google Cloud Datalab	노트북, 시각화
Google Cloud Pub/Sub	메시지 브로커(Pub/Sub 서비스)
Google BigQuery	쿼리 엔진
Google Data Studio	BI 도구

이 특징은 가격 체계에도 반영되어 있으며, BigQuery에서는 쿼리를 실행하지 않는 한 스토리지 이외의 요금이 발생하지 않는다. BigQuery의 사양은 전통적인 데이터 웨어하우스 제품과는 많은 차이가 있으며, 표준적인 SQL에 대응한 것도 2016년이 되고 나서

---

[76] 「Big Data Solutions | Google Cloud Platform」
URL https://cloud.google.com/solutions/big-data/

부터다[77].

AWS와 마찬가지로 GCP에도 데이터 파이프라인을 구성하는 다수의 서비스가 제공된다(그림 6.8). 그중에서도 특징적인 것은 데이터 플로우의 방식을 서비스화한 'Google Cloud Dataflow'와 노트북을 서비스화한 'Google Cloud Datalab'이 아닐까 생각한다. 이것들은 이 장에서 다룬 Spark나 주피터에 해당하는 서비스로 그것들을 모두 같은 데이터 센터에서 실행함으로써 고속 네트워크로 연결된 데이터 분석 환경의 구축을 기대할 수 있다.

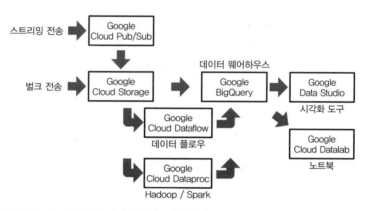

그림 6.8 구글 클라우드 플랫폼의 데이터 파이프라인의 예

GCP에서 제공되는 서비스 대부분은 원래 Google 자신의 데이터 처리를 위해 개발했던 구조가 기반이 되어 대규모의 데이터 처리에 사용된 적이 있다. 특히, 애드 혹 데이터 분석과 처리 속도에 대한 요구가 큰 데이터 엔지니어 및 데이터 과학자에게는 유력한 선택지가 될 것이다.

---

77 BigQuery 1.11, now with Standard SQL, IAM, and partitioned tables!'
    URL https://cloud.google.com/blog/products/gcp/bigquery-111-now-with-standard-sql-iam-and-partitioned-tables

트레주어 데이터

빅데이터를 전문으로 하는 클라우드 서비스의 예로 트레주어 데이터의 구조에 관해서 설명한다. '트레주어 데이터[78]'는 데이터 처리의 플랫폼으로 2011년에 설립된 서비스이며, Amazon Redshift 및 Google BigQuery와 동일한 시기에 시작하였다. 오픈 소스의 스트리밍 형 전송 도구인 Fluentd와 벌크 형 전송 도구인 Embulk를 개발한 곳으로도 알려져 있다.

AWS와 GCP는 사용자가 개별 서비스를 조합하여 데이터 파이프라인을 만드는 반면 트레주어 데이터는 처음부터 모든 서비스가 포함된 상태로 제공된다. 여기서 언급한 각종 기술과 트레주어 데이터 서비스와의 주요 관계를 표 6.4에 요약하였다.

트레주어 데이터의 큰 특징은 다수의 외부 시스템과의 연계가 통합되어 있다는 점이다(그림 6.9). 데이터를 사용하는 업무란 당연히 분산 시스템만으로는 완결될 수 없다. 외부에서 데이터를 가져와 집계하고 그 결과를 또한 외부에 출력함으로써 보다 큰 데이터 파이프라인을 조립할 수 있다.

표 6.4 트레주어 데이터의 서비스(일부)

서비스 명	역할
Data Collection	데이터 수집(스트리밍, 벌크)
Data Set Management	분산 스토리지, 구조화 데이터
Data Processing	쿼리·엔진(Hive, Presto)
Data Delivery and Activation	ETL 프로세스
Treasure Workflow	워크플로 관리
Treasure Reporting	BI 도구

---

78 'Live Data Management - Treasure Data'
　　URL https://www.treasuredata.com/live-data-platform/

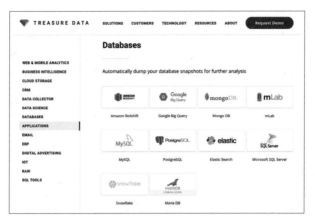

그림 6.9 트레주어 데이터의 연계 서비스(일부)[79]

예를 들어, 웹사이트에 액세스한 고객의 동향을 보고 마케팅 메일을 전송하고 싶다고 하자. 그러기 위해서는 액세스 로그 및 고객 데이터 등을 모아서 집계하고 그 결과를 메일 전달 서비스로 보내야 한다. 이때 필요한 시스템 통합에 Embulk을 이용하여 데이터 처리와 관련된 프로세스를 일원적으로 관리하고 실행할 수 있도록 하는 것이 트레주어 데이터 서비스다.

트레주어 데이터는 풀 매니지드 형의 서비스이며, 사용자가 시스템 구성을 의식할 일이 거의 없다. 그러나 내부적으로는 이 책에서 다룬 것과 같은 데이터 파이프라인이 구축되어 있으며, 사용자는 그것을 관리 화면 및 API로부터 조작한다(그림 6.10).

---

79 'Integrations for Live Data Management - Treasure Data'
URL https://www.treasuredata.com/integrations/

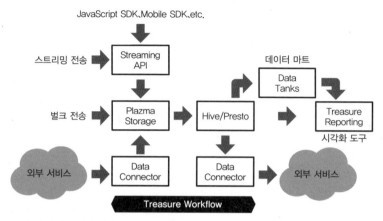

그림 6.10 트레주어 데이터의 데이터 파이프라인 예

트레주어 데이터에서는 수집하고 싶은 데이터에 맞춰 전송 도구가 제공된다. 예를 들어, 웹 브라우저로부터의 데이터 수집이라면, 웹페이지에 자바스크립트 태그를 넣는다. 수집된 데이터는 자동으로 열 지향 스토리지로 변환되고 1시간마다 파티셔닝된 시계열 테이블이 만들어진다. 사용자는 Hive 및 Presto를 사용하여 그것을 집계한다.

Digdag 선언형의 워크플로 관리

트레주어 데이터에 있어 쿼리의 스케줄 실행과 외부 시스템과의 연계는 서비스에 포함된 워크플로 구조로 제어된다.

표준적으로 준비된 것은 단순한 입출력 플로우 뿐이지만, 의존 관계가 있는 복잡한 워크플로를 실행하기 위해서 오픈 소스의 선언형 워크플로 관리 도구인 'Digdag'[80]가 제공되고 있다.

선언형의 워크플로에 대해서는 이 책에서 거의 거론하지 않았지만, Digdag에서는 리스트 6.15처럼 YAML의 표기법을 사용하여 태스크를 정의할 수 있다. 수행하고 싶은 태스크의 내용은 별도의 스크립트나 SQL 파일로 준비하고, 그 실행 순서 및 파라미터만을 YAML 안에서 지정한다.

---

80 URL https://www.digdag.io/

리스트 6.15 Digdag에 의한 워크플로 정의[81]

```
timezone: UTC

+step1:
  셀 스크립트에 의한 태스크
  sh>: tasks/shell_sample.sh

+step2:
  파이썬 스크립트에 의한 태스크
  py>: tasks.MyWorkflow.step2
  param1: this is param1

+step3:
  루비 스크립트에 의한 태스크
  rb>: MyWorkflow.step3
  require: tasks/ruby_sample.rb
```

이렇게 정의된 워크플로는 트레주어 데이터의 서비스로 업로드함으로써 클라우드 상에서 실행된다. 따라서, 사용자는 자신이 직접 워크플로 서버를 유지 관리할 필요 없이 데이터 파이프라인의 전체를 클라우드화할 수 있다.

트레주어 데이터는 사용자가 시스템 구성을 변경할 수 없기에 무엇이든 직접 컨트롤하고 싶은 엔지니어의 관점에서 보면 제약이 많다고 느낄지도 모른다. 반면, 되도록 시스템 관리 부분은 생각하지 않고 일을 마치고 싶은 사람에게는 하나의 좋은 선택이 될 것이다.

COLUMN   **Amazon Redshift와 Google BigQuery의 차이점**

Amazon Redshift와 Google BigQuery는 데이터 웨어하우스를 위한 클라우드 서비스로 자주 비교된다. 하지만 이 둘의 내부 구조는 완전히 다르다.

그중에서도 가장 큰 차이점은 Redshift가 '**전용 리소스**(dedicated resource)'인 것에 비해, BigQuery는 '**공유 리소스**(shared resource)'라는 것이다(그림 C6.3).

---

81 ※ 참고: 'Workflow definition – Digdag 0.9.5 documentation'
    URL http://docs.digdag.io/workflow_definition.html

Redshift는 전통적인 MPP 데이터베이스의 흐름을 이어 왔기에 스토리지와 계산 노드가 일체화된 환경에서 효율적으로 쿼리를 실행하게 되어 있다.

자원이 전용이라 다른 사용자가 사용할 수 없기 때문에 성능이 안정적이다. 또한, 노드 수를 늘리면 스토리지 용량과 계산 능력이 모두 증가하므로, 데이터양에 대해 일정한 성능이 유지된다[82].

한편, BigQuery는 그 설계 사상으로 수천 대나 되는 하드 디스크에 데이터를 분산함으로써 고속화를 실현한다[83]. 그것을 한 회사에서 전용으로 하는 것은 너무 많기 때문에 필연적으로 공유형의 시스템이 된다. 결과적으로 자신의 노드를 관리할 필요가 없는 풀 매니지드 형의 서비스가 된다.

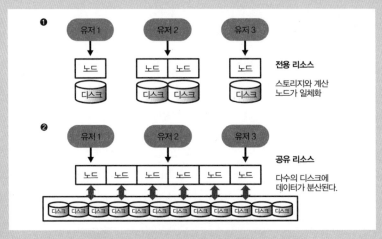

그림 C6.3 1 Amazon Redshift와 2 Google BigQuery의 차이점

---

82 'Amazon Redshift Clusters'
   URL http://docs.aws.amazon.com/redshift/latest/mgmt/working-with-clusters.html#rs-about-clusters-and-nodes/
83 'BigQuery under the hood'
   URL https://cloud.google.com/blog/big-data/2016/01/bigquery-under-the-hood/

6-5 정리

이 장에서는 빅데이터 기술을 이용하여 '데이터 파이프라인'을 구축하는 예로서 오픈 소스 소프트웨어에 의한 데이터 처리 절차에 관해 설명하였다. 한 대의 macOS에 의한 단순한 구성만 거론하였지만, 각 소프트웨어의 구체적인 동작에 대해 감을 잡았으리라 생각한다.

'**애드 혹 분석 환경**'의 예로 '**주피터**'와 '**Spark**'를 조합하여 '**대화식 데이터 처리**'를 실시하였다. '**노트북**'이나 '**스크립트 언어**'를 사용한 데이터 처리는 알아두어야 할 것이 많아 초기 학습 비용이 많이 들지만, 자주 데이터를 분석하는 사람들에게 효과적이다.

'**장기적인 운용을 전제로 하는 배치 처리**'에서는 대화식 실행보다도 '**유지&보수**'의 장점을 염두에 두고, '**벌크 형 전송 도구**' 및 '**SQL에 의한 쿼리**'를 사용하여 '**가시성이 좋은 데이터 파이프라인**'을 기술한다. 이 장에서는 '**Embulk**', '**Hive**', 그리고 '**Presto**'를 사용한 '**3단계의 파이프라인**'을 소개하였다. 실제로는 이를 좀 더 '**다단계로 연결**'함으로써, 얼마든지 '**다양하고 복잡한 데이터 처리**'를 할 수 있다.

'**복잡한 데이터 파이프라인을 제어**'하는 데에는 '**워크플로 관리 도구**'를 사용한다. 스크립트 형의 워크플로 관리 도구로 '**Airflow**'를 이용하면 '**시간**'을 파라미터로 부여함으로써 '**멱등한 태스크**'를 쉽게 구현할 수 있다. 스크립트 형의 도구를 사용하려면 프로그래밍 지식이 필요하지만, 데이터 수집에서는 원래 스크립트가 자주 사용되므로, '**전체를 하나의 워크플로로 투명하게 작성**'할 수 있다.

최근에는 '**클라우드 서비스 보급**'으로 실제 데이터 처리를 클라우드 상에서 실행하는 경우가 많아지고 있다. 클라우드 서비스에 따라 제공되는 내용은 다르지만, 기본적으로는 모두 여기서 언급한 '**요소 기술을 조합**'함으로써 시스템이 만들어졌다. '**워크플로 관리의 지식을 사용**'하여 API를 제어해 '**어떠한 데이터 파이프라인이라도 구축**'할 수 있다.

빅데이터와 머신러닝의 관계 데이터를 사용한 가치 창출

이 책의 기술 해설은 이것으로 끝이지만, '데이터의 활용'이라는 의미에서는 이제부터가 진짜 시작이다. 수집한 데이터를 사용해 가치를 창출하는 것이 본래의 목적이다. 그런 의미에서 이 책에서 다룬 기술은 모두 '데이터 처리의 기초 지식'에 불과하지만, 데이터 파이프라인을 자동화하는 방법 등은 어떤 데이터 처리를 하는 경우에도 도움이 될 것이다.

마지막으로, 빅데이터 및 머신러닝의 관계에 대해 언급하겠다. '**머신러닝**(machine learning)'[84]이란, '대량의 데이터에서 규칙성을 찾음'(모델 만들기)으로써 뭔가를 예측하려고 하는 기술이다. 그러기 위해서는 '학습에 적합한 데이터'(숫자 배열 등)를 준비해야 하며, 이를 위해 데이터의 전처리가 필요하다.

이 책에서는 '시각화에 적합한 데이터 마트'를 만들기 위해 데이터 파이프라인을 구축하였다. 머신러닝의 경우에도 이러한 전체 흐름은 변함이 없다. 먼저 데이터를 수집하고 그것을 가공하여 머신러닝용의 데이터 마트를 만들고 그것을 머신러닝 라이브러리에 읽어들임으로써 모델을 만든다.

머신러닝 라이브러리에는 파이썬에서 사용할 수 있는 'scikit-learn'[85], Hive에서 사용할 수 있는 'Apache Hivemall'[86] 또는 Spark에서 사용할 수 있는 'MLlib'[87] 등 여러 가지가 있다. 이용하고 싶은 라이브러리에 맞게 데이터를 가공하는 작업까지가 빅데이터 기술의 역할이다.

84　머신러닝에 대한 자세한 내용은 다음 서적을 참고하면 좋다.
　　　'《데이터 과학자, 무엇을 배울 것인가: 빅데이터 시대의 데이터 과학자 양성 독본》(사토 히로유키 외 11인 저, 2014, 제이펍)'

85　URL http://scikit-learn.org/stable/

86　URL https://hivemall.incubator.apache.org/

87　URL https://spark.apache.org/mllib/

찾아보기